BIBLIOTHÈQUE D'HISTOIRE

G. LACOUR-GAYET

de l'Académie des Sciences morales et politiques.

L'ÉDUCATION POLITIQUE

DE

LOUIS XIV

SECONDE ÉDITION, REVUE

LIBRAIRIE HACHETTE

L'ÉDUCATION POLITIQUE
DE LOUIS XIV

BIBLIOTHÈQUE D'HISTOIRE

G. LACOUR-GAYET
de l'Académie des Sciences morales et politiques.

L'ÉDUCATION POLITIQUE
DE
LOUIS XIV

SECONDE ÉDITION, REVUE

LIBRAIRIE HACHETTE

AVANT-PROPOS

L'Éducation politique de Louis XIV *a paru en 1898*[1].
*L'ouvrage était épuisé depuis longtemps, quand on décida de le
réimprimer. Cette seconde édition était prête à la fin de
l'année 1915; retardée par la guerre et par la crise de la
librairie française, elle paraît enfin en cette année 1923.*

*Le livre a été revu avec la plus grande attention, plusieurs
corrections de détail ont été introduites; mais l'ensemble du texte
de 1923 reproduit le texte même de 1898. Toutefois les deux
éditions se distinguent nettement l'une de l'autre. La première
contenait un appareil bibliographique très développé; on n'a
pas cru devoir le reproduire dans l'édition présente. Ce n'est
pas, en effet, le caractère de la « Bibliothèque d'histoire » à
laquelle appartient l'ouvrage d'aujourd'hui. Pour tout ce qui
concerne la question des sources et des références, le lecteur est
prié de se reporter à la première édition.*

Quand nous avons publié — voilà vingt-cinq ans — l'Éducation
politique de Louis XIV, *l'ouvrage, bien que formant un tout
complet, était, dans notre pensée, une manière d'introduction; il
devait être suivi des* Idées politiques de Louis XIV. *Des
changements de carrière inattendus et les circonstances mêmes
nous ont amené à diverses reprises à nous occuper de questions
étrangères au Grand Roi. En reprenant nos études sur le
XVIIe siècle, nous souhaitons vivement que cette seconde édition
de* l'Éducation politique de Louis XIV *soit suivie à une date
prochaine des* Idées politiques de Louis XIV.

Septembre 1923.

---

1. Paris, Hachette et C*. Un volume in-8 de x-472 pages.

LIVRE I

L'ÉDUCATION DE LOUIS XIV

CHAPITRE I

LE CHOIX D'UN GOUVERNEUR
ET D'UN PRÉCEPTEUR

La marquise de Lansac, gouvernante du dauphin. — La marquise
de Senecey la remplace. — Importance du choix d'un gouverneur.
— Louis XIII avait songé à Feuquières pour gouverneur; Richelieu,
à La Mothe le Vayer pour précepteur. — Huit candidats pour la
charge de gouverneur. — Anne d'Autriche nomme Mazarin-surintendant de l'éducation de Louis XIV et Villeroy gouverneur. — Les
sous-gouverneurs. — Plusieurs noms discutés pour l'emploi de
précepteur. Péréfixe est choisi. — Arnauld d'Andilly n'est pas
nommé à ce poste. — L'abbé de Brisacier et le P. Paulin suppléent
à l'occasion Péréfixe. — La Mothe le Vayer associé à Péréfixe. —
Quand cessèrent les fonctions de le Vayer et de Péréfixe. — Autres
personnes attachées à l'éducation du roi.

Louis XIV était dans sa huitième année, lorsque sa
mère songea à confier à un gouverneur le soin de
son éducation. Jusqu'alors, sa première enfance s'était
écoulée « entre les mains des femmes; » la marquise de
Lansac, fille du maréchal de Souvré, qui avait été gouverneur de Louis XIII, avait été désignée par le roi défunt
pour être gouvernante de l'enfant royal dont la naissance
était attendue en 1638. Elle avait exercé, en effet, ces
fonctions auprès du dauphin, puis, à partir de 1640,
auprès de son frère; mais ce titre de gouvernante des
enfants de France lui donnait à la cour une situation assez
haute pour qu'elle fût exposée aux conséquences des crises
de la politique. En 1643, quand Anne d'Autriche devint à

la fois « veuve, régente et maîtresse, » elle voulut mettre
auprès de ses deux fils une personne qui ne devrait qu'à
elle seule ce poste de confiance. Elle venait de rappeler à
la cour la marquise de Senecey, une de ses anciennes
dames d'honneur, qui, suspecte de trop d'intimité avec
elle, avait été congédiée à la fin de 1638; alors elle fit
entendre à Mme de Lansac — elle n'avait d'ailleurs aucune
raison de la renvoyer brusquement — qu'elle lui ferait
plaisir en renonçant à ses fonctions. La marquise de Senecey avait donc remplacé la marquise de Lansac. Quant à
celle-ci, elle ne perdit pas à la cour la considération qu'elle
devait à son nom et à ses mérites, et qui devait lui permettre un jour, comme on le verra plus loin, de donner
au jeune roi de précieux conseils sur la manière de gouverner.

Le choix des personnes chargées de diriger une éducation royale a toujours été une affaire délicate entre toutes.
Le prince, une fois devenu homme, peut profiter des
leçons de l'expérience personnelle des choses, les plus
nécessaires sans doute pour le rôle auquel sa naissance le
destine; mais il y a tout profit à lui faire devancer cet
apprentissage, qui souvent se fait trop tard, plus souvent
encore à ses dépens et aux dépens de ses sujets. Quant
à l'autre partie de l'éducation, celle qui lui est commune
avec tous les enfants confiés à des régents ou à des pré
cepteurs, celle qui regarde proprement la culture intellectuelle, il est à présumer qu'elle restera, pour la vie entière
ce que la direction d'un premier maître l'aura faite; il est
peu probable que le prince ait un jour le goût ou le loisir
d'ajouter quelque chose, par lui-même, à ses leçons d'en
fant et de jeune homme et de faire fructifier ces premiers
germes. Comment trouver l'homme ou les hommes ayant
ces aptitudes multiples, capables à la fois de donner au
royal élève une éducation intellectuelle et politique,
d'éveiller dans l'âme de cet enfant la conscience de ce
qu'il devra être un jour, de le prémunir, à l'aide des
leçons de l'histoire, contre les dangers ou les fautes qui

l'attendent? Responsabilité toujours effrayante, mais surtout à cette époque, si l'on songe que les destinées de la France se trouvaient, à peu près sans recours possible, à la merci du souverain. Un contemporain qui traçait alors, dans une sorte de traité de politique sacrée, le portrait idéal du parfait gouverneur, écrivait que mettre auprès du prince pour diriger sa jeunesse un guide incapable ou impuissant, c'était ouvrir la route au malheur des peuples.

Louis XIII avait songé à désigner comme gouverneur du dauphin un vaillant soldat et un habile diplomate, le marquis de Feuquières, à qui il destinait aussi le bâton de maréchal de France; mais Feuquières, qui venait d'être grièvement blessé à l'attaque de Thionville, mourut au moment où l'on parlait de lui pour cet emploi important (1640, 13 mars). Il ne semble pas que Louis XIII, auquel l'âge encore tendre de son fils permettait de différer son choix, ait songé à désigner un autre gouverneur.

Il est probable que dans la pensée de Richelieu, sinon dans celle du roi, le précepteur qui devait partager avec Feuquières la charge de l'éducation du dauphin, était aussi désigné; c'était La Mothe le Vayer, qui avait défendu la politique étrangère du cardinal dans plusieurs écrits de circonstance, et qui venait d'établir ses droits au titre de précepteur royal, en publiant, en 1640, le traité *De l'Instruction de Monseigneur le Dauphin*; c'était comme une encyclopédie de la pédagogie princière, où « le Plutarque de la France » passait en revue toutes les sciences et tous les arts qui pouvaient concourir à l'instruction du fils de Louis XIII. Dans la lettre par laquelle il dédiait à Richelieu un ouvrage qui avait dû être écrit sur son désir, il disait : « L'heureuse naissance de Monseigneur le Dauphin... m'assure que rien ne vous peut être plus agréable que ce qui vise à l'avancement d'un si grand bien [sa bonne éducation]. C'est sur ce fondement que j'entreprends de traiter ici de son instruction et d'y employer les heures de mon étude qui vous sont dédiées. » La mort de Feuquières fut sans doute la cause qui empêcha La Mothe le Vayer d'être aussitôt nommé, d'une manière officielle, pour l'éducation du futur Louis XIV ; car le roi dut juger peu nécessaire de donner un précepteur à cet enfant encore si jeune, sans avoir choisi à l'avance la personne qui devait avoir la haute main sur ses études littéraires et politiques ; mais la publication de ce gros traité et la faveur du premier ministre semblaient réserver La Mothe le Vayer à ce poste de confiance.

Quand Richelieu et Louis XIII moururent, rien encore n'avait été décidé. Anne d'Autriche restait donc libre d'organiser à sa guise l'éducation de son fils, sans se préoccuper de volontés qui n'avaient pas été ouvertement exprimées, et dont l'expression ne l'eût pas plus arrêtée sur ce terrain que sur celui de son autorité personnelle.

A la fin de l'année 1644, — Louis XIV venait d'entrer dans sa septième année, — on parlait à la cour de huit candidats qui aspiraient au gouvernement du jeune roi. Un contemporain bien informé, Olivier d'Ormesson, a recueilli les noms de six d'entre eux : le maréchal de Bassompierre, le maréchal de Guiche, le comte de Cramail, le comte Plessis-Praslin, MM. de Souvré et de la Ferté-Senneterre. Du Plessis-Praslin rapporte de son côté, à cette même date de 1644, que Mazarin, qui lui avait déjà promis de le faire maréchal de France et gouverneur du roi, lui en avait alors renouvelé l'assurance ; il reçut, en effet, en 1645, le bâton de maréchal ; pour la seconde partie de la promesse du premier ministre, elle ne devait être qu'imparfaitement réalisée : il ne fut pas gouverneur du roi, mais, en 1649, gouverneur de son frère. Les brillants états de service du comte de Guiche, créé maréchal en 1641, et ses relations avec Mazarin avaient mis naturellement son nom en évidence. Quant au comte de Cramail et au maréchal de Bassompierre, leurs noms avaient dû être prononcés, comme ceux de deux victimes de Richelieu, qui, revenues à la cour après douze ans de détention à la Bastille, paraissaient mériter une compensation. Bassompierre, en particulier, qui venait de reprendre possession de sa charge de colonel général des Suisses, pouvait prétendre au poste envié de gouverneur. Un auteur dramatique lui dédiait, en 1645, *l'Art de régner ou le Sage Gouverneur*, comme à l'homme le plus capable de former un roi dans l'art de la « profonde politique. » Votre « haute science, lui disait-il, passant de vous en l'esprit d'un monarque, causerait le repos de ses États, et faisant un siècle d'or de son règne, le rendrait adorable à la postérité. » Il est probable que le nom du maréchal, comme celui des autres prétendants, avait été mis en circulation soit par les intéressés eux-mêmes et leurs amis, soit par les intimes de Mazarin et de la régente, désireux de connaître les sentiments de la cour. Le curieux est qu'une publication quasi officielle, l'*État de la France*, dans l'édition de 1652, donne à l'ancien colonel général des Suisses un titre qu'il n'avait jamais porté, en affirmant que Villeroy « a succédé en cette charge [de gouverneur du roi] au défunt maréchal de Bassompierre. » Quand celui-ci mourut, le 12 octobre 1646, il y avait déjà sept mois que celui-là était en fonctions.

Après avoir laissé l'opinion des courtisans s'égarer pendant quelque temps sur divers noms, la régente fit connaître, en mars 1646, par une lettre adressée au duc de Montbazon, gouverneur de l'Ile-de-France, sur quels personnages son choix s'était fixé. C'était la combinaison, dont « les plus savants, » au dire d'Olivier d'Ormesson, avaient eu l'idée dès 1644 : le gouvernement du roi était donné à Mazarin, avec quelqu'un sous ses ordres.

« J'ai estimé, disait la régente, que je ne pouvais apporter trop de circonspection à bien choisir une personne qui eût la direction de ses mœurs et l'intendance de sa conduite. Pour cet effet, et après avoir mûrement examiné cette affaire, et par l'avis et même à la prière de mon beau-frère le duc d'Orléans et de mon cousin le prince de Condé, j'ai cru ne pouvoir faire mieux que de choisir mon cousin le cardinal Mazarini pour se charger du soin du gouvernement du roi... J'ai cru que ce choix était comme enfermé dans l'honneur que le feu roi mon seigneur lui avait fait de vouloir qu'il fût son parrain... Pour ce que mondit cousin... ne lui pourrait rendre toute l'assiduité qu'il désirerait et qu'il est à propos qu'il [y] ait quelque personne de mérite qui s'y attache plus continuellement et qui exerce la fonction de gouverneur sous mondit cousin, j'ai jeté les yeux pour cela sur la personne du marquis de Villeroy, dont la suffisance et la fidélité qui sont assez connues... m'ont fait juger... qu'il remplirait très dignement cette place... »

Louis XIII avait, en effet, accordé au cardinal Mazarin une marque d'honneur qui l'avait élevé au-dessus de tous les personnages de la cour. Son dessein avait été d'abord de demander au pape Urbain VIII de tenir son fils aîné sur les fonts du baptême, comme lui-même avait eu Paul V pour parrain; mais la maladie qui pressait ne lui permit pas de faire écrire à Rome, et Mazarin fut choisi pour parrain, en compagnie de la princesse de Condé pour marraine [1]. Cependant cette sorte d'investiture religieuse que le roi mourant avait donnée au cardinal ne fut sans doute pour Anne d'Autriche qu'un prétexte à justifier ce qu'il y avait d'insolite dans la charge et dans le titre de « surintendant de l'éducation de Sa Majesté », ou plutôt, suivant la formule des actes officiels, « surintendant au gouvernement et à la conduite de la personne du roi et de celle de M. le duc d'Anjou ». Mazarin, qui jouissait de l'entière confiance de la reine, qui passait à ses yeux pour « le plus habile homme de l'Europe, » avait dû lui montrer de quel intérêt il était qu'il prît lui-même en mains la haute direction de l'éducation royale; c'était le meilleur moyen de prévenir les cabales à la cour et d'élever le roi dans ces maximes politiques qui avaient alors pour elles la consécration du

1. Le baptême du dauphin fut célébré sans pompe, le 21 avril 1643, en présence de la reine, du parrain et de la marraine, dans la chapelle du Vieux-Château, à Saint-Germain, par l'évêque de Meaux, Dominique Séguier, premier aumônier du roi.

succès. Aussi avait-elle créé en sa faveur cette charge nouvelle ; et même, elle lui avait laissé le choix du gouverneur, le marquis de Villeroy. Celui-ci fut nommé aussi gouverneur du duc d'Anjou, et il exerça ses fonctions auprès des deux frères pendant trois ans, jusqu'à ce que le duc d'Anjou eût dans le maréchal du Plessis un gouverneur affecté uniquement à sa personne.

En même temps qu'Anne d'Autriche faisait choix d'un gouverneur, elle désignait deux sous-gouverneurs, chargés de l'aider et de le remplacer au besoin, et deux « gentils-hommes qu'on appelle de la manche, dont la fonction est de se tenir continuellement près de la personne du roi ». Les sous-gouverneurs étaient le sieur du Mont et le sieur de Saint-Étienne. Le premier était un écuyer ordinaire et un gentilhomme ordinaire du petit roi, que Louis XIII avait désigné pour la charge de sous-gouverneur ; il resta en fonction jusqu'à sa mort, en septembre 1655 ; son fils, écuyer ordinaire de la petite écurie du roi, lui succéda à cette date comme sous-gouverneur de Louis XIV. Le second-sous-gouverneur, nommé aussi en 1646, était un gentilhomme poitevin, que l'abbé de Beaumont, précepteur du roi, poitevin lui-même et probablement son parent, avait poussé à cette charge. Il ne resta d'ailleurs en fonctions, pour des raisons qu'on ignore, qu'un an ou deux au plus. Dès l'année 1648, l'*État général des officiers de la maison du roi* donne, à la place de son nom, le nom de Georges de Guiscard, sieur de la Bourlie ; celui-ci était alors lieutenant de roi à Courtrai ; il devint plus tard gouverneur de Sedan et lieutenant général avec le commandement de Dunkerque. C'est donc à tort que Saint-Simon a fait de La Bourlie le successeur de Du Mont [1] ; il fut en réalité le successeur de Saint-Étienne. Les sieurs du Mont et de la Bourlie faisaient fonction aussi à cette époque de sous-gouverneurs du duc d'Anjou, en se trouvant, de deux jours l'un, auprès du jeune frère de Louis XIV. Quant aux

---

1. *Mémoires*, édit. Boislisle, t. XIII, p. 321 ; cf. p. 505.

deux gentilshommes de la manche, c'étaient Humbert de Lionne, sieur de Lessains, et Jacques d'Audigny, sieur du Plessis.

Pour le poste de précepteur, plusieurs noms avaient été mis en avant et discutés. La Mothe le Vayer semblait comme désigné par son livre sur l'éducation du dauphin et par sa réputation même ; mais la reine, qui lui reprochait peut-être d'avoir eu la confiance de Richelieu, le fit écarter, du moins pour le moment, en alléguant pour raison qu'elle avait résolu de ne pas donner cet emploi à un homme marié. On discuta aussi les noms de deux professeurs, Aubert, abbé de Saint-Rémy, chanoine de Laon, principal du collège de cette ville, professeur du roi en langue grecque, et Rigaud, que Naudé appelle « le coryphée de nos humanistes ; » on parla encore de « monsieur Gassendi, cet unique oracle en notre siècle de la philosophie, des mathématiques, de l'astronomie et de tout ce qu'il y a de meilleur dans les sciences plus relevées ; » mais ces noms, « mis à la coupelle du cabinet, » n'y résistèrent point. On écarta de même le nom d'un prédicateur connu, le P. Claude de Lingendes, que les jésuites voulaient pousser à cette place, et le nom d'Arnauld d'Andilly. Enfin, ce fut un docteur de Sorbonne, l'abbé Hardouin de Beaumont de Péréfixe, ancien camérier du cardinal de Richelieu, qui fut nommé précepteur de Louis XIV.

Avec la défaveur, pour ne pas dire l'hostilité de parti pris dont Louis XIV devait poursuivre, pendant toute sa vie, quiconque avait des points de contact avec le jansénisme, on peut être étonné que Robert Arnauld d'Andilly ait été sur le point d'être choisi pour précepteur du jeune roi. Il raconte, dans ses *Mémoires*, que la reine mère avait pris à son égard, du vivant de Louis XIII, une sorte d'engagement : l'une des choses qu'elle désirait le plus, si cela dépendait d'elle, était de lui confier le dauphin, avec la mission de l'élever comme il voudrait. « Que pourrais-je faire de mieux, lui dit-elle un jour, au cours d'une conversation qu'elle eut avec lui à Saint-Germain, que de mettre le roi entre les mains d'un homme à qui Dieu a donné le cœur d'un roi? » Elle avait parlé de ce dessein à Madame la Princesse et à la princesse de Guémené. Aussi d'Andilly, qui avait essayé déjà plusieurs fois de se pousser à la cour et qui pouvait croire à présent sa fortune assurée, s'était empressé, au début de la régence, de prendre à l'avance comme possession de sa charge, et de faire passer à la reine, entre autres documents, un *Mémoire pour un souverain*, qui était un programme complet de l'éducation politique du roi; mais les jésuites agirent à la cour pour évincer ce candidat. Son père avait contribué jadis à leur expulsion du royaume, en 1594; son frère venait d'attaquer leurs théologiens dans le traité *De la Fréquente Communion*, paru à ce moment, en 1643; lui-même, il était notoirement l'ami intime, depuis plus d'une vingtaine d'années, de l'abbé de Saint-Cyran, l'apôtre militant du jansénisme en France, sans compter qu'il devait avoir encore contre lui la jalousie de Mazarin : il n'en fallait pas tant pour perdre un homme à la cour.

Un jour que la régente avait donné audience au Louvre à d'Andilly, et qu'elle était sur le point d'avoir avec lui un entretien à voix basse, la marquise de Senecey l'arrêta par le bras et lui dit : « On veut surprendre Votre Majesté, Madame; donnez-vous bien garde de donner une audience secrète à cet homme qui pense à vous tromper, » et la reine congédia d'Andilly sans l'entendre. Justement blessé de ce singulier accueil, d'Andilly se retira sur sa terre de Pomponne. Cependant la reine, à qui il envoyait les plus beaux fruits de ses espaliers et qui les partageait avec la marquise de Senecey, en lui disant que les pêches de M. d'Andilly n'étaient point jansénistes, voulut adoucir l'amertume de cette disgrâce; elle fit savoir à un ami du futur solitaire, au moment même de la nomination de l'abbé de Beaumont, « qu'un des plus grands regrets qu'elle eût, était qu'il eût de certaines opinions, et que, sans cela, il n'y eût eu personne en France entre les mains duquel elle eût voulu mettre le roi qu'entre les siennes. » Vingt-huit ans plus tard, Louis XIV disait encore à d'Andilly, qui lui rappelait les souvenirs de son enfance : « La reine ma mère vous aimait beaucoup. »

Le jansénisme fut donc la seule cause de l'exclusion de d'Andilly, comme il fut la cause, en 1659, de l'exclusion de son fils Pomponne pour la charge de chancelier de Monsieur; mais supposons que la reine, loin d'avoir peur de ce qu'il appelait un « vain fantôme, » lui eût confié l'éducation de son fils : faudrait-il croire que les idées de Louis XIV se seraient jamais développées dans un esprit favorable à celui de la secte, et que par suite sa politique religieuse aurait pris un jour une orientation directement opposée à celle que l'on connaît? On aura peine à le penser. Un homme, quelque habile ou insinuant qu'on le suppose, n'aurait pas été de force à avoir raison de toutes les influences hostiles qui s'exerçaient de mille manières autour du roi et qui flattaient secrètement cet amour de l'unité et de la domination qui était en lui. Il n'est pas moins fâcheux que la pédagogie de Port-Royal, qui a donné tant de preuves de l'originalité et de la fécondité de ses méthodes, n'ait pu montrer de quoi elle était capable en dirigeant l'éducation d'un souverain.

L'abbé de Beaumont avait été nommé précepteur du roi dès le 28 mai 1644, c'est-à-dire près de deux ans avant la nomination officielle de Mazarin et de Villeroy; il dut commencer aussitôt ses fonctions. Quatre ans plus tard, il était nommé à l'évêché de Rodez (10 juin 1648); sa consécration épiscopale eut lieu dans l'église de Rueil, le 18 avril 1649. Le surlendemain même de son sacre, le 20 avril, il demandait au premier ministre de renoncer pour un temps à sa charge de précepteur. Il invoquait le mauvais état de sa santé et la nécessité de quitter la cour pour pouvoir suivre un régime spécial. « Cela m'oblige nécessairement à supplier Votre Éminence de me dispenser d'y retourner, jusqu'à ce que je sois en meilleur état, et de jeter cependant les yeux sur quelqu'un qui puisse instruire le Roi en mon absence. » Mazarin ne put refuser au nouvel évêque de prendre le repos que sa santé réclamait; un ancien aumônier de Louis XIII, l'abbé Laurent de Brisacier, dut alors faire la fonction de précepteur du roi, comme cela lui arriva pendant plusieurs maladies de l'évêque de Rodez.

Quelques mois plus tard, le 28 octobre 1649, la reine choisissait le P. Charles Paulin, supérieur de la maison professe des jésuites à Paris, pour lui confier la direction religieuse de la conscience de son fils; il sembla naturel que le confesseur fût associé au précepteur ou pût le suppléer en son absence. En lui confiant son fils, la reine demanda au P. Paulin d'assister « chaque jour Sa Majesté dans ses dévotions, quand elle prie Dieu le matin, quand elle étudie les belles-lettres et quand elle entend la messe ». Dans quelle mesure le P. Paulin put-il remplir son rôle modeste d' « assistant? » Il craignait lui-même d'entrer en conflit avec le précepteur en titre. « Quant aux études de belles-lettres de Sa Majesté, comme il l'écrivait au vicaire général de son ordre, c'est à peine si ce qui m'est demandé pourra se faire sans froisser Mgr de Beaumont, évêque de Rodez... De crainte donc que cela n'ait lieu, j'insisterai avec modestie, et j'espère bien échapper à ce surcroît de charge. » Cependant il lui arriva, au moins une fois, sur le désir exprès de la reine, de « présider aux études littéraires » du roi, pendant le séjour d'une quinzaine que la cour fit à Rouen, au mois de février 1650, et en l'absence de l'évêque de Rodez; « la chose avait marché, grâce à Dieu, avec entrain et pour le mieux. » Il est probable que le P. Paulin ne prit jamais qu'une part très indirecte à l'éducation royale proprement dite; c'était dans un autre domaine, celui de la direction religieuse et morale, que son influence pouvait s'exercer sans obstacle sur le caractère de Louis XIV.

La nomination de Péréfixe à l'évêché de Rodez n'avait pas interrompu ses fonctions de précepteur; il ne se rendit dans son diocèse pour la première fois qu'en 1655; il y fit

encore plusieurs voyages; mais, comme ses fonctions à la
cour l'empêchaient de s'astreindre à la résidence, il
demanda et obtint de renoncer à ses fonctions épiscopales.
Cependant il est possible que le surcroît d'occupations que
lui imposait, même à distance, l'administration de son
diocèse du Rouergue ou que le soin de sa santé l'aient
déterminé à demander, peut-être à accepter un collaborateur dans ses fonctions de précepteur.

La Mothe le Vayer, qui avait été écarté, en 1644, pour la
place de précepteur royal, avait été appelé à la cour,
en 1649, pour diriger l'éducation du jeune Philippe
d'Anjou. Anne d'Autriche était revenue dès lors des préjugés qu'elle semblait avoir eus contre lui; en le voyant à
l'œuvre auprès de son plus jeune fils, elle apprit à l'apprécier à toute sa valeur. C'est ainsi que, au mois de mai 1652,
au plus fort de la guerre de la Fronde, elle l'attacha aussi
comme précepteur à la personne de son fils aîné. Il est
difficile de dire quel fut le partage des attributions entre
Péréfixe et le Vayer, l'un spécialement précepteur du roi,
l'autre précepteur des deux frères. On ne sait pas si ces
deux professeurs de belles-lettres, dont l'un était un docteur en théologie et un évêque, et dont l'autre était connu
surtout par son pyrrhonisme, exercèrent simultanément
leurs fonctions auprès de Louis XIV, ou si Le Vayer,
comme il paraît plus vraisemblable, ne remplit les siennes
qu'au défaut de son collègue. On ignore de même à quel
moment précis elles prirent fin pour l'un et pour l'autre.
Le Vayer, qui avait dédié au roi trois de ses traités, *l'Économique du prince* (1653), *la Politique du prince* (1654), *la
Logique du prince* (1655), fit paraître, en 1658, *la Physique du
prince* sans dédicace spéciale; on peut en conclure qu'à
cette date il n'exerçait plus officiellement ses fonctions
qu'auprès du plus jeune de ses élèves.

Quant à Péréfixe, qui avait donné sa démission d'évêque
de Rodez en 1656, il dut reprendre, vers cette époque, pour
lui seul la direction des études littéraires de Louis XIV.
Elles n'étaient pas loin, d'ailleurs, d'arriver à leur terme.

Le roi, qui approchait de sa vingtième année, et que les intrigues amoureuses et les affaires d'État occupaient de plus en plus, devait trouver peu de loisirs à consacrer à des études d'ordre purement intellectuel. Ces relations entre le précepteur et l'élève furent décidément rompues par la paix des Pyrénées et par le mariage de Louis XIV, si tant est qu'elles aient duré jusqu'à cette date.

L'*État général des officiers domestiques et commensaux de la maison du roi* indique les noms d'autres personnes attachées, à titres divers, à l'instruction du jeune Louis XIV : un « maître pour enseigner les mathématiques : » le sieur Le Camus, et, après la mort de celui-ci, le sieur chevalier de Clerville; un « maître pour enseigner les exercices de guerre à Sa Majesté : » Jacques de Grout Beaufort, sieur de Bretonville; un « maître pour enseigner à tirer des armes : » Vincent de Saint-Ange; un « écrivain pour enseigner à Sa Majesté, » c'est-à-dire un professeur d'écriture : Jean Le Bé; un « maître à danser : » Henri Prévost; un « maître pour enseigner le jeu de paume : » Jean Dauchin; un « joueur de luth : » Fleurent Indret; un « maître pour enseigner le roi à jouer de la guitare : » Bernard Jourdan, sieur de la Salle; un « maître pour enseigner à dessiner : » le sieur Henri Davire. Cette liste ne contient pas le nom d'Antoine Oudin, interprète des langues étrangères, qui, de 1651 à 1653, donna à Louis XIV des leçons de langue italienne. Ajoutons aussi, d'après *l'État de la France*, la charge de « lecteur du roi; » elle avait pour titulaire, en 1648, M. Bernard, en 1652 et 1656, après la mort de celui-ci, M. Bertaut, frère de Mme de Motteville, en 1661, M. de la Ménardière. On sait enfin que le jeune Louis apprit à monter à cheval avec un écuyer italien, natif de Lucques, le sieur Arnolfini, qui tenait académie en l'hôtel d'O et à qui la faveur de Mazarin avait valu la situation enviée de professeur d'équitation de Sa Majesté.

CHAPITRE II

OUVRAGES ÉCRITS EN VUE DE L'ÉDUCATION DE LOUIS XIV

Grand nombre d'ouvrages écrits pour l'éducation des princes. — Les *Politiques* de Juste Lipse. — Jean Baudoin, *le Prince parfait*. — Fleurance Rivault, *Remontrances de Basile*. — Pierre Ménard, *l'Académie des princes*. — Scudéry, *Discours politiques des rois*. — Gillet de la Tessonnerie, *l'Art de régner*. — Scudéry, *Salomon instruisant le Roi*. — Le P. Caussin, *Regnum Dei*. — Gomberville, *la Doctrine des mœurs*. — Le P. Talon, *les Peintures chrétiennes*. — Le P. Labbé, *Educatio regia*. — Godeau, *l'Institution du prince chrétien*. — Fortin de la Hoguette, *Catéchisme royal*. — Carrière et œuvres de Fortin de la Hoguette. — Analyse du *Catéchisme royal*. — Pourquoi cet ouvrage fut interdit par Mazarin. — Arnauld d'Andilly, *Mémoire pour un souverain*. — Vauquelin des Yveteaux, *l'Institution du prince*. — Potier de Morais, *Discours des divertissements, inclinations et perfections royales*. — Analyse de ce roman. — Desmarets de Saint-Sorlin, *les Jeux de cartes des rois de France*. — *Les Maximes d'éducation... de Mgr le Dauphin*. — Jean Valdor, *les Triomphes de Louis le Juste*. — *Catéchisme* de Louis XIV. — Les divers traités de La Mothe le Vayer. — Péréfixe, *Institutio principis*. — Analyse de ce traité. — Péréfixe, *Histoire du roi Henri le Grand*. — Claude Joly, *Recueil de maximes véritables et importantes*. — Analyse de ce traité. — François Davenne, *Harmonie de l'amour et de la justice de Dieu*.

Depuis le *De Regimine principum* de saint Thomas d'Aquin jusqu'à *l'Institution d'un prince* de Duguet, du XIIIe au XVIIIe siècle, la liste serait interminable de tous les ouvrages de pédagogie politique ou morale écrits en vue de l'éducation des princes. C'est un genre littéraire auquel le triomphe des institutions monarchiques avait donné un essor extraordinaire. A chaque naissance royale ou à chaque changement de règne, on voyait apparaître des traités, de tout format et de tout volume, qui, en invoquant l'autorité de l'Écriture sainte ou les exemples de l'antiquité classique, — car c'étaient là les deux sources essentielles, pour ne pas dire uniques, — traçaient le portrait du « prince politique, » du « prince chrétien, » du « prince parfait. » Mais l'abondance de cette littérature spéciale n'a d'égale que sa pauvreté et que sa monotonie ; ce sont presque toujours les mêmes idées générales, les mêmes conseils vagues, les mêmes observations impersonnelles ; dans ce fatras de banalités, copiées les unes sur les autres, il est difficile de mettre la main sur une œuvre qui offre des traces d'intérêt et d'originalité. Ainsi, dans les livres composés pour l'éducation de Louis XIV et dont le nombre surprend, il y en a beaucoup qui ne demandent qu'une simple mention. Cependant, par une fortune assez rare dans ce genre d'écrits, quelques-uns méritent d'être tirés de l'oubli, soit à cause de l'influence qu'ils ont pu avoir sur l'esprit du jeune roi, soit à cause de l'originalité de leurs auteurs.

Juste Lipse avait tracé, dans ses *Politiques*, les règles du meilleur gouvernement ; on ne pouvait manquer d'appliquer à l'éducation de Louis XIV les maximes de l'écrivain que l'on regardait comme l'un des oracles de la Renais-sance. Jean Baudoin, membre de l'Académie française, traducteur d'une rare fécondité, se chargea de ce travail ; il refondit le texte des *Politiques*, changea l'ordre des matières, ajouta, supprima, et sa compilation lui parut d'autant meilleure que, pour tracer le portrait du prince parfait, il n'avait eu qu'à copier l'original vivant qu'il avait sous les yeux [1]. « Sire, disait-il au jeune roi âgé de douze

---

1. J. Baudoin, *le Prince parfait et ses qualités les plus éminentes, avec des conseils et des exemples moraux et politiques, tiré des œuvres de* Juste Lipse *et des plus célèbres auteurs anciens et modernes qui ont écrit de l'histoire universelle.* Paris, 1650, in-4 ; 350 pages.

ans, voici la copie d'un tableau dont Votre Majesté se peut dire l'original véritable. C'est le portrait du prince parfait... » Baudoin estimait que sa manière nouvelle de présenter les maximes politiques de Juste Lipse devait rendre « moins ennuyeuse la lecture de ce livre; » il ne paraît pas qu'il y ait beaucoup réussi. La principauté, la religion, la prédestination, — et par là il entend la divine Providence, — la conscience, la justice, la clémence, la majesté, la continence, etc., sont autant de prétextes à des banalités ou à des exemples historiques, dont l'ensemble ne dut pas laisser d'être suffisamment « ennuyeux » pour un prince de douze ans, s'il y jeta jamais les yeux.

Qui songerait aujourd'hui, s'il s'agissait d'élever un jeune prince, à se servir des conseils que l'empereur Basile le Macédonien, mort en 886, avait rédigés à l'intention de son fils l'empereur Léon? Le Fèvre, qui avait succédé à Vauquelin des Yvetaux comme précepteur de Louis XIII, avait donné sa première leçon à cet enfant de dix ans « sur l'institution de l'Empereur Basile; » un autre précepteur de Louis le Juste, David Rivault, sieur de Fleurance, avait publié, à l'intention de son élève, une traduction des *Remontrances de Basile*. Ce qui avait servi à l'éducation du père ne pouvait que convenir à l'éducation du fils; aussi ce traité fut mis entre les mains de Louis XIV, et peut-être fut-il, comme pour son père, son premier livre de lecture. En 1646, la traduction de Fleurance Rivault eut, en effet, l'honneur d'une seconde édition, sur le désir exprimé par le gouverneur du roi. A défaut du traducteur, qui était mort depuis longtemps, l'imprimeur, en dédiant cette réimpression à Anne d'Autriche, disait que le marquis de Villeroy, qui savait que ce livre avait été imprimé pour Louis XIII, avait voulu s'en servir luï-même pour Louis XIV.

Or, que contiennent ces *Remontrances*, « auxquelles, d'après l'éditeur de 1646, il n'y a rien à désirer pour l'éducation d'un grand et parfait monarque? » En soixante-six chapitres, chacun composé de quelques lignes à peine, c'est un tissu ininterrompu de banalités et de lieux communs qui, sous couleur de traiter « de l'instruction aux bonnes lettres, de la foi, de l'honneur dû aux prêtres, du jugement et de la récompense, de la miséricorde,... de la vertu,... des amis fidèles,... » etc., constituent la plus pauvre et la plus vide des pédagogies morales. Quel est l'enfant de huit ans ou plus âgé, prince ou non, qui pourrait tirer profit de conseils donnés sous cette forme, ou qui aurait simplement le courage de les lire? Les enfants des rois n'étaient pas gâtés au xviie siècle, à cet égard et à tant d'autres, comme le sont aujourd'hui nos enfants.

Cependant cette exhortation banale à la pratique de toutes les vertus de l'homme et du prince eut encore les honneurs d'une autre traduction à l'usage du jeune Louis XIV. L'auteur d'une *Académie des princes*, qui dédiait en 1646 son livre à Mazarin[1], disait qu'il avait fait un recueil des discours des grands rois, « afin que, Votre Éminence ajoutant ses conseils à leurs préceptes, Louis XIV soit le seul qui ait appris l'art de régner d'un grand prince de l'Église et de tant de rois. » Il se promet que, grâce à son livre, « celui que Dieu nous a donné pour être le miracle de nos jours » sera à la fois un David, un Salomon, un Titus, un Charlemagne et un saint Louis. Pour faire de l'élève de Mazarin le roi idéal, doué de toutes les vertus possibles, il lui offre à lire, en quatre livres, le *Discours* de l'Empereur Basile, l'*Instruction royale* de l'empereur Manuel Paléologue à l'empereur Jean Paléologue son fils, le *Présent royal* de Jacques Ier, roi d'Angleterre, au prince Henri son fils, et le recueil de plusieurs préceptes et enseignements donnés aux rois par des rois : depuis David et Salomon jusqu'à Alphonse de Naples, en

---

1. *L'Académie des princes, où les rois apprennent l'art de régner de la bouche des rois,* ouvrage tiré de l'histoire tant ancienne que nouvelle, et traduit par Pierre Ménard. Paris, 1646, in-4, 338 pages.

passant par Cambyse, Micipsa, Auguste, Antonin le Débonnaire, Théodoric, Charlemagne, Constantin Porphyrogénète et beaucoup d'autres, ce n'est qu'une liste de noms qui ne durent pas à ce moment, et peut-être jamais, éveiller des idées bien précises dans l'imagination de Louis XIV.

Scudéry eut plus d'ambition que de composer un assemblage impersonnel de pensées attribuées à des rois ; il imagina, toujours en vue de l'éducation de Louis XIV, de faire parler les rois eux-mêmes, « afin, dit-il, que les rois qui refuseraient peut-être l'instruction si elle venait de leurs inférieurs, ne la refusent pas quand elle viendra de leurs égaux. » Aussi, dans ces *Discours politiques des rois,* qui parurent en 1647 et qui étaient réimprimés encore en 1663 et en 1682, probablement à l'occasion de la naissance du dauphin et de celle du duc de Bourgogne, c'est Charles-Quint qui s'adresse à ses sœurs, Louis IV à ses sujets révoltés, Mathias Corvin aux ambassadeurs de la république de Venise, Mahomet II aux janissaires, ou Hugues Capet à Frédéric, comte de Metz, ou encore — c'est le vingtième et dernier discours — Gustave-Adolphe à Oxenstiern, son chancelier. Si ces divers personnages avaient parlé un langage en rapport avec leurs vrais sentiments et avec les circonstances historiques, cette sorte d'histoire en action aurait pu provoquer, par je ne sais quoi de piquant, de vif et de pittoresque, la curiosité de Louis XIV ; cette manière toute factice de tirer des leçons du passé aurait pu avoir son intérêt pédagogique. Mais pas un de ces noms qui ne soit une étiquette trompeuse ; ces princes débitent tous, du même ton ampoulé, des banalités sur la monarchie, sur l'obéissance, sur la bonne foi ou sur toute autre vertu royale, qui ne diffèrent des lieux communs de tradition que parce qu'elles sont exprimées sous la forme du discours direct, de sorte que cette forme, prétendue personnelle, fait peut-être encore mieux ressortir la pauvreté et la monotonie du fond.

Un contemporain de Scudéry avait déjà eu l'idée de faire parler et agir des rois devant le fils d'Anne d'Autriche, mais au théâtre, sous la forme d'une « tragicomédie, » en cinq actes et en vers ; il s'agit de Gillet de la Tessonnerie, qui fit représenter à Paris, en 1645, *l'Art de régner ou le Sage Gouverneur*. L'auteur est aujourd'hui bien oublié ; il faut savoir cependant que Molière lui fit l'honneur d'emprunter presque en entier à sa comédie du *Déniaisé* le rôle de Métaphraste du *Dépit amoureux*. En 1645, quand la scène retentissait encore des applaudissements qui avaient salué les chefs-d'œuvre de Corneille, voici la pièce bizarre qui était offerte aux spectateurs parisiens. Le « dessein du poème » et une sorte de prologue exposent ainsi le sujet.

Polydore, gouverneur d'un jeune prince, — en dédiant sa pièce à Bassompierre, l'auteur lui disait qu'il l'avait pris pour le modèle de son sage gouverneur, — travaillait à l'éducation de son élève, en un temps où l'âge encore tendre de celui-ci ne permettait « ni les veilles du cabinet ni les lectures épineuses de l'histoire. » Désireux cependant de lui épargner « les pénibles syndérèses qui sont toujours inséparables du vice, » il imagine de lui proposer des exemples vivants de la justice, de la clémence, de la générosité, de la continence et de la libéralité :

> Oui, si tu veux monter en ce degré suprême,
> Et régner sur autrui, règne dessus toi-même,
> Et viens apprendre l'art de te donner la loi,
> Avant que tes sujets la reçoivent de toi...

A cet effet, il a fait apprendre par des acteurs illustres « cinq histoires différentes, qui composent toutes ensemble un poème de théâtre ; » le poème va se jouer dans un palais d'Athènes. On tire la toile ; le prince et le gouverneur vont se mettre en un coin du théâtre pour écouter.

Minerve, dame macédonienne, a été enlevée par Attale,

ami de Philippe; en proie à la colère, elle vient demander justice de cette violence au roi de Macédoine. Aux reproches que lui adresse Philippe, Attale se borne à répondre :

Seigneur, je vis Minerve, et je la trouvai belle...,

vers que Louis XIV aurait eu maintes occasions de se répéter à lui-même, quelque vingt ou trente ans plus tard, quand la beauté de ses favorites lui paraissait une excuse suffisante à des passions coupables. Philippe hésite entre son devoir de roi et son amitié pour Attale. Minerve voit que ses prières sont impuissantes; elle saisit un poignard, tue le roi qui n'a pas voulu lui faire justice et se tue elle-même. *Discite justitiam moniti...*

Rappelle ton esprit de son étonnement.
Ce que tu viens de voir n'est qu'un commencement...

A présent, c'est le tour de la clémence. Pendant la guerre contre Annibal, Camille, capitaine romain, quittait chaque soir son camp pour aller voir dans l'armée des ennemis une fille qu'il aimait. Sa Majesté Fabie — « pour ne donner aucune idée de république dans un ouvrage qui se déclare pour l'état monarchique, la nature du poème et la majesté de la scène dépouillent Fabie de la qualité de consul pour lui donner le titre de souverain » — a connaissance des sorties nocturnes de Camille, il l'accuse de trahison et le fait arrêter; mais il apprend la vérité, pardonne au coupable, et lui fait obtenir la main de la fille qu'il aimait.

LE PRINCE.
Certes, je n'ai rien vu d'égal à ces merveilles.

LE GOUVERNEUR.
Prépare donc encore tes yeux et tes oreilles.
Je viens de te montrer qu'il faut que la bonté
L'emporte quelquefois sur la sévérité.
Maintenant tu verras qu'il faut qu'un grand courage
Plaigne son ennemi que la fortune outrage...

Ptolémée, cédant aux conseils de sa sœur Cléopâtre, fait assassiner Pompée et envoie à César la tête de son ennemi. Le vainqueur de Pharsale n'a que des reproches sanglants pour l'assassin qui finit par éclater en imprécations contre lui-même et contre sa sœur; mais combien les imprécations de Camille et *la Mort de Pompée* ont pauvrement inspiré l'éducateur de Louis XIV!

> Que pour dernier malheur, Cléopâtre enchaînée
> Soit un jour par César en triomphe menée,
> Et que mon sort apprenne à la postérité
> Que le ciel ne hait rien comme la lâcheté.

Alexandre, vainqueur de Darius, trouve, dans la tente du roi des Perses, sa fille, la « merveilleuse » Statira; il conçoit aussitôt pour elle la plus vive passion; mais Statira, qui aime Oroondate, reste insensible aux paroles enflammées du roi de Macédoine comme à sa colère, quand celui-ci, « laissant à l'affection d'Oroondate le bien qu'il se promettait, se confesse vaincu par les charmes et par la vertu de cette divine princesse. » Le jeune prince saura désormais qu'il doit

> Dompter ses passions par une force extrême,
> Gourmander ses désirs et se vaincre soi-même.

Au cinquième acte, Persée, roi de Macédoine, assiégé par les Romains dans Samothrace et sur le point de s'enfuir, veut emporter avec lui tous ses trésors; il les fait mettre à bord d'un navire par un Candiot; mais celui-ci coupe la corde du navire et s'enfuit avec toutes les richesses du roi. Persée, resté sur le rivage, s'abandonne au désespoir. Paul Émile survient, se saisit de sa personne et, tandis que l'infortuné se prépare à suivre le char de son vainqueur, l'image de son avarice se présente, horrible, à ses yeux. Le sage gouverneur prend la parole :

> Regarde avec horreur ce démon d'avarice,
> Et, pour goûter encor ce divertissement,
> Sois juste, continent, généreux et clément.
> Lors je m'efforcerai de t'en produire d'autres.

LE PRINCE.

Toujours mes sentiments s'accorderont aux vôtres,
Ravi que ces tableaux me viennent d'enseigner
Et l'art de vivre heureux et celui de régner.

Ainsi finit *l'Art de régner*. Après cette analyse, on n'a pas l'intention d'en appeler du jugement des auteurs de *l'Histoire du théâtre français*. « En général, disent-ils, ce poème est très mauvais : le second acte est moins supportable que le premier; le troisième et le quatrième sont encore inférieurs et plus remplis de platitudes, et le cinquième est le plus détestable. » Manque d'unité, et ce qui est plus grave, manque d'intérêt, pauvreté de l'intrigue et pauvreté de la forme : rien ne peut compenser la banalité des lieux communs qui forment le tissu de cette bizarre tragicomédie. Cependant on aimerait à savoir si cet ouvrage, que l'auteur se vante d'avoir « fait pour le roi, » — Louis XIV avait alors sept ans environ, — a été représenté devant lui. On sait seulement qu'il fut joué à Paris et qu'il dut rencontrer jusqu'à un certain point la faveur du public, puisqu'il n'en fut pas fait moins de trois éditions dans l'espace de cinq ans. On trouvera que c'est beaucoup, et que le goût des spectateurs et des lecteurs n'aurait pas dû, semble-t-il, en supporter autant, à moins qu'il ne faille supposer que le nom du « prince d'Athènes, » c'est-à-dire de Louis XIV, n'ait servi de passeport à *l'Art de régner*, comme à d'autres ouvrages médiocres, étranges et depuis longtemps oubliés.

La majorité de Louis XIV était comme une nouvelle prise de possession de la royauté; elle fournit à l'auteur des *Discours politiques des rois* une nouvelle occasion de se poser en professeur de politique. Cette fois, Scudéry donnait la parole à Salomon [1]. « Recueillant dans les écrits de Salomon tout ce qu'il a dit des princes, j'en ai com-

---

1. Scudéry, *Salomon instruisant le Roi*, 1651, in-4, 20 pages.

posé cette paraphrase un peu étendue, dans laquelle notre
jeune monarque trouvera, s'il daigne la lire, de quoi se
rendre heureux et nous aussi. » Dès le début, Salomon
expliquait pourquoi il s'adressait à Louis XIV :

> Prince, je parle à toi, viens écouter ma voix;
> Car il ne faut qu'un roi pour instruire les rois.
> Ce que dit un sujet est toujours trop timide,
> Sa qualité l'arrête et le retient en bride.
> . . . .
> De ta majorité nous touchons la journée.

Je ne sais si le roi a « daigné » jeter les yeux, au moment
de la proclamation de sa majorité, sur cette médiocre
paraphrase en vers; mais il n'y a pas lieu de croire que
ces exhortations d'un caractère général, comme honorer
Dieu, honorer sa mère, être assidu aux conseils, savoir
donner, éviter la colère, chasser les flatteurs, observer sa
parole, suivre la loi de Dieu, apprendre la morale et la politique, être sobre en ses repas, etc., que ces exhortations,
dis-je, aient pu faire sur son jeune esprit une impression
plus profonde que d'autres, parce qu'elles se recomman-
daient à la fois du nom du sage Salomon et du poète Scudéry.

A peu près vers la même époque, le P. Caussin, dont *la
Cour sainte*, dédiée à Louis XIII en 1627, avait eu l'honneur
de tant d'éditions, traductions et contrefaçons, publiait,
sous le titre de *Regnum Dei* [1], un ensemble de dissertations,
d'un caractère autant théologique que politique, où il
s'était inspiré des livres des *Rois*. Il y traitait, dit le titre,
« avec une méthode remarquable, les sujets qui se rapportent à l'institution des princes et des hommes illustres
et à toute la politique sacrée. » Ce nouvel écrit du savant
jésuite eut moins de succès que *la Cour sainte*, au moins
dans l'entourage immédiat de Louis XIV; Mazarin fit

1. Paris, 1656, in-f°.

ordonner à l'auteur de sortir de Paris et de se retirer
en Bretagne. Quelle fut la cause de cette mesure de
rigueur? Le surintendant de l'éducation du roi vit-il
une satire personnelle dans le portrait du parfait gouverneur inséré au cours de l'ouvrage : le gouverneur ne sera
point avare; il aura une noble origine et l'approbation
générale? Ou bien l'ouvrage lui-même lui parut-il dans
son ensemble comme un moyen imaginé par un rival, qui
voulait se pousser à la cour? Ce qui est certain, c'est que
le P. Caussin, qui, une fois déjà n'avait pas trouvé grâce
devant Richelieu, fut frappé de nouveau par Mazarin, à
propos de ce livre où, suivant le témoignage de Bayle,
« il avait dit de très bonnes choses sur les qualités que
doivent avoir les princes. » Ce traité de politique sacrée
dut donc être exclu de la bibliothèque d'études du jeune
souverain; il faut bien dire que Louis XIV aurait eu de la
peine à reconnaître, sous cet appareil scolastique et sous
ce latin bourré de citations, le principe de ses droits et la
règle de ses devoirs.

Il aurait eu de la peine aussi à les trouver dans un
livre qui lui avait été dédié en 1646, et dont l'auteur prétendait exposer la morale stoïcienne au moyen de sen-
tences, de gravures symboliques, de citations latines,
empruntées presque toujours à Horace, et d'un commentaire en prose et en vers. Marin Leroy de Gomberville, ou
plutôt Thalassius Basilides a Gombervilla, suivant la
forme pédantesque qu'il avait donnée à son nom en le
latinisant, avait imaginé d'accompagner de devises et de
courtes dissertations la reproduction de gravures d'une
ancienne édition d'Horace, et de publier cet ensemble de
planches et de commentaires sous le titre : *la Doctrine des
mœurs*. L'ouvrage devait servir à « l'instruction de la jeunesse, » mais avant tout à l'instruction du jeune roi.

La première « taille douce » représente Louis XIV
enfant, — il avait près de huit ans quand le livre lui fut
dédié, — vêtu en guerrier antique, debout, le casque en

tête, une lancé à la main droite, un bouclier fleurdelisé à la main gauche, entre la Vertu qui lui parle, en lui montrant une citadelle et un camp, et la Volupté, légèrement vêtue, dans les jambes de laquelle vient s'abriter un Amour avec son carquois. L'allusion est facile à saisir; au surplus, la Vertu, s'adressant à Louis, la commente en huit quatrains :

> Prince, ma gloire et ma défense,
> Louis, le miracle des cieux,
> Montre qu'étant du sang des Dieux,
> Tu n'es point sujet à l'enfance.
>
> Dans cette peinture animée
> Vois mes grâces et mes attraits,
> Et sur la foi de mes portraits,
> Fais que ton âme en soit charmée.
>
> Imite un autre jeune Alcide,
> Fuis bien loin de la Volupté,
> Et n'adorant que ma beauté,
> Prends-moi pour maîtresse et pour guide.
>
> . . . .

Sur une autre gravure, on voit encore le jeune roi, vêtu à l'antique, la croix du Saint-Esprit sur la poitrine. Debout à côté de Mazarin, il suit de l'œil le geste du cardinal, qui lui montre une femme volant vers lui dans les airs, la Gloire ou la Renommée. Derrière Louis, Minerve debout le pousse du bras à suivre le geste du cardinal. Quatre Amours complètent ce groupe, qui se détache devant une colonnade.

Deux épîtres dédicatoires achèvent de révéler l'intention de l'auteur. Dans l'une, il prie la régente de faire voir elle-même cet ouvrage au roi, « comme une chose dont il se peut utilement servir en l'acquisition de la vertu; » il lui rappelle que jadis, « dans les solitudes de Saint-Germain, » il lui avait prédit la grandeur de son fils. Les soins qu'elle prend de l'institution du roi et « la merveilleuse personne qu'elle a choisie pour en avoir la superintendance, » sont les meilleures garanties de ses vertus et de ses prospérités.

Dans la seconde épître, où Mazarin est rangé parmi les nouveaux Camilles, les nouveaux Scipions, les nouveaux Jules et les nouveaux Pompées, Gomberville expose au surintendant de l'éducation royale qu'il a composé, à l'intention du roi, « un abrégé de tout ce que la morale a de plus héroïque et de plus digne de ce jeune prince; » mais comme « son âge ne lui permet pas de s'appliquer à des opérations toutes intellectuelles, » il s'est avisé « de lui toucher l'esprit en lui charmant les yeux. » Combien il importe de bien choisir les premiers livres de lecture des princes! On avait « épuisé la patience » du feu roi à lui faire lire, dans son enfance, les *Antiquités gauloises et françaises* de Fauchet; il en conçut une aversion pour la lecture, qui dura aussi longtemps que sa vie.

La lecture de *la Doctrine des mœurs* est moins « désagréable » peut-être que celle de la compilation de Fauchet, car il y a toujours du plaisir pour les yeux à feuilleter des gravures; mais est-elle beaucoup plus profitable pour un jeune prince? En regardant les tableaux de cette « galerie si délectable et si nécessaire, » il ne devait pas faire grande attention aux devises et aux commentaires qui les accompagnaient. La nature commence, la nourriture (l'éducation) achève; la vertu présuppose l'action! en courant on arrive au but; la tempérance est le souverain bien; l'étude des lettres est la félicité de l'homme; le sage seul est libre; qui vit bien ne cache point sa vie; la vertu nous rend immortels; la mort est la fin de toutes choses : il ne semble pas que ces vérités ou que ces banalités morales, sous leur forme générale et abstraite, aient été de nature, même en se réclamant de la « philosophie des Stoïques, » à faire une profonde impression sur un jeune enfant.

Les Peintures chrétiennes, qui furent « présentées » à Louis XIV en 1647, procédaient de la même idée que *la*

Doctrine des mœurs : instruire le jeune roi en mettant des gravures sous ses yeux. Ces *Peintures* constituent, en effet, une sorte de catéchisme en images, dû à la collaboration de deux graveurs, Michel et Pierre van Lochom, et d'un écrivain de la Compagnie de Jésus, auteur d'une *Histoire sainte*, qui fut alors très répandue, le P. Nicolas Talon. Le Symbole des apôtres, l'Oraison dominicale, la Salutation angélique, les commandements de Dieu et de l'Église, les œuvres de la miséricorde, les béatitudes, les péchés mortels, les fins de l'homme, etc., sont le sujet de quatre-vingt-quinze compositions symboliques, accompagnées chacune de quatre à cinq pages de considérations édifiantes, de manière à graver doublement dans l'esprit du lecteur, et par l'image et par le texte, les principes essentiels de la religion. Rien d'ailleurs de spécial à Louis XIV, ni dans la composition des gravures ni dans le commentaire; son nom seul figure en tête de l'ouvrage, sans que l'auteur ait cru devoir l'accompagner d'une épître dédicatoire ou d'aucune explication à son adresse.

Gomberville avait-il prétendu, quand il publia sa *Doctrine des mœurs*, à être précepteur de Louis XIV, comme le croit Tallemant? Mais la place était occupée depuis deux ans déjà. Une « Éducation royale, chrétienne et politique, » publiée en latin, en 1644, et dédiée à Mazarin, paraît bien, au contraire, avoir été le manifeste d'un candidat désireux de gagner, par des éloges emphatiques, les bonnes grâces du premier ministre; il s'estimait heureux d'être l'ombre de celui qui était le soleil des esprits. L'auteur était un jésuite, le P. Pierre Labbé, dont Gui Patin disait qu'il faisait du latin « par pointes et de pain d'épices. » Son « Éducation » est faite d'une série de lieux communs sur les devoirs et les vertus de Louis, sans valeur propre ni intérêt, chacune de ces banalités étant traitée en huit ou dix lignes à peine : c'est là tout le mérite des vingt-sept paragraphes qui composent ce plan d'éducation royale.

On a vu que Mazarin avait fait exiler le P. Caussin pour son *Regnum Dei*; un autre ouvrage provoqua encore les rigueurs du vigilant cardinal. « Les bons livres étaient aussi suspects dans le cabinet du roi que les gens de bien, et ce beau Catéchisme royal de M. Godeau n'y fut pas plus tôt qu'il disparut, sans qu'on ait pu savoir ce qu'il était devenu. » Cette indication du premier valet de chambre de Louis XIV, que ses fonctions mettaient à même d'être bien renseigné, est très précise; cependant, elle est erronée. La Porte, mal servi par ses souvenirs au moment de la rédaction de ses *Mémoires*, a attribué à l'évêque de Grasse un ouvrage qui n'était pas de lui, mais dont le titre avait amené dans son esprit une confusion avec un livre de piété écrit pour le jeune roi et dont Godeau était réellement l'auteur.

Antoine Godeau avait, en effet, composé, sous le titre de *l'Institution du prince chrétien*, un recueil de pièces en vers et en prose, qui lui avait été demandé par Anne d'Autriche, comme il le lui rappelle dans son épître dédicatoire, pour l'éducation religieuse de son fils, âgé alors de six ans à peine. L'ouvrage était singulièrement touffu : d'abord, cent vingt-quatre quatrains, où il avait « tâché de renfermer les principales règles qu'un prince doit suivre pour s'acquitter de ce qu'il doit à Dieu, à ses peuples et à soi-même »; puis, l'Institution du prince par l'Écriture sainte, où il avait fait comme une marqueterie « des passages de l'Écriture sainte qui regardent les rois en particulier », en les laissant « dans la simplicité de la version de nos bibles françaises », et en y ajoutant les instructions du roi saint Louis à son fils; puis encore, de courtes pièces de vers, qui formaient « un catéchisme entier » et qui ne devaient pas être « inutiles pour apprendre au roi la religion chrétienne, sans travailler beaucoup sa mémoire » : dizains sur les éléments de la religion, sur les sacrements, les vertus théologales et cardinales, les sept péchés mortels, les quatre fins de l'homme, paraphrases du Symbole et de divers psaumes, quatrains sur les commandements de Dieu, stances sur l'Oraison dominicale et la Salutation angélique; le tout, terminé par une oraison pour le roi : «... Je veux... régner par toi et pour toi, s'il te plaît que j'arrive à l'âge de pouvoir exercer le commandement. Et dès à présent, je te fais une oblation solennelle de ma vie et de mon corps, de mon esprit, de ma raison, de ma couronne, afin de n'user de toutes ces choses que selon tes desseins et pour l'honneur de ton saint nom. »

On peut critiquer cette manière de présenter les principes de la foi, sous la forme de quatrains, de dizains, de stances et de paraphrases, même en songeant à l'intention de l'auteur, qui était de graver quelques vérités fondamentales dans la mémoire d'un jeune enfant. Peut-être trouverait-on aujourd'hui que *Notre Père* ou *Je vous salue* ne sont pas des matières propres à un exercice de versification, malgré la touchante paraphrase du *Pater* qui figure dans *la Chute d'un ange*. Mais, à l'époque de Godeau, cette manière de traiter les vérités religieuses était en harmonie avec le goût du jour; aussi, cette application spéciale de la poésie à l'éducation chrétienne du jeune roi fut-elle accueillie avec beaucoup de faveur. « Tout y est élégant et pompeux au possible, » dit un contemporain, qui estime que les particuliers, tout aussi bien que les princes, pourront y apprendre « l'art de régner sur leurs familles et sur leurs propres passions. » D'autre part, l'orthodoxie la plus rigoureuse ne pouvait rien trouver à reprendre dans ces vers, et le patronage de la reine était la meilleure garantie contre les mesures de rigueur qui auraient pu atteindre l'ouvrage de Godeau.

On pourrait faire remarquer, pour expliquer la prétendue proscription de ce livre dont témoigne La Porte, que l'évêque de Grasse ne fut pas sans quelques soupçons de jansénisme ou du moins qu'on lui reprocha ses relations avec les jansénistes. Il ne l'ignorait pas, lui qui écrivit un jour à Louis XIV cette parole, aussi courageuse que vraie : « Si on veut décréditer quelqu'un auprès de

Votre Majesté ou l'exclure de quelque prétention, on lui dit que c'est un janséniste. » Il en avait fait l'expérience à ses dépens, quand le P. Annat, qui avait succédé au P. Paulin comme confesseur du roi, empêcha Mazarin, en 1656, de le prendre pour chef du conseil ecclésiastique. Mais on ne peut admettre que le surintendant de l'éducation royale ait songé à proscrire, à cette occasion, en 1656, un livre élémentaire d'instruction religieuse, sur lequel le roi, âgé alors de dix-huit ans, n'avait certainement pas jeté les yeux depuis longtemps, et qu'un adversaire du jansénisme aurait signé sans hésitation. Déjà, en 1647, l'évêque de Grasse, « pour quelque dégoût que le ministre eut de lui, » avait reçu l'ordre d'aller résider dans son évêché; son livre aurait-il été proscrit à cette époque? Mais, en 1647, pas plus qu'en 1656, cette sévérité tardive ne pourrait se concilier avec le témoignage de La Porte, que le livre interdit par Mazarin ne fit qu'apparaître et disparaître dans la bibliothèque du jeune roi.

Or, un livre avait paru en 1645, intitulé *Catéchisme royal* qui certainement était arrivé jusqu'au cabinet de Louis XIV, puisque l'auteur, qui ne se nommait pas, était le propre beau-frère de l'abbé de Beaumont, et l'on peut comprendre, jusqu'à un certain point, que ce *Catéchisme royal*, qui traitait de l'éducation morale et politique du fils d'Anne d'Autriche, ait provoqué la sévérité du premier ministre. C'est de cet ouvrage anonyme que La Porte a voulu parler dans ses *Mémoires*; le titre même de *Catéchisme royal* explique la confusion qui s'est faite dans son esprit avec le catéchisme religieux que l'évêque de Grasse avait composé pour le roi.

Philippe Fortin, sieur de la Hoguette, fils d'un président de l'élection de Falaise, après une vie errante de voyageur, de marin et de soldat, s'était marié, en 1640, à l'âge de cinquante-cinq ans, avec Louise de Péréfixe, sœur cadette de l'abbé de Beaumont. Cette alliance l'approchait indirectement de Richelieu, car son beau-frère était maître de chambre du cardinal, et le premier ministre, qui s'était déjà intéressé à lui au cours de ses campagnes, lui avait fait l'honneur d'assister en personne à la cérémonie de son mariage. La Hoguette, qui jusqu'alors n'était pas sorti d'une situation assez modeste, pouvait croire sa fortune assurée, quand la mort de Richelieu lui enleva ses propres espérances et lui fit concevoir des craintes pour l'avenir de son beau-frère ; mais les événements montrèrent bientôt que ces craintes étaient vaines : deux ans plus tard, le frère de sa femme était choisi comme précepteur de Louis XIV. On doit supposer que cette élévation inespérée d'un proche parent, à la fortune duquel il avait attaché la sienne propre, réveilla son ambition, et que l'idée naquit en lui d'aspirer au poste de gouverneur du jeune roi, qui était encore vacant.

Sans parler de sa parenté avec l'abbé de Beaumont, qui pouvait lui servir de recommandation à la cour, ses services passés témoignaient hautement en sa faveur. Si sa santé ne lui avait pas permis de s'élever plus haut que le grade de capitaine, avec lequel il avait été retraité, il avait du moins de longs états de service : en Hollande, où il avait pris part comme volontaire aux deux sièges de Bréda ; en France, où on l'avait vu au siège de la Rochelle et à la conquête de la Savoie. Vaillant soldat, il avait encore le mérite d'être resté fidèlement attaché à la cause royale au milieu des intrigues du règne précédent : major de Blaye, sous le gouvernement de Claude de Saint-Simon, il avait énergiquement refusé de livrer cette place aux partisans de Gaston d'Orléans. C'étaient là des mérites qui pouvaient faire oublier le peu d'éclat de sa naissance ; mais le plus important était de montrer qu'il avait réfléchi, dans les loisirs de sa retraite, aux nécessités d'une éducation royale et au rôle d'un gouverneur. C'est ainsi, croyons-nous, que l'idée vint à ce « vétéran » de « s'ériger en auteur, » et la publication du *Catéchisme royal* dut être de sa part comme la démarche officielle d'un candidat.

Cet écrivain, qui commençait sur le tard sa carrière de

pédagogue et de moraliste, n'était pas un esprit ordinaire.
Son métier de soldat ne l'avait pas empêché de nouer des
relations étroites d'amitié avec les frères Dupuy et avec
« l'honnête société, » que ces deux érudits, grands ama-
teurs de documents historiques, de livres et de manuscrits,
avaient pris l'habitude de réunir chez eux, sous le nom
d'Académie ou de Cabinet. « Après avoir bien lu et relu le
livre du grand chancelier d'Angleterre, » c'est-à-dire le
De Dignitate et Augmentis scientiarum de François Bacon,
l'envie lui avait pris d'entrer en relations personnelles avec
l'auteur, et il s'était rendu par mer de la Rochelle à
Londres; il put, en effet, y voir et entretenir Bacon, qui
faisait imprimer à ce moment la traduction latine de son
Instauration; il avait même rapporté en France des manuscrits du philosophe anglais; il avait mis dans son cabinet
le portrait de « son grand chancelier. » D'autres passages
de sa correspondance montrent que les études de théologie
n'avaient pas moins d'attrait pour lui que les systèmes de
philosophie scientifique. A la fin de sa vie, il se définit
lui-même, en employant la même image que l'auteur du
Discours de la méthode : « une personne privée qui n'a point
d'autre bibliothèque que le grand livre du monde, qui lui
est ouvert il y a soixante et dix-huit ans; » ses écrits
montrent qu'il avait su se servir de cette bibliothèque en
lecteur intelligent et attentif.

Père de cinq enfants, il mit à profit pour eux le résultat
de ses réflexions et de ses lectures, en publiant le *Testament ou Conseils fidèles d'un bon père à ses enfants, où sont
contenus plusieurs raisonnements chrétiens, moraux et politiques*;
c'est un véritable traité des devoirs, divisé en trois
parties, devoirs envers Dieu, envers nous-mêmes et envers
nos semblables, dont les préceptes moraux ont un caractère remarquable d'élévation et de simplicité. Publié pour
la première fois en 1648, le *Testament* eut un succès de
librairie peu ordinaire, jusqu'à seize éditions au moins; il
valut à son auteur, « ce Plutarque de nos jours, » l'honneur
d'être choisi par le duc et la duchesse de Longueville

pour élever leurs deux jeunes fils. Après avoir passé quatre ans auprès de ses élèves, il exposa ses idées d'éducation politique dans un livre très curieux, aujourd'hui à peu près oublié, sinon ignoré, *les Éléments de la politique selon les principes de la nature*; il y affirmait « qu'il n'y avait point de meilleure politique ni de plus saine que celle qui était le plus conforme à la loi de nature non corrompue, et que cette loi non corrompue, celle de Dieu et de la droite raison n'étaient qu'une même loi. »

Avec une carrière comme la sienne, avec des études qui l'avaient fait toucher à tant de questions, on comprend que le beau-frère de Péréfixe se soit cru capable de diriger l'éducation politique du jeune Louis XIV.

Le *Catéchisme royal* parut en 1645. C'est un dialogue entre le roi et son gouverneur, développé en trois parties avec une ingénieuse méthode. Procédant à la manière socratique, le gouverneur « amène son disciple » à lui poser une série de questions sur l'ensemble de ses devoirs; il semble se borner à répondre lui-même à ces questions, alors que, en réalité, il lui expose les principes qui doivent inspirer sa conduite comme homme et comme prince.

Après avoir dissipé les inquiétudes du roi qui craignait de voir en son gouverneur un censeur importun et après l'avoir amené à le définir lui-même « un fidèle et aimable surveillant de ses actions, » le gouverneur entre dans le cœur de son sujet. « Il est à propos, dit-il, que la première découverte de notre entendement commence par la connaissance de ce que nous sommes. Et ainsi Votre Majesté saura, s'il lui plaît, que vous êtes homme, que vous êtes chrétien et que vous êtes roi. » Il tient ces qualités de sa naissance, c'est-à-dire de ses parents, qui sont « ici-bas les images visibles de la puissance invisible de Dieu dans la création, » et de Dieu, qui est la « première cause » à laquelle il faut toujours remonter. De là, les devoirs du roi envers Dieu, envers sa mère, et par extension envers son frère et les autres personnes qui l'approchent. On notera en passant, cette définition : « La vertu est une constante et gaie application de toutes nos actions au bien ».

Désireux à présent de s'enquérir des devoirs d'un bon prince envers ses sujets, le roi est amené à reconnaître que les lois de l'État, qu'il invoque toujours comme explication de son pouvoir, tirent leur force et leur majesté de la religion, qui fait de l'obéissance au souverain la première loi des sujets. « Ainsi, Votre Majesté peut juger combien elle est intéressée au maintien du Saint-Siège apostolique, de ses cardinaux et de tous les ecclésiastiques de son royaume. » Son devoir est de prévenir toute innovation dans l'Église et, à cet effet, « d'interdire de papier et d'encre » tout « esprit inquiété de la démangeaison d'écrire » sur les querelles religieuses ; pour l'athée « qui fait profession ouverte de son athéisme, » pour le « libertin dogmatique qui veut impugner publiquement la vérité de la religion chrétienne, qui est la religion de l'État, » ils méritent la mort. Réformer les ordres monastiques en retardant l'âge de prononcer les vœux de religion ; modérer la manie des duels, plutôt « que de se travailler inutilement de l'ôter tout à fait ; » détruire « cette superstition d'honneur, » que la noblesse est incompatible avec l'exercice du négoce et de la justice ; ôter la vénalité des offices ; remédier aux désordres qui se commettent dans les finances et soulager « les misères du peuple qui n'en peut plus ; » prier Dieu pour lui demander la paix : tels sont quelques-uns des devoirs du roi envers les gens d'Église, les nobles et l'ensemble de ses sujets.

Mais l'essentiel pour un prince « consiste au dedans, » c'est-à-dire à former ses mœurs. Qu'il récite souvent l'Oraison dominicale, cette « prière qui est toujours du besoin présent ; » qu'il lise les psaumes de David, la lecture la plus digne d'un roi, comme celle de Thomas a Kempis est la meilleure pour l'édification des personnes privées. Qu'il soit secret dans les affaires de l'État, mais non dissimulé. Que son principal ministre soit « très intelligent,

peu ou point intéressé et très fidèle. » Qu'il se garde
d'avoir un favori. Que l'exemple de Salomon lui apprenne
« qu'il est impossible d'aimer et d'être sage. » Qu'il s'applique, pour « étouffer le fils et la mère, qui est l'amour et
l'oisiveté, » qu'il s'applique à connaître par lui-même la
situation matérielle, administrative, militaire, économique
de son royaume ; « qui règne autrement, règne en aveugle. »
Le gouverneur adresse encore au roi ces derniers conseils :
se défier d'une vaine complaisance en soi-même, éviter la
colère, se soucier plus « d'avoir une bonne qu'une grande
réputation, » se souvenir qu'il est homme et qu'il est aussi
« un vice-dieu, » pour que l'une de ces pensées modère sa
puissance et que l'autre règle sa volonté.

Tel est ce « beau » *Catéchisme royal*, que Mazarin fit enlever
du cabinet de Louis XIV, aussitôt qu'il y fut apporté.

La hardiesse de certains passages sur les désordres des
finances, sur les misères du peuple, sur le besoin de la
paix, ne dut être ni la seule cause, ni la vraie cause de
cette proscription immédiate ; le nom même de l'auteur
— le cardinal pouvait d'autant moins l'ignorer que l'abbé
de Beaumont n'avait pas dû le lui cacher — fut sans doute
pour lui une raison suffisante de frapper ce livre d'interdit.
Il devait savoir, en effet, que Fortin de la Hoguette avait
adressé jadis à Louis XIII, quand il était sous la domination du duc de Luynes, un courageux discours, pour lui
ouvrir les yeux sur les dangers du favoritisme et pour l'ex-
horter, par des paroles aussi hardies que généreuses, à
« prendre lui-même le timon des affaires en main. » Le
simple particulier qui, sans consulter d'autre guide que
sa conscience, s'était honoré par cet acte de courage, dut
lui paraître un personnage dangereux ; s'il songeait à
reprendre, à vingt-cinq ans de distance, auprès du jeune
Louis XIV, et en se servant de la situation de son beau-
frère, ce rôle de donneur d'avis et de franc parleur, il fallait lui faire comprendre tout de suite que c'était peine
perdue. Comme, d'autre part, Mazarin devait avoir ses
vues, dès cette époque, sur la personne à qui il réservait

le poste de gouverneur, il prit aussitôt contre le *Catéchisme royal* la mesure de rigueur dont parlent les *Mémoires* de La Porte. Cela peut expliquer que l'auteur, devenu suspect, pour ainsi dire, au premier ministre, n'ait pu obtenir, trois ans plus tard, le privilége de son édition du *Testament* qu'en consentant à de nombreuses suppressions; car on ne voit pas ce que ces conseils, donnés par un père à ses enfants, avaient en eux-mêmes de subversif. Quoi qu'il en soit, Fortin de la Hoguette, qui n'obtint pas d'être associé à l'œuvre de son beau-frère, put se consoler de n'avoir pas élevé le roi, en élevant ses propres enfants et les princes de Longueville.

Lorsque Arnauld d'Andilly s'était cru à la veille d'inaugurer ses fonctions de précepteur, il avait adressé à la reine mère un *Mémoire pour un souverain*, où il résumait les principes politiques qui devaient, d'après lui, inspirer un jour la conduite de son fils. Faire régner Dieu dans son État, ne donner les bénéfices qu'à des hommes de savoir et de pitié, ne jamais accorder de grâces pour les duels, punir les blasphémateurs, secourir les pauvres, ne jamais vendre aucune charge, tenir les gens de guerre dans une exacte discipline, bannir le luxe, retrancher les procès, diminuer le nombre des collèges, être le surintendant du surintendant des finances, prendre note soi-même des bons et des mauvais offices de tel et tel, visiter ses États, établir un fonds de réserve pour les calamités imprévues, faire choix d'un ami véritable, savoir à propos employer la clémence : ce sont là les principales idées, indiquées plutôt que développées, dans ces pages brèves et fortes. En même temps, Anne d'Autriche avait pu prendre connaissance de l'*Institution du prince*, de Vauquelin des Yveteaux; c'était le programme détaillé d'une éducation physique, intellectuelle et morale.

Il fallait se garder, disait l'auteur, de bourrer l'enfant royal de confitures et de dragées, avoir grand soin de le faire moucher souvent, pour tenir le nez « en office, » l'empêcher de « recuire la matière, » et prévenir ainsi les accidents qui avaient amené la mort de son père, comme ils avaient déjà causé celle de François II. On doit ne « lui rien faire ouïr ni lui faire voir d'objet qui ne soit noble, » et, par suite, ne mettre auprès de sa personne que « gens bien faits, qui aient l'air, la taille et le visage agréables, la bouche aussi pure et aussi nette que l'âme. » La qualité essentielle que le précepteur doit entretenir dans sa jeune âme, c'est la vraie piété, celle qui consiste dans l'amour et dans la crainte de Dieu. La culture intellectuelle commencera par « la connaissance générale des histoires de l'Église et du monde, » à quoi serviront Josèphe et Justin ; Plutarque, « qui est le maître des bonnes mœurs, » tiendra lieu de livre de lecture courante. On prendra ensuite les histoires particulières, comme celles de Vignier et de Commines pour la France, les livres des *Rois*, les *Éthiques*, la *Politique* et la *Rhétorique* d'Aristote, les traités de Botero, les vies de Duguesclin, de Bayard, de Ximénès, de Pie V, d'Almanzor, roi des Arabes, « les *Essais* de Monsieur de Montaigne, pour la pureté de la langue avec la bonté du livre, » les *Bienfaits* et la *Consolation* de Sénèque, l'*Institution du prince* en vers de l'auteur lui-même, « sans l'exclusion des romans et des poètes, car il faut de la salade et des fruits avec la nourriture solide. » Il ne s'agit pas de lui faire apprendre l'histoire à fond. « Un prince est assez savant en cela, quand il sait que Auguste n'était pas du temps d'Alexandre, ni Clovis ou Pharamond de celui de Hugues Capet, et pourvu qu'il sache les quatre premières monarchies qui sont aisées à retenir : Assyriens ou Hébreux, Persans, Grecs et Romains. »

Comme l'essentiel est de ne pas « le rebuter des choses dont il faut qu'il demeure toujours en goût, » le gouverneur lui fera lire les gazettes, « pour savoir les desseins de l'Europe et les généraux qui sont en réputation. » Il ne lui fera pas décliner *musa* ou *gallina*, mais *Europa*, *Asia*, *Africa*, *America*, pour lui faire remarquer, « avec tous les rois de l'Europe et tous les potentats d'importance, toutes les choses utiles ou agréables des quatre parties du monde. » Il lui enseignera l'arithmétique, en lui apprenant « sur les nombres combien il y a de cavalerie et d'infanterie entretenue en France et aux autres États, combien de ports et de havres. » Il aura recours à l'enseignement par l'image, au moyen de cartes et de médailles, pour exercer « la mémoire que l'on appelle corporelle. » Il ne négligera pas de lui faire apprendre la danse et l'escrime, car notre prince ne doit pas être « moindre en cela que Henri le Grand, qui, dans les tournois et devant les dames qu'il ne haïssait pas, a toujours passé comme le plus beau gendarme et le meilleur coureur; » mais la chose essentielle, c'est « la connaissance que son gouverneur lui peut donner, sur une feuille de papier, de toutes les provinces de son royaume. »

On pourrait signaler encore, dans cette *Institution du prince*, d'autres idées utiles, au moins curieuses, toujours inspirées par le souci d'une éducation pratique, différant des autres programmes en ce qu'elles ne visaient pas les princes en général, mais qu'elles étaient spécialement appropriées au jeune Louis XIV. Cependant, ce mémoire, malgré ses vues originales, ne valut pas à l'auteur le poste de précepteur royal qu'il avait ambitionné; il ne paraît même pas que son nom ait été seulement discuté. Vauquelin des Yveteaux, qui avait composé cette *Institution du prince*, avait été choisi par Henri IV pour élever d'abord le fils aîné de Gabrielle d'Estrées, César de Vendôme, puis le fils aîné de Marie de Médicis; mais il réussit si peu auprès du jeune Louis XIII qu'il avait fallu le congédier au bout de deux ans, en 1611. Sa vie épicurienne, bien connue à Paris, n'était pas, d'autre part, une meilleure recommandation. Enfin, l'éloge qu'il faisait de Richelieu à la fin de ce traité, en disant que « le soleil n'avait jamais vu de génie plus heureux et hardi, » n'était pas de nature à dissiper dans l'esprit de la reine les défiances que le cœur de la mère avait dû concevoir à l'idée du choix possible de cet assez singulier précepteur.

Un autre contemporain imagina de placer dans le cadre de la fiction romanesque les conseils qui devaient faire de Louis XIV un prince accompli. Louis XIV, en effet, eut entre ses mains d'enfant un roman écrit pour lui, comme son petit-fils devait en avoir un, environ cinquante ans plus tard; mais c'est le seul trait commun que l'on puisse relever entre le *Discours des divertissements, inclinations et perfections royales* [1], et les *Aventures de Télémaque, fils d'Ulysse.* L'analyse suivante montrera qu'il ne peut pas s'agir de comparer des œuvres qui n'ont aucun rapport entre elles, et que les pauvres et bizarres inventions de Potier de Morais n'ont rien qui fasse pressentir, à un degré quelconque, les fictions ingénieuses et fécondes du précepteur du duc de Bourgogne.

Le jeune prince Alcimède, « dont la beauté du corps se faisait regarder avec admiration et dont celle de l'esprit n'était pas moins ravissante, » rencontra par hasard, « dans une solitude, » le gentilhomme Aristène, « qu'il estimait pour ses rares qualités. » Le prince, cherchant une distraction aux pensées qui l'occupent, interroge Aristène sur les divertissements, les inclinations et les perfections des rois. Celui-ci estime que « leurs divertissements doivent être nobles, leurs inclinations vertueuses et leurs perfections aussi relevées que leurs personnes. » Il entre ensuite dans le détail de son sujet, en passant en revue les divertissements que doit aimer un jeune prince. La chasse, qui est le premier de tous, lui fournit l'occasion de raconter « la vie plaisante » de Dom Castagne, chasseur « ayant la vraie mine d'un sauvage, » qui passe sa vie à poursuivre le gibier à travers bois. Le prince doit encore se divertir à la paume, à la danse, aux « belles lectures, » et, en particulier, à l'entretien des compagnies, c'est-à-dire des personnes d'esprit et de mérite. « C'est en cette école que l'on se polit merveilleusement, car l'amour y joue

---

1. Par Potier de Morais. Paris, 1644. — La Bibliothèque nationale possède (Vélins, 1950) l'exemplaire de dédicace présenté à Louis XIV.

souventes fois son jeu, et d'ailleurs là on entend de beaux discours. » A la fin de la journée, les deux amis se retirent au château de Cirse, l'un des plus beaux qui se voient, « tant pour les superbes édifices, la qualité des eaux que pour la grandeur du parc et des jardins, » et ils y passent la nuit.

Il n'y a rien que de très ordinaire dans ce tableau des plaisirs permis à un jeune prince, et ce n'est sans doute pas dans ce roman que Louis XIV a pris l'idée de ces distractions qui étaient à la mode dans la société élégante de son temps; mais, en négligeant « les belles lectures, » on pourrait croire que ces paroles d'Aristène ont été comme le programme des plaisirs où Louis excella pendant si longtemps. On connaît ces mots de Saint-Simon : « Il aimait fort l'air et les exercices, tant qu'il en put faire. Il avait excellé à la danse, au mail, à la paume... Il aimait fort à tirer, et il n'y avait point de si bon tireur que lui, ni avec tant de grâce... Il aimait fort aussi à courre le cerf... » Quant à l'influence des sociétés élégantes sur la culture de son esprit, Saint-Simon a parlé, à plusieurs reprises, de cette maison de la comtesse de Soissons, qui fut aux Tuileries, dans les premières années du règne personnel, « le centre de la galanterie de la cour, » où le roi aimait à se retrouver, au milieu de « ce qu'il y avait de plus distingué en hommes et en femmes... Ce fut dans cet important et bruyant tourbillon où le roi se jeta d'abord, et où il prit cet air de politesse et de galanterie qu'il a toujours su conserver toute sa vie. » Aristène ne savait pas que ses conseils seraient si bien suivis; il ne pouvait se douter non plus qu'il était un peu prophète en conduisant son jeune ami dans un château qui éveille à l'avance l'idée des splendeurs de Versailles.

Le lendemain, les deux amis reprennent leur conversation. Aristène va parler des inclinations des princes, pour lesquelles ils doivent toujours « consulter leur raison, leur conscience et leur honneur; » en particulier, il songe à entretenir Alcimède de « cette belle inclination de l'amour », quand celui-ci l'interrompt pour lui dire qu'il est passionnément épris et que la belle et vertueuse Amélite est l'objet de sa passion. Le gentilhomme ne cache pas son approbation. « J'estime votre affection très juste, la cause en est charmante... Un prince, accompli de perfections comme vous, doit être amoureux et être aimé. L'amour vertueux apporte en une personne beaucoup de rares qualités... Cette noble passion... n'est autre chose qu'une certaine lumière spirituelle qui éclaire les amants. » On croirait lire, quelques années à l'avance, ce passage presque identique du *Grand Cyrus* : « Nul ne peut être honnête homme achevé qui n'a point aimé, c'est-à-dire cherché à plaire... Il faut confesser que l'amour seul fait les véritables honnêtes gens. » Chez Potier de Morais, comme chez Mlle de Scudéry, c'est le même écho des habitudes de galanterie précieuse et raffinée, mises à la mode par l'hôtel de Rambouillet.

Encouragé par ces mots, le prince commence « l'histoire de son amour, » qui est un tissu d'aventures romanesques. Un jour qu'il chassait dans la forêt de Mirtres, il a rencontré, « en ce lieu si propre à l'amour, » la belle Amélite, qui chassait elle-même, et il est devenu « la proie de sa chasse. » Mais Cléante, frère de la belle, est venu lui chercher querelle; ils mettent l'épée à la main, quand Amélite accourt, les sépare et les réconcilie. Quelques jours après, le prince forçait la reconnaissance de Cléante par un service signalé. Il sauvait le frère et la sœur poursuivis par des Turcs, lesquels étaient descendus sur la côte dans le dessein d'enlever la princesse, dont le sultan était devenu passionnément amoureux à la vue de son portrait. Depuis lors, il a vu plusieurs fois Amélite dans la forêt, et il a été « parfait amant, ayant toujours été discret; » mais le malheur a voulu qu'il ait eu un duel avec Adraste, le père de la belle, et qu'il l'ait contraint à lui demander la vie; depuis ce jour fatal, les deux amants n'ont plus pu se rejoindre.

Aristène cherche à consoler la tristesse de son ami, en

lui parlant des perfections du prince : « être éloquent, pratiquer la morale, être clément, juste, adroit aux armes, courageux et vaillant. » Après ces banalités, qui ont du moins le mérite d'être très brèves, — « car, dit Aristène, la portée de mon esprit ne me le permet pas d'une autre sorte, » — le roman continue par le récit des aventures de Cléante, non moins extraordinaires que celles d'Alcimède.

Lui aussi, il a sauvé, dans une bataille acharnée, une « très belle et jeune dame, » qui avait été enlevée par des pirates et dont le père avait été tué sous ses yeux; c'est Lisimène, la propre sœur d'Alcimède. Un dernier épisode assure le bonheur des quatre amants. Alcimède sauve la vie d'Adraste, que trois brigands voulaient assassiner dans la forêt; celui-ci, dès lors, ne s'oppose plus au bonheur de sa fille et de son fils. « Les mariages de nos amants arrêtés, les noces s'en firent; vous pouvez vous imaginer de quelle sorte ils se sont estimés heureux. » Le *Discours* fait ensuite l'éloge des deux princes généreux qui, « véritablement, ont eu des divertissements, des inclinations et des perfections nobles et royales. »

C'est la fin de ce singulier récit, dont la chasse, les aventures galantes et les luttes contre les pirates ravisseurs sont les principaux éléments. Il n'y a rien qui choque les bienséances dans les histoires de ces amants, qui passent leurs entretiens en « discours agréables; » mais l'idée n'en est pas moins singulière, au point de vue de l'histoire de la pédagogie royale, d'avoir mis entre les mains d'un jeune roi de sept ans un récit composé d'inventions romanesques et amoureuses; elle ne peut s'expliquer que par cet esprit de galanterie chevaleresque qui régnait alors dans le monde des ruelles.

Signalons encore, à titre de curiosité pédagogique imaginée pour Louis XIV enfant, mais dans un autre domaine que celui de la fiction, un jeu de cartes sur l'histoire de France; l'auteur disait, en le dédiant à la reine régente, qu'il voulait « déguiser en forme de jeux les sciences les plus nécessaires aux princes [1]. Cette idée bizarre appartient à un écrivain qui se fit connaître par plus d'une extravagance, à Jean Desmarets de Saint-Sorlin.

« J'inventai le jeu de l'histoire de France avec un tel ordre que, mettant d'un côté les rois illustres et les bons, et de l'autre les fainéants et les mauvais, avec avantage pour les premiers et désavantage pour les autres, je me promis qu'un jeune prince, en passant le temps à ce jeu, imprimerait en son âme un extrême désir d'imiter les uns et une grande horreur pour les défauts des autres. » Il avait, paraît-il, réduit de même en jeu les fables, la géographie, la logique, la morale, la politique et la physique, « avec un tel succès que l'on pourra s'étonner de l'heur avec lequel j'ai mêlé tout ensemble la science, la breveté, la clarté et le plaisir. » En attendant que les cartes de ces derniers jeux fussent gravées, il offrait à la reine, « tant pour le divertissement que pour l'instruction du roi, » le jeu de cartes des rois de France. Ce jeu ne fut pas le seul de ce genre qui ait été mis entre les mains du fils d'Anne d'Autriche. L'un de ses enfants d'honneur rapporte qu'il lui fit cadeau, pendant son enfance, de jeux de cartes de géographie, de blason et d'histoire, qui avaient été composés par les plus habiles géographes et historiographes. On ne nous dit pas si Louis s'amusa beaucoup de ces inventions ingénieuses. Les enfants de nos jours laissent volontiers de côté les jeux qualifiés d'instructifs pour le classique loto ou pour le jeu de l'oie « renouvelé des Grecs; » par analogie, on peut supposer, malgré les éloges de Desmarets pour son invention, que le jeune roi ne dut y trouver qu'un plaisir et un profit médiocres.

Il est temps d'arriver aux ouvrages qui furent composés, d'une manière qu'on peut dire officielle, pour l'éducation de Louis XIV.

---

1. *Les Jeux de cartes des rois de France, des reines renommées, de la géographie et des fables*, Paris, 1664.

Du vivant même de Louis XIII, quand le jeune dauphin, encore entre les mains des femmes, grandissait dans l'intimité de sa mère, Anne d'Autriche reçut la dédicace d'un traité ayant pour titre : *Maximes d'éducation... de Mgr le Dauphin jusqu'à l'âge de sept ans.* L'auteur de ce long mémoire n'a pas fait connaître son nom; tout ce que l'on peut savoir de lui, c'est qu'il était attaché au service de la reine, qu'il avait séjourné à la cour, qu'il avait été à Madrid; peut-être était-il un homme d'église, comme on peut le supposer à certaines manières de parler qui lui sont familières. Quant à son œuvre, qui est restée manuscrite et inédite jusqu'à ce jour [1], il dit, à plusieurs reprises, qu'il l'a composée sur le désir de la reine; Anne d'Autriche faisait faire de « saintes et curieuses recherches, » en vue de l'éducation de cet enfant, si longtemps attendu et d'autant plus cher, dont elle désirait, avec toute la France, qu'il fût « un panthéon de perfections et de vertus. » L'auteur avait, paraît-il, déjà adressé à la reine un travail sur le même sujet; mais la reine l'avait jugé « trop haut ou plutôt trop obscur. » Depuis plusieurs mois, il s'était engagé à se conformer aux commandements de la mère du jeune dauphin. « Voici le témoignage de mon obéissance, en un discours aussi simple que moi et aussi plat et nu que mon esprit. » C'est pour la reine même, et pour la reine seule, qu'il avait composé ces *Maximes*; « j'aurais écrit d'autre air et d'autre style pour le public. » Telles quelles, elles pourront aider la reine à voir « le biais » que devra prendre un gouverneur, et, s'il ne le prend pas, à le lui indiquer. Pour la date de ce mémoire, elle est antérieure à la mort de Louis XIII, puisque le futur Louis XIV n'est encore que le dauphin, et postérieure à la naissance de son second fils, Philippe d'Anjou, qui y est mentionné, c'est-à-dire qu'elle se place entre septembre 1640 et mai 1643.

Les premiers chapitres des *Maximes d'éducation* sont con-

---

1. Bibliothèque nationale : Mss fr., 10.043.

sacrés à la vie matérielle du jeune dauphin. Il faut le faire dormir huit bonnes heures au moins pendant la nuit et et une heure pendant le jour, et cela, d'après le mode de raisonnement cher à l'auteur, sur l'autorité d'Aristote, d'Avicenne, de Galien, de Platon, d'Homère, de saint Bernard, de Plutarque. Les matelas de son lit doivent être de crin et de laine, pas de plume. On allumera une lumière la nuit dans sa chambre, car « on remarque une particularité bien considérable, que les spectres, fantômes et illusions nocturnes sont incapables d'agir, offenser ou paraître où il y a de la lumière. » Que ses habits soient simples, de couleur blanche, surtout larges et flottants, les souliers aisés ; faisons .comme les Turcs, qui savent à merveille habiller et chausser leurs enfants. « Si quelque esprit s'égaie à dire que je veux faire un dauphin turc, je lui répondrai que, quand son Altesse Royale aurait le corps aussi robuste qu'un Turc, il n'en serait que mieux. » Mentionnons le chapitre « Des bonnets ou chapeaux, » le chapitre « De peigner ou nettoyer la tête. » Un autre chapitre, « Du laver des mains, » débute par un conseil qui paraîtra étrange : « La propreté est une qualité bien recommandable à un jeune prince. C'est pourquoi Son Altesse Royale étant achevée de vêtir, on lui donnera à laver les mains avec une serviette mouillée d'eau de fontaine. »

L'auteur passe ensuite en revue tous les actes ordinaires de l'existence quotidienne : la prière, le déjeuner du matin, — du bouillon ou du pain et le moins de viande qu'on pourra ; pas de beurre ni d'œuf frais, bien que ce soit le déjeuner favori des grands, — la promenade, la messe, la visite auprès de Leurs Majestés, la lecture, le dîner, — « la vraie et meilleure manne pour les jeunes gens est le bouilli et le rôti, » — les diverses occupations de l'après-midi, etc. Après quelques conseils aux personnes qui approchent le dauphin, il énumère ses plaisirs et ses exercices ; il ne lui permet pas de jouer aux dés ; « le jeu des dames poussées n'est pas à mépriser, quoique ce soit l'exercice des barbares. » La paume, le ballon, la danse, la chasse, la pêche, le cheval, les armes, la voltige, la natation, la musique, le théâtre : ces divers sujets lui fournissent quelques remarques curieuses. Le divertissement de la comédie est « louable, agréable et utile; » mais que le dauphin n'ait pas l'idée de « représenter » lui-même; cela est bon pour un Néron, un Galba (*sic*), un Catilina. Des chapitres sur l'usage des bouquets, des fleurs, des odeurs, et sur la manière dont le dauphin doit marcher, terminent cette première partie, de beaucoup la plus étendue.

La seconde partie se rapporte à l'éducation religieuse et morale, dont quelques points ont déjà été touchés dans les chapitres qui précèdent. Il ne s'agit pas de rendre Son Altesse Royale grand théologien dès le berceau; il suffit de lui enseigner à espérer en Dieu, à croire en lui, à l'adorer, à l'aimer, à aimer son prochain à l'égal de soi-même. Quand on lui parle de la vertu, il faut la lui représenter « douce, accostable et qui l'attend à bras ouverts; » pour les actions « qui peuvent avoir quelque peu de malice, » il faut lui dire qu'elles sont désagréables à Dieu et à Leurs Majestés.

La troisième partie se compose de conseils pour les circonstances qui se présentent rarement : ainsi, à propos des cadeaux qu'on peut faire au dauphin, l'auteur parle de la contenance qu'il doit avoir en les recevant, des fruits et des friandises qu'on peut lui offrir à manger, — dans ces chapitres, comme dans ceux où il est question des bouquets et des odeurs, on devine la préoccupation d'écarter de l'enfant royal toutes les tentatives d'empoisonnement, — ou encore, à propos des cadeaux que le dauphin fera lui-même, de la conduite de madame la gouvernante, des moyens de correction à employer avec le dauphin. « Que si toutes ces observations ne servent, en ce cas il faudra venir à la correction réelle des verges, par commandement de Leurs Majestés, sans lequel personne ne doit s'imaginer de toucher ce petit christ. » Mais il faut bien savoir que « ce violent remède » est un remède désespéré; au fond il n'y a pas de plus puissants moyens d'éducation que l'amitié et les douces remontrances. « Laissons les verges et les coups pour les animaux ou leurs semblables, et gouvernons [les enfants] par la raison, leur vrai guide. »

Quelques pages de conclusion accompagnent ces sages paroles. En remettant son travail aux mains de la reine, l'auteur lui demande d'achever ce qu'elle a si heureusement commencé; il souhaite que ses « petits avis » puissent servir à l'éducation du dauphin.

Il est probable que la reine mère a dû lire, ou faire lire par la gouvernante de son fils, un traité d'éducation physique et morale écrit sur son propre désir; mais comment savoir si la *Direction puérile* a été suivie de point en point et quelle influence elle a pu exercer sur le développement d'un tout jeune enfant? Du moins, félicitons Anne d'Autriche d'avoir voulu se rendre compte des devoirs de sa tâche d'éducatrice; félicitons le collaborateur anonyme qui, en servant ses désirs, a montré un esprit qui, à tout prendre, était sage et pratique.

« Je ne me présente pas devant Votre Majesté pour faire son éloge... Mon dessein est seulement de lui rendre compte d'un travail qui pourra la divertir en l'instruisant et que j'ai entrepris par le commandement de la Reine Régente Votre Mère. » C'est par ces mots que s'ouvre un magnifique volume in-folio, *les Triomphes de Louis le Juste,* sorti en 1649 des presses de l'Imprimerie royale; à ce volume avaient collaboré, « par commandement de Leurs Majestés, » cinq écrivains, Charles Beys, Pierre Corneille, Henri Estienne, sieur des Fossés, René Barry, le P. Nicolai, et un graveur, Jean Valdor, de Liége, qui s'intitulait « calcographe du roi. » Celui-ci, qui fut le promoteur de cette entreprise collective et qui la mena à bonne fin, a expliqué comment il l'avait conçue et exécutée.

Valdor était à Rome, au service du pape, quand le désir d'être « spectateur des merveilles » du règne de Louis XIII l'attira en France; mais il y arriva au moment même de la mort de son héros. Il adressa alors une requête à la régente pour obtenir une pension de quatre cents écus par an, afin de travailler à un ouvrage où il voulait « mettre en lumière toutes les glorieuses actions... du feu roi. » L'avis du conseil du roi fut, paraît-il, qu'il ne pouvait y avoir un enseignement plus efficace et plus rapide pour Louis XIV enfant que la vie de son père. Aussi Anne d'Autriche accorda à Valdor la pension qu'il sollicitait et y joignit la faveur d'un logement dans les galeries du Louvre; en 1645, elle fit écrire à cinq auteurs qui avaient été associés au calcographe, pour que chacun d'eux se chargeât de la partie du travail qui lui avait été assignée. Voici un passage de la lettre royale adressée au plus illustre, ou mieux au seul illustre des collaborateurs. « Monsieur de Corneille, comme je n'ai point de vie plus illustre à imiter que celle du feu roi, mon très honoré seigneur et père, je n'ai point aussi un plus grand désir que de voir en un abrégé ses glorieuses actions dignement représentées, ni un plus grand soin que d'y faire travailler promptement; et comme j'ai cru que pour rendre cet ouvrage parfait, je devais vous en laisser l'expression et à Valdor les dessins, et que j'ai vu, par ce qu'il a fait, que son invention avait répondu à mon attente, je juge, par ce que vous avez accoutumé de faire, que vous réussirez en cette entreprise et que, pour éterniser la mémoire de votre roi, vous prendrez plaisir d'éterniser le zèle que vous avez pour sa gloire... »

Quel fut le résultat d'une entreprise annoncée avec tant d'emphase? Le mélange le plus bizarre et le plus indigeste de morceaux de prose, de pièces de vers de tous les genres, en français et en latin, de devises, de gravures de fantaisie, de portraits d'après nature, de plans stratégiques. La seule chose de valeur dans ce volume d'aspect superbe, mais hétérogène, ce sont les planches de Valdor ou de ses élèves, — car on reconnaît le travail de différents graveurs, — dont quelques-unes sont d'un goût et d'une exécution remarquables. Quant aux dix-neuf sizains et au quatrain de Corneille, qui forment les « épigrammes » des vingt gravures où « Louis le Juste combattant » est représenté dans le costume et dans l'attitude d'un guerrier romain, ils sont, hélas! à peu près tous d'assez pauvre facture; il serait souvent difficile d'y reconnaître

> la main qui crayonna
> L'âme du grand Pompée et l'esprit de Cinna.

On ignore quelle fut la destinée auprès d'Anne d'Autriche et de son fils de ce « mausolée immortel, » pour lequel l'éloquence, la poésie, l'histoire, l'art militaire, la gravure, le français et le latin s'étaient donné la main; mais on peut le deviner, à la manière dont on affecta bien vite de ne pas parler à Louis XIV de son père. Louis reçut l'hommage de ce livre en cette année 1649, qui était peu propre, avec la guerre civile et les intrigues de la Fronde, à une étude réfléchie; il dut feuilleter d'une main rapide et distraite *les Triomphes de Louis le Juste* et ne pas s'en soucier davantage. Malgré la beauté des gravures de Valdor et le grand nom de Corneille, *les Triomphes*, qui avaient coûté à leur auteur « l'espace de six ans entiers, » ne furent mis au jour que pour être aussitôt laissés de côté.

L'auteur des *Maximes d'éducation* demandait que, deux fois par semaine, on fît au dauphin un petit catéchisme « par forme de discours, sans exiger de lui pour encore qu'il en charge sa mémoire. » Est-ce lui-même qui composa un peu plus tard, en 1645, un *Catéchisme* anonyme à l'usage du jeune roi? Il paraît préférable de l'attribuer à l'abbé de Péréfixe; car, en sa qualité de prêtre et de précepteur, il était désigné, mieux que personne, pour donner à son élève, qui n'avait pas encore un directeur de conscience spécial, les premières notions de la foi chrétienne. L'œuvre est d'ailleurs impersonnelle, comme tout catéchisme. Sous une forme très brève, c'est l'exposé, par demandes et par réponses, des notions essentielles de la religion catholique, à propos du Symbole des apôtres, de l'Oraison dominicale, des commandements de Dieu, des sacrements, des commandements de l'Église, et du péché. On dirait que le rédacteur de ce *Catéchisme* a suivi le plan que Héroard, le médecin du jeune Louis XIII, recommandait à l'usage de ce prince. « Il sera, ce me semble, bien à propos pour cette instruction [de la doctrine de piété], d'en dresser là-dessus un petit catéchisme fort abrégé et qui contienne seulement les choses nécessaires, et celles que le long et légitime usage a fait passer en nature de loi, ayant à prendre soigneusement garde de ne point faire un superstitieux, au lieu d'un homme pie et vraiment religieux. » En dehors de la date de 1645, le passage suivant du *Catéchisme* de Louis XIV est le seul qui s'applique à lui d'une manière particulière. « D. Que pense dire Votre Majesté quand elle dit que Dieu l'a créée et mise au monde? — R. Je pense dire qu'il m'a fait de rien et qu'il m'a tiré du néant où j'étais pour me donner l'être, la vie, mon royaume et tous les autres avantages que je possède. » Partout autre part, les demandes et les réponses conviennent à tout enfant chrétien et ne font aucune allusion à la condition du jeune roi.

La Mothe le Vayer, dans son volumineux traité *De l'Instruction de Mgr le Dauphin* (1640), avait passé en revue les sciences, les arts et les exercices de tout genre propres à une éducation royale. Plus tard, soit en vue du duc d'Anjou, soit en vue de Louis XIV, il fit paraître sept traités spéciaux, qui durent servir aux deux frères à la fois et dont l'ensemble forme comme une encyclopédie *ad usum principis*. Ce sont *la Géographie du prince, la Rhétorique du prince, la Morale du prince*, tous trois en 1651 ; *l'Économique du prince*, en 1653, *la Politique du prince*, en 1654, *la Logique du prince*, en 1655, ces trois derniers traités étant les seuls adressés directement à Louis XIV ; enfin, *la Physique du prince*, en 1658. A cette liste déjà longue il faut ajouter une *Introduction chronologique à l'histoire de France pour Monsieur* qui intéresse aussi l'éducation du roi, puisque Le Vayer rapporte s'en être servi pour Monsieur et pour son frère.

Ce qui frappe dans ces différents traités, c'est une extrême sécheresse. L'*Introduction à l'histoire* débute par un court aperçu sur les différentes ères et par quelques mots sur les monarchies des Assyriens, des Perses, des Macédoniens et des Romains; puis, de Pharamond à Louis XIII, c'est le défilé de tous les rois de France, le nom de chacun d'eux étant suivi d'une brève notice en quelques lignes. *La Géographie*, de même, n'est guère qu'une liste de noms. *La Morale* se compose surtout de définitions de mots se rapportant aux passions, aux vertus et aux vices. *La Politique*, où Le Vayer suit à la fois Aristote, son guide ordinaire, et les publicistes du XVIe siècle, Bodin, Juste Lipse, Mariana, est un exposé vague et froid, dénué d'exemples, concernant les princes et les attributs de l'autorité royale. Quelle que puisse être la valeur propre à ces divers traités, dont Aristote et la scolastique demeurent les autorités essentielles, sans que l'on voie jamais apparaître, même dans *la Physique*, l'influence des idées contemporaines, il est trop certain qu'ils manquent de vie et que la lecture en est fatigante. Qu'ils sont loin des manuels mis aujourd'hui entre les mains de nos plus modestes écoliers!

Il convient d'ajouter, à la défense de Le Vayer, que nous n'avons, dans ces pages monotones et froides, que les sommaires qu'il développait à ses élèves; c'étaient comme des canevas sur lesquels il brodait ses leçons orales. Il a exposé lui-même sa méthode, dans l'épître à Monsieur, mise en tête de son *Introduction chronologique*, pour lui dédier « ce petit sommaire de notre histoire... dont le roi voulut bien prendre connaissance; » il y rappelle que le roi et son frère lui « permirent alors d'accompagner de la vive voix une écriture si succincte, selon que de telles compositions, nommées *acroamatiques* par les Grecs, ont besoin d'être aidées par la parole... » Cependant, même avec le secours de la parole, il semble difficile d'admettre qu'un enseignement qui avait pour base des

livres d'une allure pédantesque et dans le fond à peu près
vides d'idées, ait pu faire impression sur les jeunes auditeurs à qui il s'adressait.

Lorsque Péréfixe avait été choisi pour être le précepteur
du roi, il n'avait encore rien écrit, alors que ses concur-
rents, moins favorisés, avaient, pour la plupart, des titres
littéraires connus du public. Les relations personnelles
qu'il avait pu nouer avec Mazarin, quand il était camérier
de Richelieu, avaient dû contribuer à son choix, davantage
peut-être que son titre de docteur en théologie; mais il
avait hâte sans doute de justifier devant l'opinion la confiance dont on lui avait fait crédit à la cour. Aussi fit-il
paraître, en 1647, le traité de l'*Institutio principis*, qui lui
avait été inspiré par ses fonctions nouvelles auprès du
jeune roi.

Dans sa dédicace à Mazarin, Péréfixe déclare qu'il a
entendu laisser de côté tout ce qui touche à la politique;
car ce domaine est proprement réservé au surintendant
de l'éducation royale; il s'est seulement proposé de réunir,
en quelques pages, les meilleurs principes qui peuvent
servir à l'éducation d'un prince. Il le répète en s'adressant au roi : c'est un court traité sur les vertus royales,
exposé sous une forme très simple et appropriée à l'âge
du prince à qui il est destiné; Louis XIV était alors dans
sa dixième année.

Après quelques pages très rapides sur l'éducation du
prince par les femmes jusqu'à l'âge de sept ans, le précepteur arrive au véritable sujet, l'éducation du prince par
les hommes, jusqu'à ce qu'il ait atteint lui-même l'âge
d'homme. Les deux fondements par excellence de l'éducation du prince sont de lui faire aimer la vertu par-dessus
tout et de lui faire détester par-dessus tout le déshonneur;
pour atteindre ce but, il faut lui apprendre quels sont
ses devoirs envers Dieu, envers lui-même, envers ses
sujets.

« Toutes les vertus du prince ont pour base la piété. .

Respectez Dieu, de qui vous avez reçu la couronne... De sa volonté dépend tout ce que vous avez d'autorité sur vos sujets, car il n'y a pas de pouvoir qui ne vienne de Dieu, et il a établi les princes comme ses vice-rois et ses ministres. » Le meilleur signe de votre piété, c'est d'observer les commandements de Dieu. « Lisez-les avec soin, récitez-les par cœur, gravez-les au fond de votre âme, faites-en la règle de toutes vos actions. » Mais l'amour de Dieu a pour complément le respect de l'Église : « celui-là ne peut avoir Dieu pour père qui n'a pas l'Église pour mère. » Vous devez donc honorer les princes de l'Église et ses prêtres, et par-dessus tout le souverain pontife, vicaire de Jésus-Christ.

Le premier devoir du prince envers soi-même est de dompter ses passions; avant de commander aux autres, apprenez à vous gouverner vous-même. Quand vous aurez « parqué ces bêtes féroces » et pacifié votre âme, vous cultiverez ces quatre vertus, qui sont par excellence les vertus royales : la prudence, qui n'entreprend rien à la hâte et sans réflexion, mais qu'il ne faut pas confondre avec l'habileté, car l'une ne s'occupe que du juste et l'autre que de l'utile; la justice, qui rend à chacun ce qui lui est dû; la force, qui règle l'âme au milieu des dangers; la tempérance, qui gouverne toutes les passions et qui engendre la chasteté, la douceur, la clémence, la bienveillance, la simplicité, l'économie.

Les devoirs du prince envers ses sujets découlent de ces deux sources : les aimer, les gouverner. La royauté à laquelle Dieu l'a élu n'a pas seulement pour fin son bien propre, mais encore le bien de ses sujets; Dieu les lui a confiés comme des enfants à leur père. Qu'il se garde de dire : « La nature me les a donnés à l'état de servitude; j'ai là autant d'esclaves prêts à suivre mes gestes, à obéir à mes ordres, à entretenir mes dépenses de leurs sueurs quotidiennes, et, en cas de danger, à mourir pour mon salut. Voici plutôt comment vous devez parler : Tous mes sujets, c'est autant d'enfants que Dieu m'a donnés à garder... C'est le devoir d'un père d'augmenter le bien-être de ses enfants, de défendre leur bien, de veiller à leur salut. » Le roi aura donc pour ses sujets l'amour d'un père, cet amour qui est fait de dévouement et d'intelligence, comme leur amour à eux est fait de respect et d'obéissance ; que cet amour soit toujours en éveil, attentif à tous et à tout.

Pour gouverner ses sujets, le prince doit se servir des lumières que lui donneront les quatre vertus cardinales. La prudence lui apprendra à les connaître, à les mettre chacun à sa place, à se défier des flatteurs, à composer son conseil d'hommes sages, fidèles, instruits, dévoués, au courant des affaires du pays et de la politique étrangère. La justice lui dira de faire respecter avant tout la religion et de punir les blasphémateurs, d'aimer sa mère, d'aimer ses serviteurs et spécialement ses ministres, dont tout l'appui contre l'envie est dans la bienveillance du prince, de favoriser le mérite et la vertu, de ne rien ordonner que d'équitable et de juste, de punir sans colère, de chercher dans les lois le salut des citoyens, la sûreté de la patrie, l'utilité de tous. La-force le rendra brave contre tout ce qui peut arriver. « Ne désirez pas la guerre ; restez en paix, jusqu'à ce qu'une cause juste et une grande nécessité vous forcent, malgré vous, à prendre les armes, comme le respect de la religion, la défense des alliés, le salut de l'État... Faites la guerre de telle manière que l'on voie que vous cherchez la paix du royaume. » La tempérance dira au prince qu'il a une double obligation de vivre en homme de bien, et pour être un bon prince et pour inspirer à ses sujets l'amour de la vertu ; car rien ne corrompt plus vite les mœurs d'un peuple que la vie d'un mauvais prince. Qu'il n'y ait donc rien à blâmer dans votre vie privée et publique. Péréfixe termine son petit traité par un vœu : « Puissent ces semences des vertus que j'ai déposées en votre sein produire un jour une abondante moisson ! »

Ce traité de pédagogie royale a le mérite de l'ordre et de la simplicité. Il est l'œuvre d'un esprit clair et judicieux, qui a su tracer à Louis XIV les règles d'une vie honnête et d'un sage gouvernement, sans invoquer d'autres principes que des vérités de sens commun, qui a songé beaucoup plus à éveiller en lui la conscience de sa responsabilité que l'idée de ses droits, qui a su se défaire de tout appareil pédantesque et se mettre à la portée d'une jeune intelligence. Comment donc se fait-il que Péréfixe ait écrit en latin cette institution du prince, c'est-à-dire qu'il ait présenté à Louis XIV, à l'âge de dix ans environ, la règle de ses devoirs dans une langue qu'il ne pouvait certainement pas comprendre? Singulière influence de la routine qui sévissait alors dans la pédagogie et qui, jusqu'à la réforme de Port-Royal, fit rédiger en latin les livres classiques. Le jeune roi ne put se servir de l'*Institutio principis* que comme d'un texte de versions latines; n'aurait-il pas été plus simple et plus profitable de lui faire lire directement, dans sa langue maternelle, sans l'effort de la traduction, les sages conseils de son précepteur?

Péréfixe avait répondu par ce traité à la confiance que la reine et le cardinal avaient mise en lui. De même, quand les circonstances eurent mis fin à ses fonctions de précepteur, il publia, comme un témoignage de son enseignement, l'un des ouvrages d'histoire qu'il avait composés pour l'instruction de son élève[1]. Il avait rédigé à l'usage de celui-ci un sommaire de l'histoire générale de la France, et son intention avait été de publier en entier cet ouvrage, dont Louis XIV avait fait sa lecture favorite; mais l'affection particulière que le roi avait toujours montrée pour son aïeul le détermina à publier d'abord la vie de Henri IV. Il semble donc que son intention était de publier plus tard les autres parties de son cours d'histoire; il ne le fit pas cependant, sans doute parce que ses fonctions d'archevêque de Paris ne lui en laissèrent pas le loisir.

1. *Histoire du roi Henri le Grand*, par Hardouin de Péréfixe, évêque de Rodez, ci-devant précepteur du roi. Paris, 1661, in-4.

Péréfixe prévient le lecteur que le caractère de cet ouvrage n'est pas celui d'un livre d'histoire proprement dit, qu'il n'a pas eu l'intention « d'entrer dans le détail des choses et de raconter au long toutes les guerres et toutes les affaires; » préoccupé avant tout de la formation morale et politique de son royal élève, il s'est borné à recueillir dans la vie de son héros les circonstances « les plus belles et les plus instructives. » Il le prévient encore qu'il n'a pas hésité à « emprunter des périodes toutes entières » à nos meilleurs historiens, quand il n'a pas cru pouvoir mieux faire; on lui pardonnera cette faute « assez légère, » qu'il reconnaît « ingénuement. » Il ne faut donc pas demander à l'historien de Henri IV ce qu'il a écarté lui-même de parti pris, c'est-à-dire l'érudition et l'originalité. Il faut se rappeler dans quel esprit et dans quelles circonstances cette vie du premier roi Bourbon fut composée, il faut voir en elle comme un traité d'éducation morale qui avait pour base l'histoire d'un grand roi : l'on reconnaîtra alors que le livre de Péréfixe a de réels mérites.

La vie du Béarnais, sous la plume de l'évêque de Rodez, est une leçon continue; si Péréfixe met en lumière les mérites de son héros, il ne déguise pas ses faiblesses, et la leçon sort, pour ainsi dire, d'elle-même, sans effort, de l'exposé de ses actions. Dans cette narration simple et claire, dont l'accent familier et naïf va parfois jusqu'à l'émotion et jusqu'à la vigueur, le jeune roi pouvait lire lui-même la règle de sa conduite. L'exemple d'un grand roi, présenté sous ses yeux dans une série de tableaux bien dessinés, devenait le meilleur des enseignements, parce qu'il était le plus vivant, le plus facilement saisissable, le mieux à la portée de son intelligence, et qu'il avait pour lui la consécration de l'expérience.

Que l'on ne croie pas, d'autre part, que cette vie de Henri IV, écrite par un précepteur qui était en même temps un prêtre, ne soit pas autre chose qu'un cours de morale en action, où l'histoire ne serait invoquée que comme un argument pour le bien à faire et le mal à éviter

Tout le livre est inspiré de cette idée virile, que Péréfixe avait souvent développée à son élève et qu'il lui rappelait encore en tête de ces pages : « Que la royauté n'est pas un métier de fainéant, qu'elle consiste presque toute en l'action, qu'il faut qu'un roi fasse ses délices de son devoir, que son plaisir soit de régner, et qu'il sache que régner, c'est tenir lui-même le timon de son État. » S'il a retracé devant ses yeux l'image de celui « qui a été le plus actif et le plus laborieux de tous nos rois, » c'est qu'il a voulu que le petit-fils, à l'exemple de son illustre aïeul, prît la résolution « de mettre la main à l'œuvre, » en un mot « de jouir pleinement de son autorité. » On sait la haute idée que Louis XIV s'est faite de son métier de roi; mais on ne doit pas oublier que c'est dans l'*Histoire de Henri le Grand* qu'il a lu cette belle maxime, « qu'il n'y a point d'honneur à porter un titre dont on ne fait point les fonctions. » Charme d'une narration familière et vivante, caractère élevé et pratique tout ensemble des idées morales qui inspirent ce récit : voilà ce qui fait la valeur de cette histoire élémentaire de Henri IV, voilà ce qui explique qu'elle a été tant de fois réimprimée, depuis Louis XIV jusqu'à nos jours, et qu'elle n'a pas cessé de trouver des lecteurs.

Il reste à parler d'une dernière catégorie de traités relatifs à l'éducation de Louis XIV; ce sont ceux dont les auteurs, loin de songer à gagner les bonnes grâces du surintendant de l'éducation royale, se sont ouvertement posés en censeurs du système appliqué dans les études du jeune roi.

En 1652 parut un ouvrage sans nom d'auteur, sous ce titre : *Recueil de maximes véritables et importantes pour l'institution du roi, contre la fausse et pernicieuse politique du cardinal Mazarin, prétendu surintendant de l'éducation de Sa Majesté.* Dans la préface ou avertissement au lecteur, l'auteur protestait à l'avance contre les calomnies dont son livre pourrait être l'objet; il n'avait eu d'autre intention que d'être utile à son prince et à l'État. « Ceux qui me connaissent savent bien que je ne suis pas de mon naturel ni factieux ni républicain. » Non seulement sa qualité de Français lui rendait chère la royauté; mais encore « sa régénération de chrétien » lui faisait un devoir de la soutenir, et il déclarait chérir et honorer son roi « comme l'image vivante de Dieu sur la terre. » Il avait « sucé avec le lait cette vénération pour lui; » tous les membres de sa famille avaient, au temps de la Ligue, « fait profession particulière d'être très royalistes; » son père et son aïeul avaient « écrit et travaillé » pour la cause de Henri le Grand. Il ajoutait qu'il ne songeait pas à faire sa cour à « messieurs les princes; » il n'en était pas connu et n'avait point envie de l'être.

Cette déclaration de foi monarchique, qui n'était pas inutile à la date où le livre était publié, ne put détruire l'impression défavorable que le titre seul du *Recueil* avait fait naître dans l'entourage du roi, et que l'auteur semblait avoir pris plaisir à provoquer; car il dénonçait ouvertement le cardinal Mazarin, ce « malhabile homme en toutes choses, hormis en l'art infâme de fourber, » qui s'était fait donner la qualité nouvelle de surintendant « pour obséder avec plus de facilité cette jeune âme royale. » Avant même que Mazarin fût rentré en maître à Paris et qu'il eût retrouvé officiellement auprès du roi et de sa mère cette situation qu'il n'avait jamais perdue, une sentence du Châtelet de Paris, rendue le 11 janvier 1653, ordonna de brûler le *Recueil de maximes.*

Loin de s'émouvoir de cette condamnation, l'auteur fit réimprimer son livre sans y rien changer, si ce n'est qu'il y ajouta « deux Lettres apologétiques pour ledit *Recueil* contre l'extrait du sieur N., avocat du roi au Châtelet; » il y discutait, avec un singulier mélange de force et d'ironie, les attaques dont son livre avait été l'objet; il n'y épargnait pas le ministre tout-puissant, « ce Phalaris sicilien, ce cruel comédien. » Publié sous cette forme dès l'année 1653, l'ouvrage était encore réimprimé tel quel dix ans plus tard, en 1663, peut-être, dans cette dernière circonstance, à l'occasion de la future éducation du dauphin, fils de Louis XIV.

L'auteur, qui attaquait ouvertement le « prétendu surintendant de l'éducation de Sa Majesté » et qui, à la place de sa « fausse et pernicieuse politique, » proposait tout un plan d'éducation royale, n'était pas un de ces pamphlétaires obscurs que la période des mazarinades enfanta par centaines. Claude Joly, car c'est de lui qu'il s'agit, appartenait à une de ces familles de gens de robe qui ont été l'honneur de l'ancienne bourgeoisie française, et dans lesquelles le dévouement absolu à tout ce qui regardait la gloire et l'autorité du souverain n'excluait ni l'indépendance du caractère ni la libre expression de la pensée.

Son père, Guillaume Joly, qui était lieutenant général, c'est-à-dire président du tribunal de la connétablie, avait édité, en 1607, l'*Institution au droit français* de Guy Coquille, dont il était parent, et écrit une vie de ce légiste. Il avait épousé une fille d'Antoine Loysel, le fameux auteur des *Institutes coutumières*, et Claude Joly, en publiant les œuvres de son aïeul maternel, dont il possédait par héritage les livres et les manuscrits, ajoutait à l'énumération de ses qualités le titre de « petit-fils de maître Antoine Loysel. » Lui-même, après avoir été avocat au parlement de Paris, après avoir accompagné le duc de Longueville dans son ambassade à Munster, devint chantre et chanoine de l'église Notre-Dame à Paris, et, plus tard, official; mais ses fonctions ecclésiastiques dans le chapitre métropolitain ne lui firent pas oublier les études de droit et d'histoire politique. Sans parler de ses travaux personnels et de son curieux *Traité des restitutions des grands*, il publia, dans la seconde partie de sa vie, deux éditions des œuvres de son grand-père et une édition d'un autre juriste, Charles Loyseau, qui avait été aussi l'une des gloires du droit français. Aussi un commentateur de Loysel rappelait avec raison l'éloge qui avait été fait de Claude Joly : « personnage d'une grande probité et d'un grand savoir. »

Ces détails sur l'auteur et ses travaux expliquent le

mérite du *Recueil de maximes véritables et importantes*. Par
l'indépendance des idées politiques, par la richesse des
citations que l'auteur apporte à l'appui de sa thèse, c'est
certainement l'un des plus remarquables parmi les écrits
qui se rapportent à l'éducation de Louis XIV; il ne faut
pas le juger sur la forme, qui a quelque chose de lourd et
de pédantesque.

Prenant à partie, dès les premiers mots, « cet homme
sinistre à la France, » Cl. Joly déclare que la raison la plus
forte qui doive faire souhaiter le perpétuel éloignement
de Mazarin, c'est la crainte qu'il ne pervertisse avec le
temps toutes les bonnes inclinations du jeune roi. Jusqu'ici, « l'innocence du roi est une table rase sur laquelle
il lui a été aisé d'imprimer tout ce qu'il lui a plu; » mais il
faut se hâter de prévenir les effets de cette « doctrine
corrompue, » et pour cela réagir contre les « faussetés dont
il a été imbu, » en lui faisant « connaître ce qu'il doit et
peut faire, et encore plus ce qu'il ne peut et ne doit pas
faire. » Les livres ne manquent pas pour l'institution des
rois; mais, l'Écriture sainte mise à part, les meilleurs pour
l'éducation d'un roi de France sont ceux qui ont été composés par des Français, car ces auteurs ont eu en vue les
lois et les coutumes du royaume; parmi eux, nul n'a plus
de prix que le prince de nos historiens, que l'écrivain
politique pour lequel l'empereur Charles-Quint et le roi
Henri le Grand professaient la plus grande estime, en un
mot que Commines. « Le seul Philippe de Commines est
si rempli de leçons importantes pour l'instruction des
princes que ses Mémoires devraient être appris entièrement par cœur de tous nos rois... On peut l'appeler le
véritable surintendant de l'éducation de nos rois. »

Cl. Joly a donc eu l'intention de « faire une compilation
de quelques maximes et exemples qui sont dans cet
auteur, » non sans y ajouter des extraits d'autres écri
vains, en particulier de Claude de Seyssel et d'Érasme; il
a voulu « accommoder la plupart de ces extraits à l'état
des affaires présentes, » convaincu que cette manière

d'instruire un roi avec les maximes « de personnes approuvées et du tout irréprochables, comme sont tous les auteurs allégués dans ce livre, » est la plus conforme aux véritables intérêts du roi et du royaume.

Parmi les quatorze chapitres dont se compose le *Recueil de maximes*, il n'en est, pour ainsi dire, pas un qui ne traite avec une remarquable indépendance les diverses questions qui se rapportent à l'éducation politique d'un souverain. Le chapitre II, intitulé : « Quel est le droit et le pouvoir d'un roi sur ses sujets ? » a pour but d'établir cette maxime fondamentale, qui ne rappelle pas les théories de Richelieu et qui fait moins encore pressentir celles de Louis XIV, « que le pouvoir des rois est borné et fini, et qu'ils ne peuvent pas disposer de leurs sujets à leur volonté et plaisir. » L'auteur s'élève, avec une courageuse énergie, contre « l'audace et l'extravagance » des gens de cour, qui répètent que les rois sont maîtres des vies et des biens de leurs sujets. L'obéissance que nous devons au roi ne peut pas être plus grande que celle que nous devons à Dieu ; or, Dieu ne demande de nous qu'une obéissance raisonnable. Cl. Joly, en conséquence, admettait ouvertement le cas de légitime défense du sujet à l'égard du prince. C'était s'inscrire en faux à l'avance contre la théorie chère à Louis XIV, que, quels que puissent être les torts du souverain, la révolte des sujets reste toujours infiniment criminelle.

Dans les chapitres relatifs aux rapports du roi avec l'Église, la doctrine de l'auteur sur la résidence des prélats en leurs diocèses, sur les libertés de l'église gallicane, sur le rôle du roi Très Chrétien comme patron, conservateur et protecteur de l'église du royaume, offre plus d'un point commun avec les idées que Louis XIV devait appliquer dans ses relations avec le clergé national et plus particulièrement avec la papauté.

Mais où l'auteur du *Recueil de maximes* parlait un langage qui n'avait pas chance d'être compris dans l'entourage immédiat d'un roi successeur de Richelieu et vainqueur de la Fronde, c'est lorsque, appliquant la langue des légistes à la nature des rapports entre les rois et les peuples, il rappelait l'ancienne inscription romaine de la *lex regia*, et qu'il employait les expressions d' « acte » ou de « contrat synallagmatique; » c'est encore, lorsqu'il expliquait la première règle des *Institutes coutumières* de Loysel, « Qui veut le roi, si veut la loi, » non dans le sens du despotisme, que la loi n'est pas autre chose que la volonté du souverain, mais dans le sens de la liberté, que la volonté du souverain doit être conforme à la loi. Le chapitre XI, « Que les rois n'ont pas droit de mettre des impôts sur leurs peuples sans leur consentement, » n'était pas non plus de nature à gagner à l'auteur anonyme les bonnes grâces du premier ministre.

Non moins vigoureux est le ton des *Lettres apologétiques*, où l'auteur défend son livre contre l'avocat du Châtelet qui l'a fait brûler. A la vigueur de la riposte se joint parfois une ironie singulièrement agressive et mordante, comme dans le passage où il se justifie d'avoir dit que le pouvoir du roi était un pouvoir limité. « Jusqu'à présent je n'avais pas douté de cette vérité, et j'avais cru qu'il n'y avait que la puissance de Dieu qui fût sans bornes et sans limites. *Credo in Deum patrem omnipotentem.* Mais puisqu'il plaît à M. l'Avocat, nous ajouterons un article au Symbole : *et in regem omnipotentem*, et nous lui demanderons dorénavant le beau temps et la pluie. »

Tel est, dans ses grandes lignes, ce cours peu banal d'éducation politique, dans lequel l'auteur abrite l'indépendance de ses pensées sous l'autorité de Commines: elle le protégea mal, comme on l'a vu, contre les rigueurs du Châtelet. Mais, malgré la condamnation qui l'avait frappé, il ne pouvait pas ne pas plaire, en certaines de ses parties, à quelques-unes des idées politiques qui germaient alors dans l'âme du jeune Louis XIV. Tels actes, en effet, ou telles pensées du roi à propos du gouvernement personnel, des ministres, des rapports avec le pouvoir ecclésiastique, ne sont pas sans rappeler d'assez près certains passages du *Recueil de Maximes*; ce qui n'implique nullement la conséquence que Louis XIV ait été le disciple, même indirect, de Claude Joly; mais ce qui prouve que la politique du grand roi pouvait avoir certains points communs avec les théories des esprits les plus indépendants.

Un autre ouvrage qui eut le même sort que le *Recueil de maximes véritables et importantes*, sans avoir d'ailleurs le même intérêt, est l'*Harmonie de l'amour et de la justice de Dieu* (1650). « Il était contre le Mazarin, écrit Gui Patin; il allait même contre l'honneur de la reine. Le lieutenant civil l'a découvert, l'a supprimé. » Il était, en effet, injurieux pour Anne d'Autriche jusqu'au point d'avancer que Louis XIII n'avait pas pu être le père de Louis XIV; imprimer une calomnie pareille dans un livre dédié à la régente, prétendre l'établir par je ne sais quels exemples empruntés à la Bible; évoquer, à propos du gouvernement d'Anne d'Autriche, le souvenir de Néron qui « souhaitait que toutes les têtes fussent en une, afin de les faire toutes à la fois sauter par terre » : cela seul, à défaut des autres extravagances en prose ou en vers dont ce singulier volume est émaillé, prouve que l'auteur n'était pas dans son bon sens. Effectivement, il était fou. Gui Patin, après avoir dit qu'on soupçonnait un jésuite, partisan de Monsieur le Prince, d'être l'auteur de l'*Harmonie*, a eu la sagesse, peu ordinaire chez lui quand il s'agit d'un « loyolite, » de ne pas croire à ce bruit. L'auteur véritable, don les imprimeurs se refusèrent à faire connaître le nom au lieutenant civil et que Gui Patin ne connaît pas lui-même, est François Davenne, illuminé d'une imagination aussi féconde qu'incohérente, dont les rêveries provenaient en partie d'un mysticisme extravagant, mais qui ne déraisonnait pas toujours quand il parlait des affaires de l'État.

Ici même, au milieu de toutes ces insanités trop souvent incompréhensibles, il y a quelques dures et bonnes vérités. Davenne, s'adressant directement au jeune roi, alors âgé de douze ans, lui dit, non sans courage ni sans éloquence : « Vous êtes roi des hommes, mais de l'être de vos passions est ce qui vous donne un incomparable avantage. La couronne n'est pas ce qui vous rend noble, mais c'est votre vertu qui fait éclater la couronne. Un tyran n'est point illustré du diadème, mais il est avili par le sceptre dont il est indigne. » Le prince doit se soumettre lui-même à la justice qu'il a « déposée ès mains du sénat, » c'est-à-dire du parlement de Paris; il doit donner et non vendre les divers offices de la couronne et assigner des gages à ses officiers, avoir soin du culte divin, etc.

Il est inutile de remarquer que l'*Harmonie de l'amour et de la justice de Dieu*, dont l'auteur était poursuivi en 1651 par le parlement et emprisonné pour crime de lèse-majesté, ne servit jamais de lecture au fils d'Anne d'Autriche; mais le livre se rattache directement, malgré son caractère d'injure et de folie, aux ouvrages relatifs à l'éducation de Louis XIV. La troisième partie de l'*Harmonie*, adressée « au roi qui doit régner, » énumère « les choses requises à l'oint du Seigneur pour conduire en paix sa bergerie; » pour cette raison, on ne pouvait pas le passer sous silence [1].

---

1. La première édition de *l'Éducation politique de Louis XIV* contenait ici quelques pages sur un ouvrage anonyme, les *Codicilles de Louis XIII*. Dans une étude plus récente, *Un Utopiste inconnu, les Codicilles de Louis XIII* (Paris, Émile Paul, 1903), nous avons émis une hypothèse sur le nom de l'auteur de cet ouvrage apocryphe, et nous croyons avoir prouvé qu'il a paru dans les premières années du règne de Louis XV, vers 1715-1718. On doit par suite supprimer dans *l'Éducation politique de Louis XIV* tout ce que nous avions pensé pouvoir emprunter aux *Codicilles de Louis XIII*.

CHAPITRE III

LES ÉTUDES DE LOUIS XIV

Jugement de Louis XIV sur les études de son enfance. — Jugement de Spanheim, de Fénelon, de Saint-Simon et de Choisy. — Origine de cette opinion que l'éducation de Louis XIV fut très négligée. — En quoi elle est peu fondée. — Louis XIV et l'étude du latin. — Les thèmes de Louis XIV. — La traduction des *Commentaires* de César. — Programmes de lectures pour Louis XIV. — Il prend ses leçons le matin au lit. — La Porte lui fait la lecture de l'*Histoire* de Mézeray « pour l'endormir. » — Lecture de romans et de poésies. — Louis XIV, élève peu appliqué. — Place insignifiante dans ses *Mémoires* des souvenirs de ses années d'étude. — Éducation non « livresque. »

En 1694, au cours d'une visite faite à la maison de Saint-Cyr, Louis XIV, s'adressant à la mère Priolo, religieuse de la Visitation de Chaillot et ancienne supérieure de Saint-Cyr, lui parla de son père, Benjamin Priolo, qui avait écrit en latin l'histoire de sa minorité. « Noailles que voilà, lui dit-il, en lui montrant le maréchal, est tout Priolo ; il m'a longtemps entretenu de monsieur votre père comme d'un homme de beaucoup d'esprit, et de son histoire en latin, que je n'entends point, car je suis un ignorant ; et je n'ai pas reçu une si bonne éducation que celle que je fais donner à Saint-Cyr. » D'autres témoignages montrent que Louis XIV n'avait pas conservé un souvenir favorable des études de son enfance et de sa première jeunesse.

Quand il s'agit de choisir un gouverneur pour son fils, il jeta d'abord les yeux sur le prince de Conti, à cause de ses qualités de cœur et d'esprit qu'il jugeait propres à faire une bonne éducation, « à quoi il pensait d'autant plus qu'il croyait lui-même avoir été mal élevé. » Dans un fragment des *Mémoires pour l'instruction du dauphin*, qui se rapporte à l'année 1666, le roi développe, à l'usage de son fils, quelques idées générales sur la nécessité pour un prince d'avoir reçu une instruction solide, sur le profit qu'il peut tirer de l'histoire ; il semble qu'il y ait dans ce développement comme un regret de la manière dont il avait été instruit et comme un reproche pour l'application médiocre qu'il avait apportée à ses études. « Tandis que l'on est enfant, l'on considère l'étude comme un pur chagrin ; quand on commence d'entrer dans les affaires, on la regarde comme une bagatelle qui n'est d'aucune utilité ; mais quand la raison commence à devenir solide,... l'on reconnaît enfin mais trop tard, combien il était important de s'y appliquer lorsqu'on en avait un plein loisir. » Pour lui, il comprit, une fois sur le trône, qu'il ne pouvait pas être « privé des connaissances qu'un honnête homme devait avoir ; que c'était véritablement une espèce de honte de rentrer si tard dans cette étude, mais qu'il valait encore mieux apprendre tard que d'ignorer toujours ce qu'on était obligé de savoir. »

Cet aveu singulier du roi, qu'il manquait des connaissances nécessaires à « un honnête homme, » paraît justifier à l'avance ce que des contemporains devaient dire un jour de cette éducation royale. Un envoyé du Brandebourg, Ezéchiel Spanheim, écrivait, en 1690, que les connaissances du roi étaient fort bornées, « par le peu de soins qu'on avait pris de les cultiver dans sa jeunesse. » Dans la lettre si curieuse que Fénelon, alors en disgrâce, écrivait de Cambrai, le 26 août 1697, à son ami le duc de Beauvillier, pour lui dire quelles prières il venait d'adresser à Dieu pour le roi, le jour de la fête de saint Louis, on trouve ce jugement, qui peut paraître bien dur dans sa concision : « Je me rappelais son éducation sans instruction solide. »

Mais ne doit-on pas faire des réserves sur l'opinion d'un éducateur qui venait d'accomplir un miracle en matière d'éducation princière, et l'instruction reçue par Louis XIV a-t-elle nécessairement manqué de toute valeur, pour n'avoir pas ressemblé à celle du duc de Bourgogne?

Saint-Simon parle des études de Louis XIV avec l'exagération qui lui est familière. « A peine lui apprit-on à lire et à écrire, et il demeura tellement ignorant que les choses les plus communes d'histoire, d'événements, de fortunes, de conduites, de naissance, de lois, il n'en sut jamais un mot. Il tomba, par ce défaut et quelquefois en public, dans les absurdités les plus grossières. » Que le roi soit tombé, à propos de la famille d'un personnage, dans une de ces méprises dont Saint-Simon prétend donner des exemples et qui, à ses yeux d'historien ferré sur les détails généalogiques, étaient autant d' « absurdités grossières, » cela est fort possible; mais cela ne signifie rien pour l'éducation qui lui avait été donnée.

Ce qui serait plus intéressant à connaître, c'est en quoi a consisté cette éducation première. Quel fut le programme de ses études? Quelle méthode suivit son précepteur? Quels livres furent mis entre ses mains? Voilà les questions auxquelles il faudrait pouvoir répondre, pour savoir dans quelle mesure les idées de l'homme fait et du roi ont pu subir l'influence de l'enseignement donné à l'enfant.

Il n'y a pas à tenir compte de cette affirmation de Saint-Simon, qu'on lui apprit à peine à lire et à écrire; elle se détruit par son exagération même et par le parti pris, bien connu chez lui, de dénigrer tout ce qui touche à Mazarin, à ce ministre qu'il condamne, d'ailleurs, sans l'avoir connu; car ce juge terrible — il faut toujours le rappeler pour ses jugements sur les hommes et les choses du début du règne de Louis XIV — ne naquit qu'en 1675. Il suffit à ses yeux que Mazarin ait été surintendant de l'éducation royale pour que cette éducation ait été sans valeur, et que, pour ainsi dire, elle n'ait pas existé. L'abbé de Choisy n'apporte pas la même passion à ses paroles, quand il dit

à propos de la jeunesse de Louis XVI, que sa mère s'était
peu mise en peine de son éducation, que ses gouverneurs
et ses précepteurs l'avaient presque abandonné à lui-même,
qu'il ne savait, à proprement parler, que ce que la nature
lui avait appris ; mais l'époque tardive à laquelle il a rédigé
ses souvenirs sur des « choses si éloignées » ne laisse pas
beaucoup d'autorité aux détails qu'il raconte sur les premières années du roi.

Quant à l'assertion déjà rapportée de Louis XIV, qu'il
éprouva le besoin d'acquérir par lui-même les connaissances d'un honnête homme, elle s'explique par cet esprit
d'orgueil inconscient qui circule à travers les pages écrites
pour le dauphin et qui lui a inspiré, à propos des réformes
financières du début de son règne, une phrase comme
celle-ci : « Ces maximes que je vous apprends aujourd'hui,
mon fils, ne m'ont été enseignées par personne, parce que
mes devanciers ne s'en étaient pas avisés. » La tentation
de se grandir aux yeux de son fils et de la postérité, en
paraissant ne devoir qu'à lui seul les mérites pour lesquels
les contemporains n'avaient pas assez d'éloges, l'a aisément conduit à oublier ce que l'on avait fait, pendant sa
première jeunesse, pour cultiver son esprit ; de là à laisser
croire à son entourage qu'on n'avait rien fait pour lui, que
cependant il s'était « bien tiré de cet état-là, » qu'il avait
été lui-même son propre éducateur, il n'y avait qu'un pas,
et l'esprit courtisan de ceux qui l'approchaient, apte à
saisir le faible du maître, le franchit rapidement. On peut
croire que peu de flatteries furent plus agréables au grand
roi que celle qui lui fut adressée, au milieu de l'éclat de
son règne, par l'un de ses familiers qui avait la réputation
d'un homme austère et qui savait, au besoin, être un courtisan fort adroit, le duc de Montausier.

Le gouverneur du dauphin, adressant au roi une apologie personnelle pour répondre aux détracteurs de son
système d'éducation, ne pouvait trouver un argument plus
habile que celui qui consistait à opposer le génie du père
à la médiocrité intellectuelle du fils. « Pour détruire tout

ce que je viens d'avancer, on dira peut-être, Sire, qu'il ne faut que comparer la manière dont vous avez été élevé avec celle dont vous régnez. Mais que Votre Majesté ne prenne pas exemple sur elle-même... Le ciel ne fait pas tous les jours des miracles. C'en est un, Sire, que le monde voit avec étonnement, que vous vous soyez vous-même rendu capable de gouverner un grand État... avec le seul secours de vos réflexions et par la force de votre excellent génie. Il est vrai que Votre Majesté n'a eu besoin ni de maîtres, ni de directeurs, d'instruction ni de préceptes, et que Dieu lui a inspiré la science des rois, comme il inspira aux premiers hommes les arts et les connaissances nécessaires au genre humain. Mais, Sire, la capacité parfaite ne descend pas toujours du père au fils, elle se donne aux uns et se fait acheter aux autres... La destinée de monseigneur le dauphin n'est peut-être pas si heureuse que la vôtre; il doit peut-être passer par le chemin des autres hommes, acquérir par l'étude ce que vous ne devez qu'à vos propres lumières, et se rendre grand par le travail, au lieu que vous l'êtes devenu sans peine, par la seule force de votre esprit. »

Ainsi, que ce fût chez les uns l'effet de la haine pour Mazarin, que ce fût chez les autres l'effet de la flatterie pour le grand roi, c'était un bruit accrédité sous le règne de Louis XIV, et d'autant plus que le roi lui-même avait paru l'encourager : l'instruction du fils d'Anne d'Autriche avait été complètement négligée. Un esprit indépendant essaya en vain de réagir contre ce qu'il appelle cette erreur populaire et tenace, que le roi de France avait été mal élevé; pourquoi, se demandait Bayle, faire ainsi sa cour aux vivants, au préjudice d'Anne d'Autriche et de Mazarin, « et même au préjudice de la vérité? » Cette protestation isolée ne trouva pas d'écho auprès des contemporains, et il ne semble pas qu'elle en ait trouvé auprès de la postérité.

On convient volontiers que Louis XIV « ne fut en aucune façon initié à cette magnifique rénovation des sciences et de la philosophie qui illustrait son siècle; » le *Novum Organum* ou le *Discours de la méthode* ne figurèrent pas sur ses programmes d'éducation, pas plus d'ailleurs que les nouveautés philosophiques ne sont introduites d'ordinaire sur les programmes scolaires aussitôt qu'elles ont été mises en circulation; mais il n'y a aucun lieu de croire qu'on ne lui ait pas donné cette culture générale qui touchait un peu à tout et qui faisait précisément « l'honnête homme » du xviiᵉ siècle. Cette éducation ne se fit certes pas dans les conditions où devaient se faire un jour celle du dauphin et celle du duc de Bourgogne; cependant elle se fit.

L'instruction de Louis XIV eut pour fondement la connaissance des langues anciennes, ou tout au moins du latin, qui était, plus encore au xviiᵉ siècle que de nos jours, le point de départ nécessaire de toute éducation intellectuelle. Mme de Motteville a raison de dire que ce n'est pas le latin qui est le plus nécessaire aux princes, et que la politique est la véritable grammaire qu'ils doivent étudier; mais, sans songer le moins du monde à faire de son élève un latiniste, Péréfixe aurait pu répondre à cette objection, que, si la culture classique avait pour effet de développer l'intelligence, de former le goût et de rendre l'esprit apte à saisir les chefs-d'œuvre de la pensée humaine, elle devait être au moins aussi utile à un prince destiné à être le roi d'une grande nation qu'à un simple particulier qui ne se proposait que d'être un « honnête homme. »

Dans le programme d'éducation qu'il avait rédigé pour le jeune roi, Vauquelin des Yveteaux avait touché cette question de l'étude du latin. « Encore, disait-il, qu'il y eût plus de honte à l'ignorer que de profit et de gloire aux princes à le savoir, » cependant la connaissance du latin avait pour eux l'intérêt pratique et immédiat d'une langue vivante. Comment, en effet, prendre une connaissance directe des dépêches d'Allemagne, et comment en rédiger pour la cour de Rome, puisque pour l'Empire et le Saint-Siège le latin était resté la langue diplomatique? Louis XIV, qui se montra si désireux plus tard de connaître les choses par lui-même, devait se rendre compte un jour de cette nécessité de posséder la langue latine. A propos d'un bref en latin venu de Rome, il demanda à son ancien précepteur, qui était alors archevêque de Paris, de lui donner de nouvelles leçons de latin; il réserva à cette étude une partie de ses journées, car il voulait se mettre en état de lire lui-même toutes les dépêches relatives aux affaires étrangères.

L'année même où Péréfixe commençait l'éducation de son jeune élève, en 1644, paraissait la *Nouvelle Méthode pour apprendre facilement et en peu de temps la langue latine*, dont la publication est une date dans l'enseignement des langues anciennes. Elle était dédiée au roi; elle pouvait « être utile, disait la dédicace, à l'instruction du premier roi du monde,... d'autant plus utile à Votre Majesté qu'elle peut être beaucoup éclaircie par celui à qui la reine votre mère a confié l'instruction de votre personne sacrée. » Ce fut, en effet, de cette grammaire nouvelle rédigée en langue française, que Péréfixe se servit pour apprendre à son élève « les premiers commencements de la langue latine, » comme on le fait dire au roi dans le privilège dont furent accompagnées les éditions postérieures de la *Nouvelle Méthode*. Il est au moins curieux de rappeler que le maître et l'élève se sont servis d'une grammaire due à Port-Royal, quand on connaît les sentiments de l'un et de l'autre pour tout ce qui touchait au jansénisme.

Parmi les exercices de traduction que Péréfixe fit faire au jeune roi pour ses études de latin, deux documents ont subsisté : un recueil de thèmes et une traduction de César.

Le recueil de thèmes a une histoire intéressante et encore inconnue. A la fin de 1647 et au commencement de 1648, c'est-à-dire dans la première moitié de sa dixième année, l'élève de Péréfixe traduisit en latin et recopia sur un cahier une suite de phrases que lui avait dictées son précepteur. Trois ans et demi plus tard, au lendemain de sa majorité, en septembre 1651, il fit cadeau de ce cahier au comte Hippolyte de Béthune, grand collectionneur de documents, en y ajoutant une note manuscrite pour en établir l'authenticité. Celui-ci, à sa mort, légua au roi la magnifique collection de manuscrits qui avait été formée par son père et par lui-même; ce qui explique la présence du recueil de thèmes de Louis XIV au département des Manuscrits de la Bibliothèque nationale.

Ce cahier de corrigés, écrit de la main même du jeune roi, — *hunc librum propria manu scriptum*, — est d'une écriture mal formée et peu régulière, où l'on sent la main encore malhabile d'un enfant qui apprend à écrire et qui s'applique à former ses lettres et à signer son nom. Quant aux thèmes, ils se composent de quarante-trois phrases détachées et très simples; elles ne dépassent pas la force moyenne d'un écolier du même âge, débutant dans l'étude du latin, comme on peut en juger par cette phrase, la pre mière du cahier : « Je scay que le principal deuoir d'un Prince chrestien est de seruir Dieu et que la piété est le fondement de toutes les vertus royalles. Scio præcipuum officium Principis christiani esse colere Deum et pietatem esse fundamentum omnium uirtutum regiarum. Ludoui cus. »

Ces phrases avaient été disposées par Péréfixe de manière à former un ensemble continu et méthodique, se rapportant aux devoirs du prince envers Dieu et envers lui-même; les devoirs du prince envers ses sujets for maient sans doute le sujet d'une autre série de thèmes. Elles résumaient, en quelques mots très brefs et souvent avec les mêmes expressions, les principaux passages de deux parties de l'*Institutio principis*, qui venait de paraître; mais ce qui était un conseil sous la plume de Péréfixe devenait un engagement personnel sous la plume de Louis XIV. Voici quelques exemples de ces rapports entre le texte du maître et le devoir de l'élève :

Institutio principis.	*Recueil de thèmes.*
P. 47. Debes insuper... ecclesiæ præceptis obtemperare, decretis adhærescere, defendere semper doctrinam et honorem illius præsidio regiæ potestatis.	Fº 15. Uolo insuper obtemperare legibus ecclesiæ, adherescere decretis et deffendere illius doctrinam mea potestate regia. Ludouicus.
P. 51. Regem appellamus, qui primum in regno locum occupat; an vero primum occupat qui sedet infra suas cupiditates?	Fº 26. Ille qui est Rex occupat primum locum in regno suo. Is autem non occupat qui sedet infra suas cupiditates. Ludouicus.
P. 52. ... Reminiscere te infra Deum esse.	Fº 31. ... Meminero me esse infra Deum. Ludouicus.
P. 53. Quoties hortatur voluptas corporis ut nuntium remittas pudicitiæ, collige te-ipsum et resiste fortiter illecebræ turpitudinis.	Fº 35. Quoties voluptas corporis me hortabitur ut renuntiem castitati, resistam fortiter eius illecebræ. Ludouicus.

On peut juger, par ces passages, du caractère de la méthode pédagogique de l'abbé de Beaumont. Ces thèmes étaient à la fois des exercices de composition latine et des leçons de morale, les uns et les autres sous une forme élémentaire, appropriée à l'âge et à la condition de son élève.

Les *Commentaires* de César étaient, sous l'ancien régime, un ouvrage classique en matière d'éducation princière. Henri IV, dont l'instruction littéraire ne fut que peu développée, en avait traduit les cinq premiers livres, et Bossuet devait, à propos des études de Monseigneur, rappeler les services qu'ils pouvaient rendre à un jeune prince. Péréfixe ne manqua pas de les mettre entre les mains de son élève, probablement pour lui faire suivre les traces de son grand-père. On publia même, en 1651, dans une édition de luxe et avec le nom de Louis XIV, la traduction d'une partie du premier livre de la *Guerre des*

Gaules, sous le titre : *la Guerre des Suisses*[1]. Voltaire, qui, par admiration pour le grand roi, partage les idées de son temps au sujet de l'éducation qui lui avait été donnée, prétend que Louis XIV n'eut d'autre part à cette traduction que d'avoir eu inutilement pour ses thèmes — il serait plus juste de dire pour ses versions — quelques endroits de cet auteur; on attribuait de même au précepteur de Louis XIII, Rivault de Fleurance, une traduction d'Agapet, publiée en 1612 sous le nom du jeune roi Louis XIII. Il semble, en effet, difficile de prétendre que la traduction de César, qui a eu les honneurs d'une édition officielle, n'ait pas été revue très soigneusement par le précepteur; mais pourquoi ne pas admettre que le roi, âgé alors de treize ans, ait été capable d'exécuter par lui-même, ou tout au moins d'entreprendre un exercice de traduction qui ne dépasse pas les moyens d'un bon élève de quatrième? Le duc de Bourgogne, dont l'instruction fut, il est vrai, beaucoup plus poussée que celle de son grand-père, avait lu, au cours de ses études, Virgile, Horace, Cicéron, et traduit en entier Tacite.

D'après un témoin qui devait être bien renseigné, puis-qu'il était son gentilhomme servant et son valet de chambre, la traduction de César par Louis XIV avait été à l'origine une surprise ménagée par l'élève à son professeur. « Le roi montra [le 19 juin 1651] à sa bonne amie, Mme de Lansac [qui avait été sa première gouvernante], un paquet tout entier des *Commentaires* de César, qu'il avait traduits du latin en français, tant Sa Majesté était avancée, n'ayant pas encore treize ans; ce que le roi avait traduit en l'absence de M. de Rodez son précepteur. »

On trouvera peut-être que c'est parler beaucoup de Louis XIV latiniste. La question n'est pas de savoir s'il fut capable de bien faire des exercices de traduction, soit

---

1. *La Guerre des Suisses, traduite du premier livre des Commentaires de Jules César*, par Louis XIV Dieudonné, roi de France et de Navarre. A Paris, de l'Imprimerie royale.

à propos de César, soit à propos de l'*Institutio principis* de son précepteur; l'intérêt est de constater qu'on lui fit faire ce genre d'études. Aussi l'historiette qui le représente prenant plus tard *quemadmodum* pour un nom d'homme, n'est qu'une sottise inventée à plaisir, de même que la parole que lui prête un pamphlet, que le latin était du siamois pour lui et pis encore.

Les précepteurs de bonne volonté qui avaient composé des ouvrages en vue de l'éducation du roi, n'avaient pas manqué de dresser le programme des lectures qu'ils auraient voulu lui voir faire. L'auteur inconnu des *Maximes d'éducation* estimait que le dauphin devait commencer « à cinq ans au plus tard » d'apprendre à lire et à écrire, l'écriture toutefois ne devant venir que lorsque son esprit serait formé à bien lire; en attendant, il s'agissait de « lui ouvrir l'esprit à l'histoire. » Voici la liste, soumise par lui à Anne d'Autriche, des ouvrages qu'il fallait composer dans cette intention : un livre de toutes les villes conquises par son père, avec un résumé historique de la prise de chacune d'elles; un autre livre de toutes les batailles, victoires et conquêtes de Henri IV; un grand atlas de toutes les provinces et villes de France, « bien tirées avec leurs noms et sommaires de ce qu'elles sont; » d'autres atlas pour l'Espagne, l'Angleterre et les autres États; un sommaire de l'histoire de tous les rois de France; d'autres, pour les empereurs d'Allemagne et de Constantinople, les rois et reines d'Espagne, « le tout en français bien net; » un recueil des « chartres » des principales villes du monde; des vies des hommes célèbres en Grèce et à Rome et, généralement, de tous les hommes illustres, « depuis le commencement du monde et Adam jusqu'à nous. » Il y aurait sans doute de quoi « enterrer » le dauphin que de l'environner de tous ces ouvrages à la fois; aussi faudrat-il ne s'en servir que peu à peu.

Pour Claude Joly, il ne s'agit pas de donner à Louis XIV ces notions d'histoire, de géographie, de « cosmographie; » il s'agit, avant tout, de concourir à son éducation politique et morale. « Il est très bon et important, dit-il, d'accoutumer un prince à lire. La raison est que les livres disent plus rondement les vérités qu'il faut qu'il sache. » Sur l'autorité d'Érasme ou de Seyssel, il recommande la lecture de l'Évangile, de plusieurs livres de Platon, des *Politiques* d'Aristote, des *Offices* de Cicéron, des traités de Sénèque et de Plutarque, du *Panégyrique* de Pline, de la *Cyropédie*, des traités de saint Thomas d'Aquin ou de Gilles de Rome sur le gouvernement des princes, « et de quantité de semblables auteurs graves et sérieux, tant anciens que modernes. »

On doit supposer que Louis XIV a lu les livres que Péréfixe et La Mothe le Vayer avaient écrits spécialement à son intention. Un seul, l'*Histoire de Henri le Grand*, était de nature à lui plaire et à retenir son attention; mais, quels que soient les mérites, d'ailleurs réels, de cette biographie historique, elle n'a pas pu suffire à alimenter les lectures du jeune roi, même en admettant qu'il ait eu peu de goût pour l'étude. Les *Mémoires* de son valet de chambre Dubois parlent beaucoup plus de la danse, des promenades, des exercices physiques et des divertissements militaires qu'il prenait avec les compagnons de son âge, que des études ou des lectures. Ils rapportent qu'en 1651 il traduisait en français, comme on sait, les *Commentaires* de César, qu'il lisait dans l'histoire de France, qu'il étudiait la langue italienne, les cartes et les mathématiques; qu'en 1655, aussitôt après son réveil et après avoir récité l'office du Saint-Esprit et dit son chapelet, son précepteur entrait et le faisait étudier dans la sainte Écriture ou dans l'histoire de France, et que, « cela fait, il sortait du lit. » Dubois, qui décrit longuement, à cette date de 1655, « comme le roi Louis XIV, son cher maître, passait les heures du jour, » ne parle pas avec plus de détails de ces études sommaires faites au lit et qui ressemblent un peu à une corvée expédiée en hâte au début de la journée.

La Porte, son premier valet de chambre, raconte que le jeune roi, dans les premiers temps où il fut « tiré des mains des femmes, » regrettait de ne plus entendre le soir les contes de Peau d'âne, avec lesquels on l'avait jusqu'alors endormi. Comme, en sa qualité de valet de chambre, il couchait auprès de lui, il proposa à Anne d'Autriche de lui lire, « pour l'endormir, » l'histoire de France. Il saurait tirer, disait-il, de cette distraction un enseignement moral et politique à l'usage de son jeune maître : il lui ferait « remarquer les rois vicieux pour lui donner l'aversion du vice et les vertueux pour lui donner de l'émulation et l'envie de les imiter. » Cette idée fut acceptée. L'abbé de Beaumont désigna comme livre de lecture l'*Histoire de France* de Mézeray, dont le premier volume venait précisément de paraître en 1643. Les éloges hyperboliques que l'auteur adressait à la régente avaient sans doute déterminé ce choix, tout autant que la nouveauté de l'ouvrage et son mérite réel.

La Porte se mit donc à faire, chaque soir, la lecture de Mézeray, « d'un ton de conte. » Le roi répondit aussitôt aux espérances de son précepteur improvisé : il se mettait en colère à l'idée d'être un jour un autre Louis le Fainéant, et il se promettait, au contraire, d'imiter les plus généreux de ses ancêtres. Un soir, pendant un séjour de la cour à Fontainebleau, Mazarin passa par la chambre du roi, qui était couché et à qui La Porte faisait sa lecture ordinaire. Comme il en témoignait de la surprise, le valet de chambre répondit qu'il lisait l'*Histoire de France*, — c'était ce soir-là l'histoire du règne de Hugues Capet, — « à cause de la peine que le roi avait à s'endormir si on ne lui faisait quelque conte. »

Louis XIV a donc été bercé, pour ainsi dire, au sortir de sa première enfance, par ces récits de Mézeray, auxquels leurs qualités de forme avaient assuré tout de suite un grand succès, comme dans les années suivantes il fut éveillé par les leçons de Péréfixe. Ces deux moments de la journée, où le jeune roi pensait plus peut-être à s'endormir et à s'allonger paresseusement dans son lit qu'à écouter et qu'à étudier, peuvent paraître assez singulièrement choisis, au point de vue d'une pédagogie rationnelle. Qui sait cependant si ces lectures, faites « d'un ton de conte » et accompagnées du commentaire familier d'un valet de chambre, n'étaient pas de nature à produire dans ce jeune esprit une impression plus profonde et plus durable qu'un enseignement savant et méthodique, qui aurait couru le risque d'ennuyer mortellement celui à qui il s'adressait et de le dégoûter à jamais de la lecture et du travail?

Avec l'*Histoire de France* de Mézeray, les livres de Péréfixe et de La Mothe le Vayer, Louis XIV a lu probablement aussi les mémoires de Commines, ou du moins Le Vayer s'en est servi pour lui parler du règne de Louis XI; mais comment savoir s'il a pu comprendre la profondeur et la sagacité de cet historien? Ajoutons encore que Le Vayer semble avoir employé des documents numismatiques pour apprendre l'histoire de France à ses élèves; mais il faut avouer qu'il leur décrivait des médailles de haute fantaisie, comme celles où Pharamond, « ce premier roi de votre monarchie, » était représenté avec le sceptre dans la main droite et l'épée dans la main gauche.

Ces indications sont fort sommaires; malheureusement, elles représentent tout ce que l'on sait des lectures du jeune Louis XIV. On n'est pas mieux renseigné sur les livres frivoles qui ont pu se trouver entre ses mains. Bertaut, frère de Mme de Motteville, qui avait obtenu de la faveur de la reine la charge de lecteur de la chambre, remplissait souvent sa charge auprès du roi, en particulier dans les voyages et lorsque le roi était indisposé; *le Roman comique* de Scarron, qui parut en 1651, fut l'un des livres dont il lui faisait la lecture, le soir, auprès de son lit. On voudrait savoir comment Louis XIV goûta le chef-d'œuvre de Scarron; il est au moins curieux de voir figurer de si bonne heure dans la vie du roi le nom de l'auteur dont il devait épouser la veuve, environ trente ans plus tard.

Don Quichotte dut être aussi l'un de ses livres de lecture. Traduit en français pour la première fois en 1616, le roman de Michel de Cervantes avait été tout de suite entre les mains des « honnêtes gens; » car il y eut en France, pendant la première moitié du xviie siècle, un véritable engouement pour la langue et la littérature de l'Espagne. On fit de nombreuses réimpressions de la traduction française; l'une d'elles parut en 1646, avec une dédicace au roi; mais l'éditeur ne s'était pas mis en frais : il avait réimprimé textuellement la dédicace qui avait déjà servi, en 1616, pour Louis XIII.

Mlle de Montpensier rapporte qu'au moment où le roi était amoureux de Marie Mancini, il avait en grand nombre avec lui des recueils de poésies, des comédies, et qu'il paraissait prendre plaisir à les lire; elle pense que c'est la nièce de Mazarin qui lui avait conseillé de lire des romans et des vers; mais elle ne fait que provoquer notre curiosité, sans la satisfaire. Elle ne donne le titre d'aucune de ces œuvres d'imagination, avec lesquelles le jeune roi devait nourrir sa passion d'amoureux de vingt ans.

Ce n'est pas faire injure à Louis XIV, qui a plus tard exercé avec tant de conscience son métier de roi, que de supposer qu'il n'a pas toujours été un élève très appliqué, quand il était placé sous l'autorité de son précepteur. On a déjà vu des passages de ses *Mémoires* où, en vantant à son fils l'utilité de l'étude, il paraît s'adresser des reproches rétrospectifs. Mme de Motteville parle des distractions que le roi prenait, tout en travaillant, avec son lecteur de la chambre, Bertaut : il lui adressait souvent des questions. Aussi, les séances qui devaient être consacrées au travail ne tardèrent pas à devenir, à mesure que le roi grandissait, des séances de conversation particulière. Péréfixe, plus préoccupé peut-être d'évincer Villeroy que de stimuler son élève, profita de ces habitudes nouvelles prises par le roi, pour empêcher, le gouverneur d'entrer dans la chambre où il était censé travailler.

Toutes ces conversations n'étaient pas toujours sérieuses; le roi, en jeune homme qui s'amuse des plaisirs de son âge, s'occupait avec Bertaut, avec La Chênaie, gentilhomme de la manche, avec Comminges, capitaine des gardes de la reine, avec son maître de dessin et d'autres personnes de sa petite cour, de ses concerts de guitare, de ses projets de ballet ou de quelque autre bagatelle. Cependant son esprit naturellement curieux et qui aimait à se rendre compte des personnes et des choses, devait tourner parfois la conversation sur d'autres sujets que des futilités. Ces causeries familières et décousues, qui remplacèrent peu à peu les heures d'étude, continuèrent dans son esprit le travail interne que les lectures de La Porte y avaient commencé.

Louis XIV recommande à son fils de ne pas trop croire le maître d'armes. A-t-il lui-même toujours écouté avec beaucoup d'attention le maître de rhétorique? L'auteur d'un *Panégyrique sur la personne et l'éducation de Louis XIV*, qui écrivait, en 1651, que l'enseignement de l'abbé de Beaumont devait mettre Louis « un jour dans notre histoire au premier rang de ses princes savants, » raconte une anecdote assez amusante; il y trouve matière à admirer les beaux sentiments du jeune roi, mais il est plus facile d'y constater l'impatience que des leçons trop longues causaient à un écolier de douze ans. Le précepteur avait accordé à son élève que le temps de la leçon serait abrégé, à condition qu'il montrât une attention soutenue. Or, il arriva un jour que le précepteur, « par le plaisir excessif de raisonner avec un tel disciple, » dépassa le temps convenu; sur quoi, Louis lui rappela, avec de grandes phrases, le respect qu'un prélat et qu'un gentilhomme devait avoir pour sa parole.

Une chose qui frappe dans les *Mémoires* de Louis XIV, c'est la part insignifiante qu'y occupent les souvenirs de l'éducation de son enfance. Rencontrant sous sa plume le nom de Péréfixe, à propos de la nomination de celui-ci à l'archevêché de Paris, il déclare qu' « il n'y a personne à qui nous devions davantage qu'à ceux qui ont eu l'honneur et la peine tout ensemble de former notre esprit et nos mœurs; » mais l'expression de sa reconnaissance ne va pas jusqu'à parler de cette formation intellectuelle et morale.

Un autre caractère facile à constater dans ces écrits, c'est l'extrême rareté des citations d'écrivains des temps passés ou contemporains. Tout compte fait, on y relève les noms de Cicéron, « l'un des plus grands hommes de l'antiquité, » d'André Duchesne, pour le second volume du Recueil des anciens historiens français, et du P. Le Moyne, dont *l'Art de régner* parut en 1665 ; et encore, ces deux dernières mentions sont-elles des additions faites au brouillon de la pensée royale, l'une par Pellisson, l'autre par Périgny, qui partage avec l'ancien secrétaire de Foucquet l'honneur d'avoir été le principal metteur en œuvre des pensées que Louis XIV jetait sur le papier. Les *Mémoires* du roi ne pouvaient pas avoir le caractère d'un travail d'érudition et les références devaient nécessairement y être peu nombreuses ; mais, si le roi avait eu, pendant les études de son enfance et de sa jeunesse, cette passion de la lecture qui se rencontre, encore assez souvent, chez les enfants bien doués, n'en trouverait-on pas quelques reflets lointains dans les pages qu'il fit rédiger pour l'éducation de son fils ? Du moment où les traces de ces souvenirs font à peu près complètement défaut, n'est-on pas en droit de conclure, non pas, comme le veut Saint-Simon, qu'à peine on lui apprit à lire et à écrire, mais qu'il n'eut pas un goût bien prononcé pour la lecture, et que par suite les livres ne durent pas tenir une grande place dans sa formation intellectuelle.

En résumé, sans qu'il faille croire que l'éducation de Louis XIV fut volontairement négligée par ceux qui en avaient la charge, il est certain que ce ne fut pas une éducation « livresque. » Ce n'est probablement pas dans les livres composés à son usage et qu'il a dû parcourir d'un œil facilement distrait, à l'exception peut-être de l'*Histoire de Henri le Grand*, qu'il a puisé les idées politiques, appliquées plus tard pendant son règne personnel. Bossuet pensait-il aux études du père de son élève, quand il écrivait : « Il ne faut pas s'imaginer le prince un livre à la main, avec un front soucieux, et des yeux profondément attachés à la lecture. Son livre principal est le monde; son étude, c'est d'être attentif à ce qui se passe devant lui pour en profiter. »

Il faut savoir si l'influence directe des personnes de son entourage, si les leçons de l'histoire, si ses dispositions naturelles n'ont pas contribué, d'une manière plus efficace que les livres, à développer et à nourrir en Louis XIV les principes qui devaient l'inspirer un jour.

CHAPITRE IV

L'ENTOURAGE DU JEUNE ROI

Silence autour du souvenir de Louis XIII. — Louis XIII, à son lit de mort, bénit ses enfants. — Paroles du dauphin. — Louis XIV ne parle jamais de son père. — Comment il parle de sa mère. — Double influence exercée par Anne d'Autriche. — Pratiques de piété de la reine mère, auxquelles est associé son jeune fils. — La première communion de Louis XIV. — Sentiments de vengeance et de mépris d'Anne d'Autriche pour les rebelles de la Fronde. — — Sa passion de l'autorité absolue pour elle-même et pour son fils. — Intimité de la mère et du fils. — Conseils donnés par La Porte. — Le modèle d'écriture de Louis XIV. — Complaisances du gouverneur Villeroy. — Ses sentiments sur les jansénistes. — · Anne d'Autriche lui apprend son métier. — Sa carrière de courtisan heureux. — Rôle de Péréfixe. — Opinions de Saint-Simon et de Leti, de Mme de Motteville et de La Porte sur Péréfixe. — L'influence de Péréfixe s'exerce dans le même sens que celle d'Anne d'Autriche. — Sentiments de Louis XIV pour Péréfixe. — Péréfixe et les protestants.

Né le 5 septembre 1638, le fils aîné de Louis XIII et d'Anne d'Autriche perdit son père à l'âge de quatre ans et huit mois. L'influence paternelle ne pouvait donc s'exercer sur lui que par les souvenirs lointains de sa première enfance ou par le culte dont la veuve et les anciens conseillers du roi défunt auraient entouré sa mémoire. L'une et l'autre de ces conditions manquèrent à l'éducation du jeune roi. Il semble, comme on le verra plus loin, qu'il y ait eu comme une sorte de conspiration du silence pour tout ce qui touchait à Louis XIII, à sa personne et à son règne : on ne cessa de vanter à Louis XIV les mérites et les actions de son grand-père; pour son père, on pourrait croire qu'on voulait ne pas même lui en rappeler le nom.

D'autre part, Louis XIV ne pouvait avoir gardé qu'un souvenir assez vague de son père, non seulement parce qu'il n'était qu'un tout jeune enfant au moment de sa mort, mais encore parce qu'il n'avait pas eu l'occasion de recevoir les conseils paternels. L'arrière-petit-fils de Louis XIV n'avait que cinq ans et demi lorsqu'il fut conduit au chevet de son bisaïeul et qu'il entendit les conseils suprêmes que le mourant lui adressait. La grandeur de cette scène frappa tellement les assistants que Mme de Ventadour, la gouvernante du dauphin, eut soin de faire copier et placer au chevet du lit de l'enfant royal les recommandations solennelles du grand roi. Si Louis XV ne profita pas avec plus de fruit des conseils de son prédécesseur, ce ne fut pas faute de les avoir eus sous les yeux. Entre Louis XIII et Louis XIV, il ne s'était passé rien de semblable.

Les mémoires du P. Dinet, confesseur de Louis XIII, ceux de Dubois, son valet de chambre, ceux d'Antoine, garçon de la chambre, qui rapportent avec précision les menus incidents des dernières journées de sa vie, racontent simplement que, le 22 avril 1643, le lendemain du jour où le dauphin avait été baptisé, le roi demanda à voir ses enfants; la reine les lui amena elle-même tous deux en les tenant par la main, ils s'agenouillèrent, au pied de son lit, avec grand respect, et reçurent sa bénédiction. Le 12 mai suivant, le roi demanda encore ses fils : « Mes enfants, je prie le Seigneur qu'il vous bénisse et qu'il vous ait en sa sainte garde, » et au milieu de leurs pleurs, il leur adressa quelques paroles sur ce qu'ils devaient être. Enfin le 14 mai, le jour même de sa mort, ses enfants vinrent dans sa chambre; le mourant leur recommanda de se souvenir de lui et, pour la troisième fois, il les bénit. Cette bénédiction, trois fois répétée à trois semaines de distance, d'un père mourant à ses deux fils tout jeunes, a peut-être plus de vraie grandeur, dans sa simplicité austère, que la cérémonie, un peu apprêtée, des adieux de Louis XIV à son successeur. Aussi l'on peut s'étonner que l'auteur du *Parallèle des trois rois bourbons*, toujours si empressé à exalter Louis XIII aux dépens de Louis XIV, n'ait pas songé, quand il parle de l' « immense disparité entre la mort du père et celle du fils, » à comparer sur ce point particulier les derniers moments de l'un et de l'autre.

Mais il faut reconnaître que le premier a plus agi, dans ces circonstances solennelles, en père qui recommande à Dieu ses enfants qu'en roi qui conseille son successeur. Après avoir adressé à la reine, à son frère, au prince de Condé, aux principaux seigneurs de la cour, au premier président du parlement, groupés autour de son lit, un discours « plein des plus grandes maximes d'État, » où il expliquait comment le royaume devait être gouverné jusqu'à la majorité de son fils; après avoir fait lire ensuite, toujours en leur présence, le testament politique qui contenait le texte précis de ses dernières volontés (20 avril), il n'avait plus pensé qu'à une chose, mourir en chrétien. Si Louis XIV lut plus tard le récit de la mort de son père qui lui fut dédié, il put voir tout ce qu'il y avait de piété sincère et vraiment chrétienne dans cette manière de quitter la vie; mais cette « mort si sainte, » qui lui rappelait la bénédiction paternelle, descendue trois fois sur son front d'enfant, cette mort, qui était pour le chrétien une leçon dont il aurait pu tirer un meilleur parti, n'éveillait en lui aucun souvenir d'enseignement politique dont le prince pouvait faire son profit.

Le jeune dauphin avait montré beaucoup de sensibilité dans ces derniers moments passés auprès du lit de son père. Ses pleurs avaient éclaté à plusieurs reprises, et on avait dû le faire sortir de la chambre, pour ne pas fatiguer et affliger le malade. Peu de jours avant la mort, à un moment où Louis XIII reposait, on l'avait introduit dans la chambre avec son jeune ami le comte de Vivonne. « Considérez, je vous prie, dit Dubois, le roi qui dort, comme il est et de quelle façon, afin qu'il vous en souvienne lorsque vous serez grands. » Les enfants regardèrent en silence et sortirent ensuite pour aller jouer dans la galerie, avec la gouvernante, Mme de Lansac. Dubois vint leur demander s'ils se rappelaient ce spectacle ; ils répondirent qu'ils ne l'oublieraient pas : le roi avait la bouche ouverte, les yeux ouverts et tout tournés, particulièrement le gauche. L'huissier qui était alors de garde auprès du dauphin, le sieur Dupont, lui fit cette question : « Monseigneur, si Dieu disposait du roi, votre bon papa, voudriez-vous bien être roi en sa place pour régner ? » Et tout de suite l'enfant de pleurer et de répondre : « Non, je ne le veux pas être, et ne veux pas que mon bon papa meure ; car s'il mourait, je me jetterais dans le fossé. » Mme de Lansac, inquiète d'avoir entendu déjà deux fois le dauphin tenir les mêmes propos, fit changer la conversation et recommanda d'avoir bien soin de le tenir « par les cordons, » pendant ses sorties.

Cette réponse semblait être celle d'un enfant au cœur tendre ; mais, à se rappeler l'insensibilité dont Louis XIV fit preuve plus tard pour la plupart de ses deuils domestiques, on peut supposer que l'émotion du jeune dauphin n'était que le contre-coup physique de la tristesse qui régnait alors à Saint-Germain et des pleurs qu'il voyait verser à sa mère ; car elle ne devait pas laisser de traces dans sa vie. Le souvenir de « la mort du feu roi mon père » s'est présenté une fois dans la rédaction des *Mémoires* de Louis XIV ; il n'a pas amené un de ces développements parasites, comme il y en a tant dans ces pages, qui, à propos d'un fait ou d'un personnage, viennent se greffer sur l'ensemble du récit. Or, ce souvenir, jeté en passant et réduit à ces simples mots, est la seule et unique mention qu'il y ait de Louis XIII dans les pages écrites ou inspirées par son fils. Le 27 août 1715, quatre jours avant sa mort, Louis XIV dit au comte de Pontchartrain de faire porter son cœur, aussitôt qu'il ne serait plus, à la maison professe des jésuites, et de l'y faire placer de la même manière que celui du feu roi son père, sans faire plus de dépense. Il donna cet ordre « avec la même tranquillité qu'il ordonnait, en santé, une fontaine pour Versailles ou pour Marly; » mais ce nom de Louis XIII, prononcé *in extremis*, ne réveilla en lui aucun écho. Louis XIV n'avait pas connu son père; il n'avait pas reçu de lui de leçons politiques, ni de vive voix ni par écrit; et ce qu'il apprit en grandissant sur la puissance que Louis XIII avait laissé prendre à ses ministres n'était pas de nature à lui donner une idée favorable d'un roi et d'un règne si différents de lui-même et du sien.

Anne d'Autriche survécut près de vingt-trois ans à son mari, elle ne mourut qu'en 1666 : Louis XIV eut le temps de connaître sa mère, de l'aimer, de l'apprécier. A propos de sa mort, il parle d'elle en termes qui montrent qu'il se rendait compte de ce qu'il lui devait. « La vigueur, dit-il, avec laquelle cette princesse avait soutenu ma couronne, dans les temps où je ne pouvais encore agir, m'était une marque de son affection et de sa vertu. » Il parle du « plaisir » qu'il prenait en sa compagnie, plaisir sincère, qui ne résultait pas d'une convenance politique ou de « tendresses affectées, » et il en donne cette raison, qui, sous sa plume, est un éloge : « L'abandonnement qu'elle avait si pleinement fait de l'autorité souveraine m'avait assez fait connaître que je n'avais rien à craindre de son ambition. » Il rappelle, dans un autre passage, à propos des exercices de piété, la « régularité » avec laquelle la reine sa mère l'avait fait élever.

De nombreux témoignages permettent de se rendre compte de l'influence que la mère exerça sur le fils; elle consista à développer en lui les qualités morales, en leur donnant pour fondements les principes religieux et les exercices de piété, et, d'autre part, à le convaincre de cette idée, qu'il devait régner un jour en maître incontesté. Selon la belle expression de Mme de Motteville, la reine s'était réservé la surintendance naturelle qu'elle avait de l'éducation du roi son fils par-dessus celle qu'elle avait abandonnée à son ministre. Déjà, du vivant même de Louis XIII, elle s'était préparée à cette surintendance,

en s'occupant de ces « saintes et curieuses recherches »
pour l'éducation du dauphin; l'auteur des *Maximes d'éducation* l'en félicite, dans l'épître où il lui présente un ouvrage
composé pour répondre à ses désirs de mère et d'éducatrice.

Ses efforts, dans l'éducation de son fils, eurent principalement pour but de lui inculquer le respect des choses
saintes et les pratiques religieuses. D'après Choisy, il n'y
avait que sur le chapitre de la religion que l'on ne pardon-
nait rien au roi, alors que, pour le reste, on laissait sa
nature se développer comme d'elle-même. L'ayant entendu
un jour, quand il était encore enfant, prononcer un jure-
ment, — car on avait persuadé au jeune roi que le bon ton
était de jurer, — elle lui fit garder la chambre pendant
deux jours, avec défense de voir personne; par cette
leçon exemplaire, elle lui inspira une telle horreur du
blasphème, que le roi ne retomba presque plus jamais
dans ce péché, et qu'il fit lui-même, quand il fut devenu
grand, une guerre impitoyable à ces manières de parler
qui régnaient alors dans le monde de la cour.

Anne d'Autriche avait puisé dans son éducation espa-
gnole des habitudes de piété, qui étaient devenues pour elle
comme une seconde nature. Un témoin sincère, qui l'a
bien connue, rapporte que « les voyages, les maladies, les
veilles, les chagrins, les divertissements ni les affaires ne
lui ont jamais pu faire interrompre les heures de sa retraite
et de sa prière. » Convaincue, comme elle le disait souvent, « que les rois doivent obéir aux commandements de
Dieu et de l'Église plus ponctuellement que les autres
chrétiens, parce qu'ils étaient obligés de servir d'exemple
à leurs peuples, » elle donnait l'exemple, avec autant de
régularité que de dévotion, de toutes les pratiques religieuses. Chaque jour, elle passait plusieurs heures dans
son oratoire, le lieu de la cour où elle se plaisait le plus.
Elle était exacte à l'observation des jours de jeûne, elle
communiait fréquemment, elle avait de la dévotion pour
la sainte Vierge, de la vénération pour les reliques; elle

faisait souvent des vœux et des neuvaines pour obtenir
des grâces du ciel ; en témoignage de sa reconnaissance
envers la « Vierge Marie » pour sa maternité tardive, elle
avait fondé, quatre mois avant la naissance de son fils, le
couvent des Annonciades de Meulan ; plus tard, elle faisait construire l'église du Val-de-Grâce, et elle faisait don
au sanctuaire de Notre-Dame de Lorette de trois précieux
ex-voto, dus à Jacques Sarrazin, le premier sculpteur de
l'époque : une grande statue de la Vierge en or, une statue
d'ange en argent, une statue d'enfant en or représentant
son bien-aimé dauphin ; elle suivait, sans en manquer une,
les stations de l'avent et du carême, comme en témoignent
les relations de la *Gazette*, qui parlent aussi de l'éclat avec
lequel elle faisait célébrer à la cour le service divin.

C'est au milieu de ces pratiques de piété, qui n'excluaient
pas d'ailleurs les plaisirs ordinaires de la vie de cour,
comme le ballet, la comédie et l'opéra, que grandissait
Louis XIV, sans qu'aucune influence contraire soit jamais
venue combattre l'influence maternelle. Un curieux
tableau du musée de Versailles, attribué à Philippe de
Champaigne, représente Anne d'Autriche, Louis — il a
de six à huit ans — et son frère, tous trois à genoux, les
mains jointes, devant saint Benoît et sainte Scholastique
qui sont portés sur des nuages et au-dessus desquels
planent deux anges tenant un livre ouvert et la Trinité
dans une gloire ; une couronne royale et un sceptre, posés
sur un coussin aux genoux de Louis XIV, constituent
l'offrande qu'il fait à Dieu et aux saints. Tout jeune
encore, on faisait assister Louis aux cérémonies religieuses. La *Gazette* rapporte qu'à la station de l'avent
de 1648 prêchée au Palais-Cardinal, le roi, qui avait dix
ans, « témoigna, par la répétition de beaucoup de choses
de ces sermons, la beauté de son esprit, la force de sa
mémoire et son inclination à la piété. » En 1650, une déclaration du jeune roi, publiée à Dijon le 25 mai, renouvelait
solennellement l'acte de consécration de la France à la
sainte Vierge que son père avait fait le 10 février 1638 ; on

y faisait tenir à cet enfant de douze ans le langage suivant : « Comme la reine régente, notre très honorée dame et mère, qui a pour patronne sainte Anne, mère de Notre Dame, a toujours eu pour elle des sentiments très particuliers de vénération, et qu'elle nous a donné les mêmes impressions de dévotion, qui seront accrues avec notre âge, nous ne pouvons pas davantage différer de renouveler de semblables vœux à l'honneur de la très sainte Vierge, à l'intercession de laquelle nous croyons être redevables des faveurs et bénédictions du ciel. » En 1653, aux sermons du P. Léon, prêchés dans la chapelle du Louvre, Louis prêtait au prédicateur « une si profonde et si merveilleuse attention » qu'il « n'en divertit jamais ses yeux. » En 1656, le chroniqueur de *la Muse historique*, édifié de la régularité exemplaire avec laquelle le roi, la reine et toute la cour avaient suivi les exercices de « la très sainte semaine, » croyait avoir sous les yeux *la Cour sainte* elle-même, jadis décrite par le P. Caussin. Instruit, dès l'âge de sept ans, des vérités fondamentales de la religion dans le catéchisme qui, comme on l'a vu, fut composé à son usage, en 1645 Louis XIV avait été préparé à la première communion par son confesseur, le P. Paulin, de la Compagnie de Jésus, et il avait reçu pour la première fois le sacrement de l'Eucharistie, le jour de Noël de l'année 1649, dans l'église Saint-Eustache, sa paroisse, « avec beaucoup de marques d'une grande inclination à la piété; » depuis lors, il s'était approché des sacrements aux grandes fêtes, avec une dévotion qui avait toujours été aussi vive.

Ce n'est pas le lieu de rechercher ici quelle fut la profondeur de cette piété, ni de discuter ce curieux passage du portrait du roi que Mlle de Montpensier composait en 1658 : « Il a beaucoup de piété et de dévotion; elle est d'exemple, d'édification, et tout comme il la faut pour être suivie, n'étant point trop austère ni trop sévère... » En ce moment où il s'agit simplement de démêler les influences que Louis XIV a pu conserver de son enfance, il suffit de remarquer que ces pratiques de piété, auxquelles il demeura fidèle au cours de son règne, que « ces premières impressions du bien, demeurées inébranlablement dans son cœur, » lui avaient été enseignées, dès ses premières années, par une mère dont Mme de Motteville a dit qu'elle était « infatigable dans l'exercice de ses dévotions. » Pour l'accomplissement du devoir officiel du culte et pour les pratiques extérieures, Louis XIV est resté jusqu'au dernier jour ce que la piété de sa mère l'avait fait dès son berceau; on ne voit pas que la réflexion personnelle ou que le contact avec les ecclésiastiques qu'il rencontra plus tard à sa cour aient jamais modifié, d'une façon essentielle, ces premières impressions de son enfance.

Tandis qu'elle s'efforçait, aussi longtemps qu'elle le put, de développer dans l'âme de son fils les sentiments de sagesse et les pratiques religieuses, Anne d'Autriche lui souffla, pour ainsi dire, au cours de sa régence agitée, les idées de vengeance et de mépris, qu'elle ne songeait pas à dissimuler, pour tous ceux qui entendaient porter sur la royauté une main sacrilège. La lutte qu'elle soutint avec tant d'énergie contre le parlement et les divers partis de la Fronde, fut, de sa part, une lutte de passion et de colère; elle s'y engagea avec la fougue d'une régente et d'une mère, blessée dans ce qu'elle avait de plus cher, l'indépendance de la couronne et l'autorité de son fils.

Pendant les premiers mouvements de la Fronde, alors que Mazarin parlait de douceur et de concessions pour prévenir de plus grands maux, elle, brave, suivant le mot du cardinal, comme le soldat qui ne connaît pas le danger, ne parlait que « de se venger de ceux qui avaient attaqué son autorité; » dans le conseil, elle laissait éclater « la joie qu'elle avait d'être à la veille de punir ces mutins. » Lors des conférences de Saint-Germain, sa fierté ne restait pas moins intraitable; elle se déclarait, en plein conseil, « résolue de mourir plutôt que de laisser périr entre ses mains l'autorité du roi son fils; » elle confiait au maréchal de Villeroy ses sentiments de colère : « Vraiment, lui disait-elle, si je consentais à de telles demandes et que je laissasse anéantir l'autorité du roi jusqu'à ce point, mon fils deviendrait un beau roi de carte. Qu'on ne m'en presse point, car je n'y consentirai jamais. »

Assurer la toute-puissance de ce fils chéri, abattre à ses pieds tous les rebelles, mais avant tous les autres les gens du parlement, élever son trône sur les débris des factions vaincues et le rendre inébranlable : c'est l'idée qui inspire toute sa conduite et qui fait de sa régence un combat de tous les instants. « Elle est obligée, disait un parlementaire au début de la Fronde, de conserver au roi le point de son autorité tout entière, et ne souffrir pas pendant sa régence qu'elle reçoive de diminution. » En 1651, quand la régence prit fin officiellement, sans cesser d'ailleurs de se continuer pour Anne d'Autriche, pendant plusieurs années encore, par un rôle indirect de conseillère et de surveillante, l'abandon du pouvoir ne lui inspira qu'un regret : ne pas remettre entre les mains du roi son fils l'autorité souveraine aussi absolue qu'elle l'aurait souhaité. Mme de Motteville ajoute qu'elle avait tant de « tendresse » pour lui, c'est-à-dire tant d'amour joint à tant d'ambition, qu'elle aurait été capable de dire de son fils, comme cette ambitieuse Romaine de celui dont elle consultait la destinée : « Que je meure, pourvu qu'il soit empereur ! »

Ses sentiments de vengeance à l'égard des membres du parlement, dans lesquels elle ne cessa jamais de voir comme des ennemis personnels de son fils, lui inspirèrent une joie véritable, à la nouvelle que le cardinal s'était décidé à faire arrêter ou exiler, en 1654, dix magistrats qui avaient parlé de s'opposer à un règlement sur les monnaies. « Madame, dit-elle avec un visage riant à sa confidente, il y en a dix d'exilés ou de prisonniers. — Votre Majesté est donc bien aise? — Je le suis en vérité, mais pas tout à fait, car je voulais qu'on les mît tous à la Bastille. » C'est à bon droit que le fils reconnaissant parlait de la « vigueur » avec laquelle sa mère avait défendu sa couronne.

Cette passion de l'autorité souverainement absolue et

indépendante, qui transformait les moindres résistances en crimes de lèse-majesté, passa d'autant mieux de l'âme de la mère dans celle du fils, que les relations de l'intimité la plus étroite ne cessèrent jamais de régner entre eux, et précisément dans ces premières années de la vie où l'enfant subit des influences qui souvent ne s'effacent plus.

Louis XIV avait pour sa mère des sentiments réels d'affection, « et beaucoup plus même que les enfants de cette condition n'ont accoutumé d'en avoir pour leur mère. » Un ambassadeur vénitien écrivait, en 1653, que son affection pour sa mère le rendait incapable d'avoir un sentiment qu'elle ne lui ait pas inspiré. Enfant, il n'avait jamais manqué un jour de venir la voir dès son lever et de passer avec elle la journée entière, sauf aux heures de ses repas et de ses jeux ; jeune homme, il avait pris l'habitude, selon son expression, de « ne faire qu'un même logis et qu'une même table avec elle, » non par devoir de bienséance et par raison d'État, mais à cause du plaisir que son affection filiale ressentait en sa compagnie.

Il faut ajouter que ce plaisir était fait aussi de la manière dont on avait pris l'habitude de le traiter dans le cercle de sa mère. Tandis que ses propres serviteurs — c'est du moins le témoignage de La Porte — ne lui laissaient rien passer, chez sa mère, qui le « gâtait, » tout lui était permis, tout le monde l'applaudissait, il n'éprouvait jamais de contradiction. La bonne Mme de Motteville, bien qu'elle soit portée à approuver tous les actes et tous les sentiments de la reine mère, ne peut s'empêcher de glisser un léger blâme sur cette tendresse maternelle, dans laquelle le respect, le culte même d'un fils adoré entraient pour autant que l'indulgence naturelle au cœur d'une mère. « Quand il avait quelque petit différend avec Monsieur, en des occasions qui ne manquent jamais d'arriver dans l'enfance, la reine voulait toujours qu'il fût obéi, et il semblait qu'elle aurait désiré le pouvoir respecter autant qu'elle l'aimait. » Elle dit encore que la reine, devant le monde, vivait avec lui « d'une manière tendre et respectueuse. »

Quoi de plus naturel, dans ces conditions, que le roi ait pris plaisir à passer ses journées auprès de sa mère, sûr qu'il était de voir approuver ses caprices et de pouvoir jouer au maître souverain dans un cercle de familiers prêts à tout applaudir! Quoi de plus naturel aussi que cette intimité journalière et continue de la mère et du fils ait fait éclore, ait nourri, ait développé, dans le cœur du jeune roi, cet orgueil monarchique, ces sentiments d'indignation et de vengeance à l'égard des rebelles qui remplissaient le cœur de la régente et qui débordaient au dehors! Si les pratiques de piété de Louis XIV rappellent la dévotion d'Anne d'Autriche, la manière dont il se considéra toujours lui-même et dont il considéra les autres rappelle la manière dont la régente l'avait toujours considéré et l'avait fait considérer de tous ceux qui l'approchaient. Des influences personnelles qui s'exercèrent sur son enfance et sur sa jeunesse, aucune ne pénétra plus profondément en Louis XIV et n'y laissa des traces plus durables que l'influence d'Anne d'Autriche.

Cette tendresse respectueuse, dont la mère entourait le fils, devait facilement se transformer chez les familiers du roi en une obséquieuse servilité. Le valet de chambre La Porte ne manquait pas, au besoin, d'une certaine indépendance de caractère; il reprochait à la reine son indulgence excessive; il disait à son maître qu'il n'était pas permis aux simples bourgeois d'être des sots, s'ils ne voulaient pas mourir de faim, tandis que les rois, quelque sots qu'ils fussent, étaient assurés de ne manquer de rien. Dans ses *Mémoires*, il proteste contre le système d'éducation suivi pour Louis XIV et qui, selon lui, tenait pour « le plus grand crime dont on pût se rendre coupable... de faire entendre au roi qu'il n'était justement le maître qu'autant qu'il s'en rendrait digne. » Cependant, lui-même songeait plus à développer chez le jeune roi la conscience de ses droits que celle de ses devoirs.

Comme il avait remarqué que son maître aimait, dans tous ses jeux, à faire le personnage de valet, il imagina,

un jour à Rueil, pour le guérir de ce « mauvais préjugé, »
de s'asseoir lui-même dans son fauteuil et de se couvrir en
sa présence. Louis, irrité, courut se plaindre à sa mère
mais ce fut pour s'attirer une rude réprimande; car,
puisque le roi faisait le métier de La Porte, il était raisonnable que La Porte fît le métier du roi. Dans une autre
circonstance, à Compiègne, le roi se tenant debout et
découvert devant Monsieur le Prince qui était entré dans
le cabinet où il étudiait, La Porte, à qui cette attitude du
roi ne plaisait pas, dit au précepteur et au sous-gouverneur, qui étaient présents, d'avertir le roi de se couvrir;
mais ni l'un ni l'autre n'osaient rien dire. Alors il
s'approcha lui-même de son jeune maître en lui disant
tout bas par derrière de se couvrir. « Sire, dit Condé qui
s'en aperçut, La Porte a raison; il faut que Votre Majesté
se couvre, et c'est assez nous faire d'honneur quand elle
nous salue. »

L'officieux valet de chambre trouve qu'on n'inspirait pas
assez au jeune Louis XIV « les sentiments de maître; »
combien plus justement écrit Mme de Motteville : « ceux
qui avaient l'honneur de l'approcher lui disaient trop
souvent, ce me semble, qu'il était le maître. » C'était
comme le mot d'ordre qui circulait à la cour. Les amis de
la reine, en donnant à son fils ce genre de conseils, pensaient se ménager ses faveurs; les ennemis du cardinal,
en développant chez le roi le sentiment de sa propre autorité, espéraient peut-être l'amener un jour à se débarrasser
et à débarrasser la France d'un ministre détesté; de telle
sorte que tous ses familiers, ou à peu près tous, par
intérêt ou par esprit d'imitation, concouraient au même
résultat.

Quel singulier témoignage, dans cet ordre d'idées, que
celui du modèle que le maître d'écriture du roi lui donnait
à copier! « L'hommage est deub aux roys, jls font ce qu'il
leur plaist [1]. » On possède encore la feuille de papier sur

---

1. Ce texte autographe, qu'on reproduit ici sous sa véritable forme,
se trouve à la Bibliothèque de Pétrograd.

laquelle le roi enfant a copié, six fois à la suite, avec les grosses lettres d'un écolier qui apprend à écrire, cet axiome du despotisme, clair et précis dans son éloquente concision, et il l'a signé, huit fois, de son nom, « Louis. »

« Ils font ce qu'il leur plaît. » Cette sentence aurait pu servir de règle au système d'éducation du marquis de Villeroy, s'il faut en croire les détails racontés par La Porte. « Il arriva plusieurs fois, dit-il, qu'étant seul avec M. de Villeroy, voyant le roi faire des badineries, après avoir bien attendu que le gouverneur fît sa charge, voyant qu'il ne disait mot, je disais tout ce que je pouvais à cet enfant roi pour le faire penser à ce qu'il était et à ce qu'il devait faire ; et après que j'avais bien prôné, le gouverneur disait : « La Porte vous dit vrai, Sire ; La Porte « vous dit vrai. » C'étaient là toutes ses instructions ; et jamais de lui-même, ni en général, ni en particulier, il ne lui disait rien qui lui pût déplaire, ayant une telle complaisance que le roi même s'en apercevait quelquefois et s'en moquait, particulièrement lorsque Sa Majesté l'appelait et lui disait : « Monsieur le Maréchal », il répondait : « Oui, Sire », avant de savoir ce qu'on lui voulait, tant il avait peur de lui refuser quelque chose. »

Nicolas de Neufville, marquis de Villeroy, avait de la réputation dans l'entourage de la régente ; il portait, sinon avec éclat, du moins avec mérite, un nom qui avait été illustré sous le règne de Henri IV par les services de son père et surtout par ceux de son aïeul. Mme de Motteville le tenait pour l'homme le plus sage de la cour, qui connaissait mieux que personne le dedans du royaume et qui avait de la capacité et de la lumière pour les affaires de l'État. Le témoignage du P. Rapin ne lui est pas moins favorable. « C'était un homme sage, bien intentionné, qui avait plus de solidité d'esprit que de brillant, allant toujours au bien public, informé des affaires du dedans et du dehors du royaume... Ainsi ce qu'il disait avait du poids. » Cependant le P. Rapin ajoute qu'il n'avait guère du gouverneur que le nom, le cardinal étant le gouverneur en chef. Mazarin avait connu Villeroy en Italie, il l'avait souvent rencontré à Lyon, dont le père de Villeroy était gouverneur, au cours de ses voyages entre Rome et Paris, et il avait surtout apprécié sa docilité de courtisan; aussi l'avait-il désigné lui-même à la reine pour le poste de gouverneur.

L'homme que Saint-Simon appelle « l'esprit le plus souple de la cour et à qui la bassesse et la dépendance coûtaient le moins, » que Mazarin, dans sa correspondance secrète avec Anne d'Autriche, désigne couramment sous le nom de « bon valet, » excellait dans les intrigues de cour et s'entendait à pousser sa fortune; mais, pour « former la jeunesse du roi aux vertus nécessaires au gouvernement d'un grand État, » suivant l'expression emphatique par laquelle *l'État de la France* désigne les fonctions du gouverneur de Louis XIV, il aurait fallu avoir une plus grande indépendance de caractère. Villeroy se rendait compte des reproches qu'on pouvait lui adresser; il s'excusait auprès de ses amis, en disant qu'il n'était pas libre de la manière dont le roi était élevé; si on l'avait cru, on aurait pu tirer un meilleur parti de la nature de son élève. Ce qu'il pouvait faire lui-même, il le faisait; il faisait connaître au roi ceux qui excellaient dans un art ou dans une science, il lui racontait à chaque instant des événements auxquels il avait été mêlé et des anecdotes de la vieille cour, de manière à provoquer en lui des réflexions utiles. D'un autre côté, son frère, Camille de Villeroy, archevêque de Lyon, jaloux de l'honneur de la famille, protestait contre les bruits calomnieux qu'on se plaisait à répandre sur cette éducation; il affirmait que le roi serait un jour le plus grand prince que la France aurait eu « depuis Clovis et Charlemagne, » et que sa « sagesse » serait la meilleure justification du maréchal. Il eût été plus juste de dire que ce système d'éducation, qui consistait surtout à distraire le roi, ne pouvait pas l'empêcher de devenir, en bien ou en mal, le prince qu'il devait être.

L'action de Villeroy sur son élève a-t-elle consisté à

développer en lui des sentiments d'hostilité contre les réformateurs de Port-Royal ? Il lui répétait souvent, paraît-il, « que le caractère de ces gens-là était de ne vouloir ni de pape ni de roi. » Mais ces idées, qui devaient tenir une si grande place dans le système politique de Louis XIV, Villeroy n'était pas seul à les lui prêcher, et il est vraisemblable que le roi subit à cet égard des influences autrement efficaces, comme l'influence de ses deux premiers confesseurs, le P. Paulin et le P. Annat, de la Compagnie de Jésus. On sait, par les *Provinciales*, comment celui-ci fut mêlé aux polémiques religieuses de son temps. Pour le P. Paulin, qui déclarait le jansénisme « si contraire à la religion et à l'État, » il fit interdire les chaires de Paris aux prédicateurs soupçonnés d'adhérer à cette doctrine.

En vérité, il est à peu près impossible d'attribuer au gouverneur de Louis XIV une part directe et vraiment personnelle dans la formation politique ou intellectuelle de son élève. Villeroy pouvait avoir de la capacité, mais il était faible ; c'est ainsi que le jugeait Anne d'Autriche. Cependant elle voulait qu'il remplît de son mieux et avec toute l'autorité nécessaire ses fonctions de gouverneur. « Je ne veux pas, dit-elle une fois aux serviteurs de son fils, en présence de celui-ci, que vous fassiez ce que le roi vous commande. Allez-vous-en trouver M. le maréchal, lorsque le roi vous dira quelque chose ; s'il le trouve à propos, faites-le ; sinon, n'en faites·rien. » S'il faut en croire le second maréchal de Villeroy, gouverneur de Louis XV, qui invoqua un jour auprès du régent l'autorité de cet exemple pour défendre les prérogatives de sa charge, Anne d'Autriche avait appris elle-même au maréchal comment il devait se conduire à l'égard des personnes qui voudraient entretenir le roi en secret. « La reine mère et régente vint un jour voir le roi ; elle le prit en particulier et lui parlait assez bas. Mon père se retira, par respect, pour ne point entendre la conversation. La reine lui dit : « Monsieur le maréchal, il faut que je vous

« apprenne votre métier. Un gouverneur du roi ne doit
« jamais souffrir qu'on lui parle en secret, pas même à
« moi qui suis sa mère. Approchez, vous n'êtes point de
« trop. »

Soit par impuissance naturelle, parce que « sa possibilité était bornée en toutes choses, » soit de parti pris, pour
éviter de sembler se poser en rival du surintendant de
l'éducation du roi, le gouverneur de Louis XIV ne paraît
avoir fait autre chose que de laisser se développer librement la nature de son élève, dans le sens même où ses
instincts la poussaient. La longue carrière de Villeroy,
— enfant d'honneur de Louis XIII, lieutenant général,
gouverneur de Louis XIV, maréchal de France, ministre
d'État sous la régence, duc et pair au moment de la majorité du roi, chef du conseil royal des finances, — fut celle
d'un courtisan habile et heureux, mais n'ayant jamais disposé d'un crédit réel. Sa destinée, dit son amie Mme de
Motteville, fut d'avoir les titres les plus honorables sans
en faire les fonctions. On sait ce que sa carrière lui rap-
porta en titres, en dignités, en faveurs de tout genre, pour
lui ou pour les siens : ainsi il obtint, après la mort de
Mazarin, le privilège d'entrer seul le matin dans la
chambre du roi; mais on ne voit pas en quoi son rôle
assez insignifiant et, pour ainsi dire, négatif, comme gouverneur de Louis XIV, avait pu contribuer à lui mériter
cette situation exceptionnelle. En définitive, ce fut pour
lui une des nombreuses étapes de sa carrière de courtisan,
et pas autre chose.

Mazarin avait fait nommer Villeroy gouverneur au
moment où il prenait pour lui-même le titre de surintendant de l'éducation royale. Deux ans auparavant, il avait
déjà désigné l'abbé de Péréfixe au poste de précepteur;
né en 1605, Péréfixe était alors dans sa quarantième
année. « C'est un homme, disait Mazarin, que j'ai mis
auprès du roi sans qu'il y songeât et auquel j'ai, après,
fait donner plus de quarante mille livres de rente. »
Le précepteur, auquel le cardinal se flait comme à lui-

même, resta toujours dans les meilleurs termes avec le ministre, sauf à un moment, pendant la tourmente de l'année 1651 où les plus fidèles eurent leur hésitation. Les épîtres dédicatoires à Mazarin qu'il a mises en tête de l'*Institutio principis*, en 1647, et de l'*Histoire de Henri le Grand*, en 1661, témoignent de ses sentiments. Chaque jour, après avoir fait travailler le roi, il avait soin de monter chez le cardinal pour lui rendre compte de ce qui avait pu se passer à l'étude ou dans la conversation. Ainsi l'accord intime qui régna entre ces deux hommes partage entre eux, si l'on peut dire, la responsabilité de leur rôle d'éducateurs, et l'influence de Péréfixe sur son élève permet, dans une certaine mesure, de préjuger de celle de Mazarin.

Pour Saint-Simon, Péréfixe était « un homme de fort peu de chose et par là plus agréable au cardinal Mazarin. Il était au moins aussi souple que M. de Villeroy. » Il est vrai qu'il « ne manquait ni d'esprit ni de talents; » mais sa souplesse, qui lui était devenue comme une seconde nature, l'avait mis à la dévotion des jésuites, qui étaient tout-puissants à la cour, et une fois archevêque de Paris, il servit leurs sentiments par ses rigueurs contre les jansénistes. Saint-Simon a raison de constater les relations de Péréfixe avec les jésuites et son opposition aux doctrines de Port-Royal; cette attitude, qui fut, en effet, la sienne, contribua à développer les idées religieuses de son élève dans une direction qui ne varia plus; mais son rôle s'exerça certainement aussi en dehors de ce domaine spécial.

Un écrivain du xviiᵉ siècle, exprimant à peu près la même idée, ne veut voir en Péréfixe que l'éducateur religieux de Louis XIV. Si la reine et le cardinal firent choix d'un prêtre comme précepteur, c'est que le caractère particulier du personnage concordait avec leur système d'éducation, qui consistait à développer dans le jeune roi l'habitude et le goût des exercices de piété; ne fallait-il pas que sa vie fût remplie des pratiques de la dévotion et détournée ainsi des affaires de la politique, qu'ils se réservaient à eux-mêmes? Péréfixe répondit à merveille aux intentions de ceux qui l'avaient choisi; toute sa science de précepteur ne consista qu'à faire entendre à son élève la messe à deux genoux, à le faire assister aux processions, à le faire passer partout pour un modèle accompli de piété et de dévotion; elle consista encore à jeter dans son cœur les germes de cette haine contre les huguenots que le roi conserva toujours. Que le précepteur de Louis XIV, en sa qualité de prêtre, ait regardé l'éducation religieuse comme le fondement de l'éducation; que la nature même de cette éducation ait contribué à entretenir en son élève des sentiments d'hostilité à l'égard des jansénistes ou des calvinistes : cela n'a rien que de naturel, et le contraire même serait surprenant. Mais Péréfixe avait moins à diriger la conscience du roi, qui était entre les mains des jésuites ses confesseurs [1], qu'à orner son esprit; il était, avant tout, son professeur de belles-lettres et d'histoire, et, s'il n'avait fait que montrer à son élève des adversaires dans les dissidents religieux, il aurait singulièrement interprété et rétréci son rôle de précepteur.

Deux contemporains, qui ont vu Péréfixe à l'œuvre, ont parlé de la manière dont il s'acquittait de sa charge. Mme de Motteville lui reconnaît de la probité ; mais elle estime qu'il était peu capable d'embellir l'esprit d'un prince, de l'occuper de choses solides et agréables, parce qu'il ne s'était pas lui-même trop adonné aux belles-lettres; jaloux de son emploi, il ne le comprenait pas comme le maréchal de Villeroy, et n'aimait pas à approcher du roi les gens d'esprit, dont la conversation aurait éveillé en lui la curiosité d'apprendre mille choses

1. Le jeune roi se confessa d'abord à Péréfixe; mais son premier confesseur en titre, nommé en octobre 1649, fut le P. Paulin, supérieur de la maison professe des jésuites à Paris; après la mort de celui-ci (avril 1653), ce fut le P. Annat, qui resta en fonctions jusqu'en 1670.

qu'il ne savait pas. Ce témoignage peu favorable est contredit par celui de La Porte. Selon le valet de chambre, l'abbé de Beaumont fut à peu près le seul dans l'entourage du jeune roi qui prît au sérieux sa charge d'éducateur. « Je puis dire avec vérité qu'à toutes les leçons où j'étais présent, j'étais témoin qu'il n'omettait rien de ce qui dépendait de sa charge. »

Pour se faire une idée du rôle de Péréfixe et de son influence comme éducateur, on a heureusement un autre moyen que de consulter ces témoignages, qui s'accordent mal et qui manquent de précision dans ce qu'ils avancent : c'est de consulter les ouvrages mêmes de Péréfixe, écrits exprès pour l'instruction de son élève.

Deux idées maîtresses s'en dégagent, qui concordent exactement — il n'est pas indifférent de le remarquer — avec les idées qu'Anne d'Autriche s'efforça de cultiver dans son fils. D'une part, comme l'établit l'*Institutio principis*, toutes les vertus du prince ont pour fondement nécessaire et inébranlable la piété ; c'est un devoir de reconnaissance envers Dieu, qui a établi les princes « comme ses vice-rois et ses ministres. » Dieu étend sa protection sur les rois qui ont mis toute leur confiance en lui, il châtie ceux qui n'ont pas respecté la religion ; il faut donc suivre la loi qu'il a donnée lui-même. Il faut de même suivre la loi de l'Église, se soumettre à ses décrets, défendre sa doctrine. Un roi doit regarder l'Église comme sa mère, s'il veut regarder Dieu comme son père. On se rappelle que ces maximes étaient le texte même des thèmes qu'il faisait faire au roi et qu'il empruntait à son *Institutio principis*. Lues et traduites par l'élève du latin en français et du français en latin, commentées de vive voix par le précepteur, elles ne pouvaient pas ne pas se graver, d'une manière durable, dans la mémoire de Louis XIV.

D'autre part, dans l'*Histoire de Henri le Grand*, la leçon que Péréfixe répète sous toutes les formes, presque à chaque page, c'est que Louis doit « jouir pleinement de son autorité, » c'est-à-dire s'acquitter lui-même, en personne, de toutes les fonctions que sa naissance et que son titre lui imposent. Henri IV, devant qui « le plus hardi de ses ministres tremblait quand il lui voyait tant soit peu froncer le sourcil; » Henri IV, « qui a été le plus actif et le plus laborieux de tous nos rois, qui s'est adonné avec plus de soin au maniement de ses affaires; » Henri IV, qui a su éviter tout ce qui avait rendu son prédécesseur « odieux et contemptible » : voilà le modèle que le roi doit imiter, qu'il doit surpasser, s'il le peut; il ne saurait s'en proposer de meilleur ni de plus utile. Quel contraste entre cette manière virile de comprendre la royauté, avec ses obligations multiples, et « le pitoyable état » d'un Philippe III, qui se met dans la dépendance de son ministre, le duc de Lerme, et qui, « pour ne pas se conduire comme il le doit, tombe nécessairement dans le mépris et dans l'aversion de ses sujets! »

Comment ne pas croire que ces conseils, qui reviennent tout le long du récit de la vie du Béarnais, qui se dégagent d'eux-mêmes des actes de son règne, n'aient pas éveillé, ou plutôt n'aient pas fortifié en Louis XIV les idées de la responsabilité que lui imposait la royauté? Mettre la main à l'œuvre, connaître le dedans et le dehors du royaume, présider dans ses conseils, avoir toujours l'œil sur ses finances pour s'en faire rendre un compte net, exact et fidèle : ces conseils de Péréfixe ne sont-ils pas, sur des points essentiels, le programme même du règne qui allait commencer? Que Louis XIV eût compris la royauté et qu'il en eût rempli les charges comme il l'a fait, si son précepteur ne lui avait pas donné cet enseignement, cela est fort possible; mais, du moment où les leçons que Péréfixe allait chercher dans l'histoire, qu'il développait dans ses entretiens quotidiens, qu'il résumait dans un livre pour en rendre l'impression durable, étaient en harmonie avec les tendances secrètes de la nature de son élève, il est difficile de dire que l'enseignement donné par l'évêque de Rodez n'a pas contribué à préparer le règne personnel du grand roi. Le mérite réel de Péréfixe, suivant l'expression même d'un contemporain, est d'avoir inspiré au roi l'art de régner, de l'avoir poussé à la vie active; pour Bayle, « ce seul livre — l'*Histoire de Henri le Grand* — réfute l'erreur populaire, dont on ne saurait désabuser le monde, que le roi de France a été mal élevé. »

Les panégyristes officiels n'ont eu garde de négliger, dans l'éloge de Péréfixe, ce rôle de précepteur qui leur permettait de louer à la fois et le maître et le disciple. « Ah! grand prélat, le Samuel de notre siècle, s'écrie l'un d'eux, vous avez répandu, dans l'âme de notre grand roi l'onction sacrée d'une science divine. » Son inscription funéraire à Notre-Dame l'appelle *regum sapientissimi sapientissimus præceptor*. Il est certain que Péréfixe s'acquitta en conscience de ses fonctions; il avait divisé toute l'histoire en leçons qu'il écrivit lui-même à l'usage de son élève, et le seul ouvrage qui soit resté de cet enseignement est à l'honneur de celui qui l'a donné. Il est certain aussi que le roi eut pour son maître des sentiments d'affection et de reconnaissance, qui se traduisirent de différentes manières. Au cours de la Fronde, quand il fut question à un moment pour l'évêque de Rodez de prendre congé de la cour, à cause de son attitude à l'égard de Mazarin alors en exil, le jeune roi, âgé de treize ans, ne voulut pas que son précepteur le quittât, et il lui dit qu'il voulait étudier avec lui plus que jamais. Dès le début de son règne personnel, il le nomma commandeur et chancelier de ses ordres (27 septembre 1661), puis archevêque de Paris (30 juillet 1662), ayant plaisir, dit-il, à reconnaître, par cette marque de son affection, le soin qu'il avait pris de son enfance. La continuité de ces bons rapports et le zèle de Péréfixe permettent de dire que le maître dut certainement exercer une action sur l'élève.

Cette influence consista surtout, comme on l'a vu, à développer chez Louis XIV le sentiment de la responsabilité, l'amour du travail, en un mot la conscience des devoirs de la royauté. Consista-t-elle aussi, comme Péréfixe en a été accusé, à cultiver en lui des sentiments de haine contre les protestants? Aucun passage de l'*Histoire de Henri le Grand*, où la question protestante se présente à tant de reprises, ne permet de le supposer. Parlant de la Saint-Barthélemy, il flétrit ce crime sans aucune équivoque. « Action exécrable! dit-il, qui n'avait jamais eu et qui n'aura, s'il plaît à Dieu, jamais de pareille. » Dans la mort de Charles IX, il voit « une punition divine pour ses blasphèmes, et peut-être aussi pour tant de sang qu'il avait fait répandre. » La mort d'Élisabeth lui fournit l'occasion de parler de la reine d'Angleterre en termes qui témoignent de la largeur de son esprit; elle fut « l'une des plus illustres et des plus héroïques princesses qui aient jamais régné; » il ne manqua au bonheur de son règne que la religion catholique qu'elle bannit d'Angleterre, et si elle n'avait pas traité « si inhumainement » Marie Stuart, elle aurait mérité « le nom de Bonne aussi bien que celui de Grande. » On reconnaîtra qu'il était difficile à un évêque de parler avec plus d'impartialité de la fondatrice de l'anglicanisme et de la cruelle ennemie des catholiques.

La mention de l'édit de Nantes ne lui inspire pas de récriminations passionnées, dans le genre de celles qui allaient bientôt retentir, en si grand nombre, aux oreilles de Louis XIV. Elle ne lui inspire pas, d'autre part, les sentiments qui feront plus tard écrire à Saint-Simon : « On doit regarder l'édit de Nantes comme un chef-d'œuvre de politique et de grand sens. » Il se borne à en donner un résumé rapide. Ce fut pour Henri IV comme « un tempérament nécessaire; » « son devoir et sa conscience le portaient à l'assistance des catholiques; mais la raison d'État et les grandes obligations qu'il avait aux protestants ne lui permettaient pas de les désespérer. » Il leur accorda donc différentes conditions; mais depuis lors, « leurs rébellions et leurs diverses entreprises » les ont bien fait déchoir de cette situation. Henri IV, qui montrait beaucoup de « chaleur » pour « ramener les huguenots au sein de l'Église, » réussit à faire élever le jeune prince de Condé dans la religion catholique; mais, ajoute Péréfixe, à propos des conversions faites sous son règne, « il ne voulut jamais user d'aucune violence pour cela, comme les Ligueurs l'eussent désiré, et même il méprisait ceux qui se convertissaient pour quelque intérêt temporel. »

L'historien de Henri IV, qui s'arrête si facilement au cours de son récit pour en tirer une leçon de morale ou de politique, se borne à ces indications rapides, mais non équivoques, au sujet de l'attitude de son héros avec les protestants. Il ne prononce pas le mot de tolérance, qui représentait une idée comme inconnue de ses contemporains; il ne prononce pas davantage celui de persécution et de révocation. C'était beaucoup, si l'on songe à son caractère, de reconnaître que la raison d'État pouvait amener un roi catholique à accorder des garanties à des huguenots. Il pense peut-être que c'est une nécessité fâcheuse, arrachée par les circonstances; mais ce n'en est pas moins une nécessité, à laquelle Henri IV a dû se soumettre, au nom de son intérêt bien entendu. Aussi se borne-t-il à constater et à expliquer ce qui s'était passé en 1598. S'il avait encore vécu en 1685, sa voix n'aurait probablement pas manqué de se joindre à celles qui célébrèrent alors ce « miracle de nos jours; » mais il n'aurait pu s'attribuer le triste mérite, qu'on lui a reproché, d'avoir provoqué, en écrivant ce livre, la haine du jeune roi contre ses sujets de la religion réformée.

CHAPITRE V

RAPPORTS DE LOUIS XIV ET DE MAZARIN

Rôle de Mazarin surintendant de l'éducation royale. — Témoignages des mazarinades, des pamphlets étrangers, de Fénelon, de Madame, de Saint-Simon. — Deux phases dans le rôle de Mazarin surintendant. — Témoignages de La Porte, des ambassadeurs vénitiens, de Montglat, du maréchal du Plessis. — Mazarin fait assister le roi à certaines séances du conseil. — Ses leçons familières de politique. — Une audience donnée par Louis XIV et Mazarin à un ambassadeur hollandais. — L'origine du « Je verrai » de Louis XIV. — Comment Péréfixe parle des relations de Mazarin avec le roi. — Le roi et ses enfants d'honneur. — Mazarin veille sur la moralité du jeune roi. — Défiance de Mazarin à l'égard de Vivonne. — Mazarin pousse Louis XIV au travail. — Les amours du roi et de Marie Mancini. — Le « grand métier de roi. » — Entretiens quotidiens du ministre et du roi. — Instructions de Mazarin au roi à la veille de sa mort. — Texte de ces instructions dicté par le roi. — Gouverner par soi-même. — Recommandations sur les personnes. — Sentiments de Louis XIV pour Mazarin. — Influence de La Porte. — Influence en sens contraire du P. Paulin. — Influence d'Anne d'Autriche en faveur de Mazarin. — Douleur de Louis XIV à la mort de Mazarin. — *Etiam mortuus adhuc imperat.* — Mazarin mérite son titre de surintendant de l'éducation royale.

« Qui a élevé le roi? N'est-ce pas le Mazarin?... Le Mazarin l'a élevé; il faut donc qu'il en ait fait un fourbe, car il ne peut lui avoir appris que ce qu'il sait... »
« Mazarin s'est attribué la charge de gouverneur du roi pour le nourrir à sa mode et l'empêcher de la compagnie des choses nécessaires à bien régner, afin de demeurer toujours son maître, lui insinuer des sentiments d'aversion

contre les gens de bien, contre ses parlements et contre ses bonnes villes.... »

On pourrait facilement multiplier les citations des mazarinades, pour montrer que les auteurs de ces pamphlets n'ont eu garde d'oublier, dans la liste interminable de leurs griefs contre Mazarin, ce titre de surintendant de l'éducation royale que le cardinal s'était fait donner en 1646. On ne pouvait nier que la nouveauté de cette fonction, sans précédent dans l'éducation des princes, ne s'expliquât par le désir d'exercer un droit de surveillance sur tout ce qui regardait l'éducation du jeune roi, et par le désir aussi d'inspirer au gouverneur et au précepteur l'esprit particulier dont on voulait les voir animés. Or, comme tout ce qui procédait de ce ministre néfaste méritait la malédiction publique, cette surintendance de l'éducation royale devait être maudite comme le reste, et même davantage, si c'était possible, à cause de l'avenir de maux qu'elle réservait au pays. Car, pour les pamphlétaires des mazarinades, cette impression devait être aussi profonde qu'elle était nécessairement fatale. « Quelque beau naturel, dit l'un d'eux, que le roi ait eu, étant tendre, il a été capable de recevoir toute sorte d'impressions. Il n'a pu recevoir que les impressions qu'on lui a données. » Un autre, auteur d'une pièce assez plaisante, où il raconte « comment chacun a été logé selon son mérite, » au moment où la cour s'est enfuie à Saint-Germain, rapporte que le roi fut logé au Mouton, et sa mère au Chapeau-Rouge.

Ces invectives s'expliquent par la violence de la lutte; mais une chose paraîtra plus singulière : l'impression défavorable qu'elles avaient créée contre Mazarin éducateur de Louis XIV fut adoptée et consacrée longtemps après sa mort, soit par des pamphlétaires obscurs, soit par des auteurs célèbres, qui firent remonter jusqu'à ces années de l'enfance royale l'origine des maux politiques que le roi fit peser sur la France et sur l'Europe.

Le *Breviarium politicorum secundum rubricas mazarinicas*

prétend reproduire les maximes dont Mazarin pénétra l'esprit de son élève avant qu'il régnât par lui-même et qui, depuis lors, n'ont cessé de l'inspirer. Ce catéchisme politique à la mazarine repose sur ce fondement : feindre et dissimuler, *simula et dissimula.* La fourberie italienne, voilà le résultat le plus certain de l'éducation donnée par un ministre qui n'avait point eu d'autre religion que celle du « divin » Machiavel. Dans *l'Alcoran de Louis XIV,* Mazarin, qui rencontre Innocent XI sur les bords du Styx, lui demande des nouvelles de la France et en particulier du roi; « il m'appelait *mio padre,* et moi, je l'appelais *mio figlio.* » Le pape répond au cardinal qu'à ce fils il a inspiré pour Machiavel « autant de vénération que les Turcs en ont pour l'Alcoran et pour leur grand prophète Mahomet; » car il avait dressé « en forme de catéchisme » les maximes de l'auteur du *Prince* et il les lui avait fait apprendre par cœur. « *Figlio mio,* en qui croyez-vous? — En Nicolas Machiavel, secrétaire et citoyen de Florence. — Qui était ce Nicolas Machiavel? — Le père des politiques et celui qui a appris aux princes l'art de bien régner. » Ce catéchisme de perfidie et de mensonge, où Mazarin avait enchâssé les maximes les plus odieuses du *Prince* et des *Discours,* se déroule pendant une douzaine de pages. « Voilà les détestables principes que vous avez donnés à ce jeune prince et le modèle sur lequel vous avez formé le fils aîné de l'Église. »

L'opinion de Fénelon sur les influences subies par Louis XIV au cours de sa jeunesse ne diffère pas sensiblement de celle des auteurs de ces libelles. S'adressant au roi en personne, dans cette lettre fameuse où il lui dit de si dures vérités [1], il s'exprime ainsi : « Vous êtes né, Sire, avec un cœur droit et équitable; mais ceux qui vous ont élevé ne vous ont donné pour science de gouverner que

---

1. Elle fut écrite entre 1691, date de la mort de Louvois, et 1695, date de la mort de Harlay de Champvallon, ces deux personnages y étant nommés, l'un comme déjà mort, l'autre comme encore vivant.

la défiance, la jalousie, l'éloignement de la vertu, la crainte de tout mérite éclatant, le goût des hommes souples et rampants, la hauteur et l'attention à votre seul intérêt. » Ce qu'il avait dit à Louis XIV, il le répéta encore, presque dans les mêmes termes, au duc de Bourgogne. Dans le LXXIVe de ses *Dialogues des morts*, entre les cardinaux de Richelieu et de Mazarin, il fait adresser par Richelieu au « seigneur Jules » les critiques les plus amères. « ... Vous craigniez le mérite ; on ne s'insinuait auprès de vous qu'en vous montrant un caractère d'esprit bas-souple et capable de mauvaises intrigues... J'avoue que vous étiez un grand comédien... » Parler ainsi, ouvertement, à la cour du grand roi, et à son propre petit-fils, du ministre qui avait été son parrain et le surintendant de son éducation, c'était le fait d'un esprit singulièrement hardi, mais qui jugeait plus peut-être d'après ses préventions que d'après la vérité.

La duchesse d'Orléans, qui a recueilli dans ses lettres tant de commérages de cour et tant d'erreurs, attribue à Mazarin le plus coupable égoïsme. « Il n'est pas étonnant que le feu roi et Monsieur aient été élevés dans l'ignorance. Le cardinal Mazarin voulait régner; s'il avait fait instruire les deux princes, on ne l'aurait plus ni estimé ni employé; voilà ce qu'il voulait prévenir : il avait l'espoir de vivre plus longtemps qu'il ne l'a fait. » Mais quelle valeur reconnaître à un témoignage qui date de 1716, qui a pour auteur une étrangère venue à la cour dix ans après la mort de Mazarin, et qui est en contradiction, comme on le verra dans un instant, avec tant de témoignages contemporains?

Pour Saint-Simon, chaque fois, pour ainsi dire, que le nom de Mazarin arrive sous sa plume passionnée, il en profite pour rendre responsable ce ministre, « le plus pernicieux que la France ait eu et aura jamais, » de tout le mal politique et social dont la France, selon lui, fut la victime depuis la mort de Louis XIII. Voulant que rien ne pût lui faire ombrage et que le jeune roi ne dépendît que de lui seul, il avait pris ce titre de surintendant de l'éducation, « pour en être le modérateur et le maître, et se soumettre plus directement tous ceux qui y auraient part sous lui. » Grâce à l'autorité que cette surintendance lui conférait et à la souplesse des créatures qu'il avait choisies, ce système d'éducation avait produit les résultats qu'on en pouvait attendre, c'est-à-dire que Mazarin « avait tenu le roi dans la plus entière ignorance et la plus honteuse dépendance. » En quoi consistaient, en réalité, cette « pernicieuse politique » et ces « pestifères maximes » dont il avait « empoisonné le roi? » Il s'était efforcé « de persuader au roi que tout seigneur était naturellement ennemi de son autorité, et de préférer, pour manier ses affaires en tout genre, des gens de rien, qu'au moindre mécontentement on réduisait au néant. » Il n'y avait que trop bien réussi; car, en toute occasion, Louis XIV « demeura inébranlable en ses ombrages mazarins d'autorité qui l'animaient contre les ducs, dont la dignité lui était odieuse... Elle lui faisait toujours peur et peine, par les impressions que ce premier ministre italien lui en avait données... »

La passion de Saint-Simon contre un « étranger de la lie du peuple » l'emporte au point de lui faire oublier que ce système de gouvernement, dont il attribue l'invention à Mazarin, était aussi ancien, si l'on peut dire, que la monarchie capétienne, car il était la conséquence, nécessaire et fatale, des conditions d'existence où elle s'était toujours trouvée. Depuis les Louis le Gros jusqu'aux Louis le Juste, nos rois n'avaient pu maintenir et développer leur autorité qu'en se débarrassant, tantôt par la violence, tantôt par l'intrigue, tantôt par la séduction, de leurs ennemis naturels. Pour l'exécution de ces desseins politiques, ils avaient trouvé, à toutes les époques, des collaborateurs fidèles dans les rangs de ceux que les souvenirs historiques et les différences sociales rendaient euxmêmes les adversaires de l'aristocratie féodale. De là, dans notre histoire, cette alliance intime de la royauté et de la bourgeoisie, qui ne fut pour l'une et pour l'autre qu'une forme de la lutte pour l'existence; de là aussi, cette ascension continue des rois et des roturiers, et cette décadence parallèle de leurs communs ennemis. On peut le regretter, non pas au point de vue égoïste de Saint-Simon, mais à un point de vue général; car il eût certes mieux valu pour les destinées de notre pays que toutes les forces de ses enfants aient toujours été groupées en vue d'un but commun, au lieu de s'épuiser en luttes intestines, dont les vaincus devaient sortir avec des regrets amers et impuissants, les vainqueurs avec un orgueil insolent et imprévoyant. Mais, de prétendre que l'exclusion des nobles et l'élévation « des gens de rien » soient précisément l'œuvre du surintendant de l'éducation du jeune Louis XIV, ou que le roi, sans l'influence de ces « pestifères maximes, » aurait pu prendre une attitude opposée à l'égard des uns et des autres, c'est singulièrement méconnaître le passé de notre pays, c'est singulièrement aussi exagérer le rôle personnel d'un ministre détesté, pour pouvoir l'accabler du poids de sa colère et de sa haine. La vérité est que ces principes « mazarins » n'étaient autres que des principes français, résultat de l'évolution de notre histoire, auxquels la Ligue, la régence de Marie de Médicis, le ministère de Richelieu, la Fronde venaient de donner autant de nouvelles consécrations. Les prétendues leçons de Mazarin étaient les leçons mêmes de l'histoire. Il se peut que Louis XIV en ait exagéré les conséquences; au moins, en le faisant, il a été fidèle non à l'esprit d'un homme, mais à l'esprit de traditions plusieurs fois séculaires.

Les témoignages des contemporains qui vivaient à la cour ou dans l'entourage du ministre, à même d'être bien renseignés sur les relations personnelles du surintendant et du jeune roi et par suite sur l'influence que celui-ci pouvait subir, permettent de distinguer comme deux phases dans cette éducation royale. Lors des premières années, Mazarin, tout en sachant faire respecter au besoin son titre de surintendant de l'éducation du roi, ne paraît pas se préoccuper d'en remplir les fonctions. L'âge encore peu avancé du roi, les négociations de la paix européenne et les difficultés intérieures sont l'explication naturelle de cette sorte d'effacement volontaire. Mais la Fronde vient de se terminer, la puissance du ministre est affermie, le roi est entré dans l'adolescence. C'est dans cette seconde période, de six à huit ans environ, que Mazarin songe à préparer à la royauté le prince qui grandit à ses côtés. Une fois entreprise, cette préparation n'est plus interrompue, et elle conserve le même caractère jusqu'à la mort du cardinal. Ce n'est pas le caractère d'un enseignement théorique et didactique, mais celui d'une leçon de choses, tirée de la discussion et de la résolution des affaires de tout genre que chaque jour pouvait apporter.

On peut ne pas accorder beaucoup de créance au témoignage de La Porte, quand il parle de « l'intention de M. le surintendant de l'éducation du roi » et du « peu de soin qu'on prenait d'en faire un honnête homme; » il ne cache pas, en effet, les sentiments d'aversion qu'il avait pour le cardinal et qu'il cherchait à communiquer au roi.

Plus dignes d'attention sont les relations des ambassadeurs vénitiens, témoins impartiaux et presque toujours bien informés. L'un d'eux écrit en 1648 : « Le cardinal ne manque pas de prévoir de loin et de prendre les précautions opportunes. Il a pris pour lui-même le gouvernement du roi et de son frère, Villeroy n'en faisant les fonctions qu'à titre de substitut, pour se rendre maître de son affection avec le temps... Il a entouré Sa Majesté de peu de personnes, de condition et de talents médiocres, nullement capables de lui donner des soupçons, mais toutes dépendantes de lui. Un enfant de l'âge du roi, qui était élevé avec lui et qui avait ses bonnes grâces, a déjà été éloigné sous divers prétextes; aussi la place est restée libre au seul neveu de Mazarin, qui est en train de s'insinuer. Les nièces elles-mêmes sont logées au palais royal, pour que le roi s'amuse avec elles, ou, comme certains disent, qu'elles lui donnent les premières dans les yeux, et qu'elles s'emparent des prémices de ses inclinations et affections... »

Un autre ambassadeur écrit, à la date du 20 décembre 1652, quand le roi avait quatorze ans et que le cardinal n'était pas encore rentré à Paris : « On prépare un ballet très riche et très coûteux ; il y a plus de quatre mois que Torelli s'occupe à en fabriquer les machines. Le roi ne s'applique toute la journée qu'à apprendre le ballet, pour le donner au jour fixé, qui sera à la fin du carnaval... Les jeux, les danses et les comédies sont les uniques entretiens du roi, dans l'intention de le détourner entièrement des choses plus solides et plus importantes ; car tous ici dépendent absolument de celui qui commande pendant son absence comme s'il était présent. » Un an et demi plus tard, le 21 avril 1654, sa correspondance renferme des détails du même genre, presque dans les mêmes termes. « On a représenté un opéra italien en musique... Le roi descendit dans une machine, sous la forme d'Apollon entouré des neuf Muses, qui étaient la princesse de Conti [Anne Martinozzi] et autres dames des plus qualifiées pour leur naissance et beauté.... Certains blâmèrent la chose, mais ceux-là ne connaissent pas la politique du cardinal, qui tient le roi expressément appliqué à des exercices de passe-temps, pour le détourner des solides et importants, et, tandis que Sa Majesté est occupée à faire rouler des machines de bois sur la scène, le cardinal sur le théâtre de France remue et fait rouler toutes les machines d'État à son bon plaisir. »

Montglat ne parle pas un autre langage. « Pour le roi, dit-il en 1653, il laissait faire le cardinal à sa guise et ne se mêlait de rien. » Le maréchal du Plessis, qui vivait à la cour en qualité de gouverneur de Monsieur, rapporte encore, en 1655, que le cardinal, « continuant d'être maître des affaires, ne cherchait qu'à divertir le roi. »

Cependant, tout en ne voulant voir, comme plusieurs autres, qu'un amuseur de Louis XIV dans le surintendant de l'éducation royale, le collègue de Villeroy dit, quelques lignes plus haut, à la date de 1654, c'est-à-dire quand Louis avait seize ans, qu'il y avait, en dehors de certaines séances des conseils, des « jours ordinaires réglés pour les conseils qui se tenaient devant le roi; » il prétend, il est vrai, que dans ces conseils « l'on ne décidait guère d'affaires de conséquence. » Cette dernière assertion peut être exacte; mais on pourrait en tirer plutôt un éloge qu'un blâme à l'adresse de Mazarin.

Si, en effet, Mazarin prenait soin de choisir, pour ces séances du conseil qui se tenaient devant Louis XIV, des affaires peu compliquées, faciles à suivre, d'une solution aisée à trouver, n'était-ce pas le meilleur moyen de le former peu à peu, sans fatigue et sans ennui, presque à son insu, à la discussion des difficultés plus grandes qui devaient un jour s'offrir à lui? Que le surintendant de l'éducation royale eût présenté à son élève, jeune encore, et préoccupé surtout de briller dans les ballets ou dans les exercices militaires, telles questions embrouillées d'administration financière ou de politique étrangère : on n'aurait pas manqué de dire que, loin de penser vraiment à l'instruire, il ne songeait qu'à lui inspirer le dégoût des affaires, en feignant de lui demander un effort d'attention ou d'intelligence qui était au-dessus de son âge. Une pédagogie politique bien entendue devait débuter par l'examen des questions journalières de la politique; les plus simples sont encore compliquées, à cause de toutes les circonstances de temps, de lieux, de personnes, dont le vrai homme d'État doit toujours tenir compte, et par conséquent elles ne manquent jamais d'être fécondes en réflexions et en enseignements. Quoi qu'il en soit, il importe de constater, au sujet de cette direction politique donnée par Mazarin à Louis XIV, que le ministre fît assister le roi, dès sa seizième année, à des séances du conseil qui avaient lieu à des « jours réglés. » Si c'est dans ces séances que le roi a pris l'habitude de la régularité exemplaire avec laquelle il a présidé en personne, pendant tout son règne, les séances de ses différents conseils, on ne pourra pas dire que l'influence de Mazarin surintendant a été inefficace.

Les séances des conseils, où les affaires se discutaient en présence des membres des conseils, dont chacun exprimait son opinion ; les conversations particulières, où le cardinal faisait connaître de près au roi, dans des entretiens familiers, les hommes et les choses : tels furent les deux moyens d'éducation politique, tous deux essentiellement pratiques et féconds, dont Mazarin se servit à l'égard de Louis XIV. Le valet de chambre Dubois, qui a raconté « comment le roi Louis XIV, son cher maître, passait les heures du jour » en 1655, donne à ce propos de précieuses indications. Après la leçon, les prières, la toilette, le cheval, les armes et la danse, le roi, en sortant de sa chambre, « montait chez M. le cardinal de Mazarin, qui... se mettait en particulier [1], où il faisait chaque jour entrer un secrétaire d'État, qui faisait ses rapports, sur lesquels et sur d'autres affaires plus secrètes le roi s'instruisait de ses affaires, le temps d'une heure ou une heure et demie. Cela fait, le roi descendait et allait donner le bonjour à la reine... Sur la fin de l'après-dînée, le roi va au Cours [le Cours-la-Reine]... Le Cours fini, il entre au conseil, s'il est jour pour cela. » Les *Mémoires* de Brienne mentionnent de même, pour une époque un peu postérieure, qui doit être voisine de la paix des Pyrénées, c'est-à-dire environ vers la vingtième année du roi, ces séances quotidiennes du conseil et de la conversation particulière. « Ce prince ne manquait jamais de venir tous les matins tenir le conseil dans la chambre de Son Éminence... Il ne manquait jamais de venir prendre une longue leçon de politique après le conseil. Le cardinal, dit-on, ne lui a rien caché... »

Les deux Hollandais qui firent, vers cette époque, un voyage à Paris furent témoins d'une de ces leçons de politique pratique données par Mazarin au jeune roi. Le 12 avril 1657, ils assistèrent à une audience solennelle où

---

1. C'est-à-dire que Mazarin faisait interdire sa porte.

Louis sur son siège, son frère à sa gauche, à sa droite son oncle et Mazarin, reçut, en présence de toute la cour, les explications de l'ambassadeur des Provinces-Unies, au sujet de la capture de deux navires français faite par Ruyter. Le cardinal interrompit l'ambassadeur trois ou quatre fois, en traitant sa harangue de « déclamation ; » ses compatriotes avouent, d'ailleurs, qu'il parla « en vrai pensionnaire d'Amsterdam. » Louis lui répondit qu'il ne changerait rien aux mesures prises, tant que MM. les États n'auraient pas satisfait M. de Thou, qu'il leur envoyait. Comme l'ambassadeur demandait s'il ne pouvait obtenir rien de plus : « Rien, dit le roi, allez, allez. » Et pour terminer cette singulière audience, Mazarin dit au Hollandais que jamais ambassadeur n'avait parlé si haut dans cette cour et qu'il pourrait s'en repentir. Voilà une leçon de choses dont Louis XIV devait se souvenir.

Autre leçon de politique pratique, qui se grava dans son esprit d'une manière non moins profonde. Le comte de Guiche, à la veille de son mariage avec Mlle de Sully, avait obtenu une commission de maître de camp des gardes ; mais son nom y était resté en blanc. Il court se plaindre au roi ; aussitôt, de lui-même, Louis fait délivrer à Guiche un brevet en règle. Le cardinal, qui le sut, lui en fit « de grandes remontrances ; » il lui représenta que « promettant ainsi si librement, il se mettait en hasard d'être surpris, » sans parler des inconvénients dus au caractère de la personne. « Le roi, dit-on, reconnut sa faute et promit de n'aller point si vite à l'avenir. » Louis avait à peine dix-neuf ans quand il fut ainsi « bien catéchisé ; » mais, de toute sa vie, il n'oublia cette leçon ; elle fut l'origine du fameux « Je verrai, » par lequel il devait accueillir toute demande qui lui était adressée.

Peu de temps après la mort de Mazarin, le roi reçut un agent polonais, l'abbé Fantoni, venu de la part de la reine de Pologne, Marie de Gonzague, pour traiter de l'élection du duc d'Enghien au trône de ce pays, au cas de l'abdication de son mari Jean-Casimir. Il entretint cet envoyé, deux heures entières, sur toutes les affaires de Pologne, avec une si profonde connaissance, que celui-ci « ne pouvait pas se persuader qu'un prince qui ne commençait à parler d'affaires que depuis quatre mois en pût tant savoir sans une espèce de miracle. » Cet abbé ignorait, ajoute Colbert qui rapporte cette anecdote, que le roi s'appliquait six à huit heures par jour, depuis la mort du cardinal, à prendre une connaissance profonde de toutes ses affaires; il ignorait aussi que, « pendant la vie du cardinal, il ne s'était passé aucune affaire de conséquence dont il n'eût été amplement informé. »

Tout n'est donc pas flatterie, comme on pourrait le croire, dans les épîtres par lesquelles Péréfixe, au début et à la fin de sa carrière de précepteur, dédiait à Mazarin l'*Institutio principis* et l'*Histoire du roi Henri le Grand*; les éloges emphatiques, qui sont de tradition dans des morceaux de ce genre, expriment ici une grande part de vérité. Dans la dédicace de l'*Institutio*, il se borne à dire qu'il a laissé de côté avec intention tout ce qui touchait à la politique, parce que ce domaine appartenait en propre au ministre qui avait la haute direction de l'éducation du roi Très Chrétien. Dans la dédicace de l'*Histoire*, il loue le premier ministre et de la manière dont il lui a recommandé de comprendre ses fonctions de précepteur et de la manière dont il a compris lui-même ses fonctions de surintendant. « Je dois, dit-il, rendre ce témoignage au public que vous avez voulu que je lui donnasse [à notre jeune monarque] principalement les instructions qu'on doit donner à un roi; » c'est pour remplir ces intentions qu'il avait composé, six ou sept ans auparavant, « sous les ordres de Son Éminence, » un sommaire de l'histoire de France, dont il détachait en ce moment la vie de Henri IV. Cependant le cardinal n'avait cessé de donner lui-même l'exemple « dans une matière aussi délicate. » « Non seulement Votre Éminence a toujours porté le roi à s'instruire parfaitement des choses dont la connaissance lui était nécessaire; non seulement elle lui a souvent représenté combien il lui était important de s'attacher de bonne heure aux fonctions de la royauté; mais encore elle m'a sollicité moi-même de m'acquitter soigneusement de mon devoir. Combien de fois m'a-t-elle dit que je n'avais rien de plus important à faire que de gagner sur l'esprit du roi qu'il s'appliquât bien aux choses qu'il faisait et qu'il s'appliquât aux choses sérieuses! En vérité, Monseigneur, je ne crois pas qu'il y ait rien de plus beau ni de plus glorieux pour Votre Éminence; et je suis trompé si ceux qui écriront l'histoire de votre vie n'ont peine à y trouver un endroit qui mérite mieux leurs éloges que celui-ci. »

Le meilleur commentaire que l'on puisse donner à ces éloges, qui pourraient paraître suspects, ou au témoignage de Colbert, de Brienne, de Dubois et de Du Plessis, se trouve dans la correspondance même du cardinal. On y voit que, loin de se désintéresser de ce qui regardait le jeune prince, il s'occupait de lui, au contraire, à un double point de vue, en veillant sur son caractère et sur sa moralité et en l'excitant à s'appliquer aux affaires.

Dès la mort de Louis XIII, on avait formé autour du jeune roi une compagnie d'enfants d'honneur, recrutés parmi des compagnons qui avaient à peu près son âge, comme les deux fils du comte de Brienne, le futur secrétaire d'État et le futur évêque de Coutances, comme le jeune Vivonne, fils du duc de Mortemart, et plusieurs autres. L'un de ces enfants d'honneur a laissé une description plaisante de cette petite troupe, qui manœuvrait devant le roi, « encore à la bavette, » sous les ordres de Mme de Lasalle, femme de chambre de la reine régente, laquelle portait un hausse-col par-dessus son mouchoir bien empesé et bien tiré, un chapeau couvert de plumes noires et l'épée au côté. Cette compagnie, qui était assez nombreuse, fut d'abord réduite à vingt enfants et finalement elle fut licenciée, suivant l'avis du surintendant adopté par Anne d'Autriche. La Porte, disposé à voir le mal dans tous les actes du ministre, dit que la raison apparente de cette innovation en matière d'éducation royale, était que les enfants de l'âge du roi ne pouvaient l'entretenir que de bagatelles peu propres à développer son esprit; mais la raison vraie était que ces enfants sans discrétion ne pouvaient pas se plier à ce rôle d'espions que Mazarin demandait à tous ceux qui approchaient le jeune prince. Ce que blâme le valet de chambre ennemi du ministre, Fortin de la Hoguette l'approuve, comme une mesure excellente de pédagogie morale et « un trait de prudence extraordinaire : » les personnes « éminentes et avisées, » — l'une d'elles, Péréfixe, est son beau-frère, — chargées de « l'intendance de l'esprit du roi, » seront plus libres « en la direction de ses mœurs, » et le roi ne voyant « rien de puéril » se passer devant lui, son jugement se formera peu à peu « avant sa saison. »

Il y a lieu de croire que Mazarin avait reconnu des inconvénients à cette intimité continue entre le roi et des compagnons de son âge ou un peu plus âgés, puisque le souci d'écarter de lui toute mauvaise société se montre dans plusieurs de ses lettres. Pendant son exil à Brühl, il écrit à Lionne et au duc de Mercœur pour leur recommander de veiller de près sur l'entourage du roi. « Quelqu'un m'a mandé, dit-il au premier (23 mai 1651), qu'on parle au roi de mille choses mal à propos, qu'on dit des ordures devant lui à tout moment et qu'on n'oublie rien pour le débaucher. Je ne sais si cela est; mais la reine ne saurait apporter assez de soins pour l'empêcher. » Au second, il dit (25 septembre 1651) de « prendre garde, parmi les jeunes gens qui sont auprès du roi..., au fils du marquis de Mortemart... Je crains qu'il ne soit vicieux, et il faut que vous en avertissiez la reine... Ce serait un grand malheur s'il s'introduisait dans l'esprit du roi par ce moyen. »

Vivonne, car il s'agissait ici du frère de la future marquise de Montespan, provoquait encore, huit ans plus tard, quand le roi avait près de vingt et un ans, les inquiétudes du surintendant. Il écrivait à Anne d'Autriche qu'il avait appris que le jeune Vivonne était « en grande faveur » auprès du roi ; il ajoutait : « Le confident — c'est-à-dire le roi, suivant le langage convenu de la correspondance entre Mazarin et la reine — sait que ce personnage ne doit rien aux plus emportés dans le vice et dans l'impiété. Il sait aussi que, dès ses premiers ans, il fit assez connaître les inclinations qu'il aurait toute sa vie, témoin ce qu'il eut la hardiesse de dire au confident même à Compiègne, et je puis dire avec vérité que c'est lui qui a entièrement perdu mon neveu... Je puis dire sans exagération qu'il ne vaut rien... J'avoue que j'ai reconnu en diverses rencontres que le confident avait de l'inclination pour lui... » Les défiances du surintendant à l'égard d'un jeune courtisan, qu'il appelle encore, dans cette même lettre, « vicieux et impie, » étaient d'autant mieux fondées que Vivonne venait d'être le héros, avec Mancini, Bussy-Rabutin et quelques autres compagnons, de scènes de débauche qui s'étaient passées à Roissy pendant la semaine sainte et qui avaient causé à la cour un profond scandale ; c'est ce même Vivonne qui devait mourir, suivant le mot de Mme de Sévigné, « aussi pourri de l'âme que du corps. » Mazarin avait donc pleinement raison de vouloir éloigner du roi un compagnon — il avait deux ans de plus que Louis XIV — dont l'influence morale ne pouvait être que pernicieuse.

Si nous avons tenu à montrer, à l'aide de documents précis, le soin jaloux et clairvoyant avec lequel Mazarin veillait sur la moralité de Louis enfant ou jeune homme, c'est que cette vigilance témoigne de la manière très large dont il comprit ses fonctions de surintendant ; elle permet de dire par suite qu'un mentor aussi attentif ne put pas être sans influence sur un prince qui, pendant dix-huit ans, grandit à ses côtés.

Mazarin s'est efforcé d'étouffer en Louis XIV l'amour du travail et l'esprit d'initiative : des contemporains l'ont dit, on l'a répété après eux. En fait, rien n'est moins prouvé: ce qui ressort de l'étude des actes et de la correspondance du surintendant, c'est précisément l'affirmation contraire.

Le premier ministre ne laissait approcher du roi que des enfants ou des gens gagnés, qui ne lui parlaient jamais d'affaires; il avait mis auprès de lui des personnes efféminées, qui, au lieu d'avoir ces conversations élevées qui forment l'esprit d'un prince, ne l'entretenaient que de bagatelles et de plaisirs. Voilà ce qu'avancent des auteurs de mémoires, qui ne pouvaient, d'ailleurs, parler sur ce sujet que par ouï-dire; voici ce qu'a fait ou ce qu'a écrit Mazarin.

En 1647, quand le roi avait neuf ans, il déclarait que le commandeur de Jars, François de Rochechouart, ancien ami de la reine, mais en qui il voyait « une peste de la cour, » ne devait pas être laissé auprès de Louis XIV; il en consignait ainsi la raison sur l'un de ses carnets : « Ses flatteries perpétuelles lui préjudicient extrêmement et pressent (*sic*) le roi à ne sentir qu'avec grand déplaisir ceux qui lui disent ses vérités. » Cet acte de vigilance et la raison qui en est donnée ont d'autant plus d'intérêt que Louis n'était encore qu'un enfant.

Un peu plus tard, au cours de la Fronde, quand le filleul du premier ministre allait atteindre sa majorité légale, une des préoccupations de celui-ci était de provoquer l'éveil de son activité intellectuelle et de sa volonté. De Brühl il écrivait en secret à la reine (22 juin 1651), pendant ces jours d'exil où il avait dû fuir devant l'orage, mais où il ne cessait de surveiller Paris et d'inspirer la régente : « Il faut prendre garde que 21 [le roi] ne s'abandonne... à ce qui est du parent [1]..., que cela l'empêche de s'appliquer à ce qu'il doit, et le jette dans une paresse de laquelle on ait peine après de le retirer; car, en ce cas, tout serait perdu. A présent, on doit s'appliquer à lui faire prendre une conduite telle que les 34 [peuples ou gens de cour?] le considèrent et aient de l'estime pour lui; car vous devez

1. Le texte porte : « ... du parent de $\overline{39}$; » expression obscure et chiffre dont on n'a pas la clef, mais qui doivent se rapporter à une influence fâcheuse que Mazarin redoutait pour Louis XIV.

être assurée qu'on n'oubliera rien pour le décrier et le mettre dans le mépris, afin que d'autant plus aisément on se porte à lui perdre le respect et à parler contre P [la reine] comme la cause de ce mal. »

Mazarin cherchait alors, par l'entremise d'Anne d'Autriche, à faire naître dans l'âme du roi, qui touchait à ses quatorze ans, l'idée de « s'appliquer à ce qu'il doit » et de forcer l'estime de ses sujets par l'amour du travail. Plus tard, quand Louis eut près de vingt et un ans, il la lui prêcha lui-même, directement, avec une abondance d'expression et une chaleur de pensée qui lui donnent presque de l'éloquence et qui témoignent, de la manière la plus nette, que sa volonté bien arrêtée était de faire de son élève autre chose qu'un roi fainéant.

C'était pendant cette crise douloureuse du milieu de l'année 1659, où le roi, à la veille de laisser signer par son ministre le traité qui devait l'unir à l'infante d'Espagne, ne voulait pas ou ne pouvait pas effacer de son cœur l'image de Marie Mancini. Mazarin avait quitté Paris le 25 juin, quatre jours après en avoir éloigné sa nièce, pour se rendre à la frontière d'Espagne. Au cours de ce voyage, qui dura un mois, il ne cessa d'écrire au roi et à la reine presque chaque jour, et l'idée qui revient comme à chaque page de cette correspondance, qu'il reprend et développe sous toutes les formes, c'est que le premier devoir du roi est de s'appliquer aux affaires par lui-même. Pour l'heure présente, c'est le meilleur moyen de déraciner les derniers restes d'une passion qu'il faut détruire; pour l'avenir, c'est la garantie la plus sûre de la gloire à laquelle le roi doit prétendre par ses qualités personnelles et par l'étendue de ses États. Au lendemain de son départ, il reçut une lettre de Louis XIV, où le roi exprimait ces résolutions viriles que le ministre voulait voir en lui; Mazarin l'en félicita en ces termes.

« Je vous dirai sans exagération que j'ai lu votre lettre avec une extrême joie, car elle est fort bien écrite, et vous vous engagez d'une telle manière à vouloir vous appliquer aux affaires, et n'oubliez rien de ce que vous croyez être nécessaire, pour devenir un grand roi. Vous jugerez aisément à quel point cela me touche, puisque vous savez en quels termes j'ai pris la hardiesse de vous parler si souvent là-dessus. Je vous réplique de nouveau qu'il ne dépendra que de vous seul d'être le plus glorieux roi qui ait jamais été, Dieu vous ayant donné toutes les qualités pour cela, et n'étant à présent besoin d'autre chose que de les mettre en usage, ce que vous ferez avec facilité et toujours de bien en mieux, acquérant, par l'application que vous voulez donner aux affaires, la connaissance et l'expérience qui vous est nécessaire... Si une fois vous prenez le gouvernail, vous ferez plus en un jour qu'un plus habile que moi en six mois; car est d'un autre poids et fait un autre éclat et impression ce qu'un roi fait de droit fil que ce que fait un ministre, quelque autorisé qu'il puisse être. Je serai le plus heureux des hommes si je vous vois, comme je n'en doute pas, exécuter la résolution que vous avez prise, et je mourrai très satisfait et content à l'instant que je vous verrai en état de gouverner de vous-même, ne vous servant de vos ministres que pour entendre leurs avis, en profiter en la manière qu'il vous plaira et leur donner après les ordres sur ce qu'ils auront à faire... »

Dans les lettres qui suivent, ce sont les mêmes exhortations aussi pressantes, aussi énergiques. Il recommande au roi de « bien examiner » les lettres qu'il lui adresse, « puisqu'elles serviront beaucoup, lui dit-il, à la résolution que vous avez prise de devenir un grand roi. Je vous supplie seulement de vous souvenir que cela devant être votre principal but, toutes les autres choses ne méritent pas d'être considérées, qu'en passant et comme accessoires... » Le lendemain, il se répète encore : « Je continue d'être fort satisfait du contenu de vos lettres et de la fermeté que vous témoignez pour exécuter la résolution que vous avez prise, de vouloir vous appliquer aux affaires. Si vous commencez à y prendre plaisir, je vous déclare, sans exagération et sans flatterie, que vous ferez plus de progrès et que vous profiterez plus en un mois qu'un autre ne ferait en six... » Quinze jours après, il prie Anne d'Autriche de faire ses excuses au confident [le roi], « si le zèle, dit-il, que j'ai pour sa gloire et pour son service m'oblige à l'importuner si souvent, lui représentant ce que j'estime absolument nécessaire pour l'avancer... »

En même temps qu'il s'excuse auprès du roi par l'entremise de sa mère, il continue à lui écrire; sur un ton qui devient cette fois impérieux et menaçant, il le somme, pour ainsi dire, de rompre toute relation avec Marie Mancini et de songer à son devoir de roi. « Dieu, lui écrit-il, a établi les rois, — après ce qui regarde la religion, pour le soutien de laquelle ils doivent faire toutes choses, — pour veiller au bien, à la sûreté et au repos de leurs sujets; et non pas pour sacrifier ce bien-là et ce repos à leurs passions particulières... C'est pourquoi je vous dis hardiment qu'il n'est plus temps d'hésiter, et quoique vous soyez le maître en certain sens de faire ce que bon vous semble néanmoins vous devez compte à Dieu de vos actions pour faire votre salut et au monde pour le soutien de votre gloire et de votre réputation... »

En un mot, pour faire de son filleul « un grand roi, » Mazarin lui répétait, dans cette correspondance journalière, ce qu'il lui avait déjà dit « si souvent là-dessus, » à savoir qu'il devait s'appliquer en personne aux affaires, prendre en mains le gouvernail, ne se servir des ministres que pour entendre leurs avis, décider par soi-même, donner les ordres d'exécution, avoir le souci de sa gloire et de sa réputation ; c'est une partie du programme politique de Louis XIV, déjà toute tracée à l'avance. Dès lors, ces leçons, s'ajoutant à celles qui les avaient précédées, firent sur ce prince de près de vingt et un ans une impression profonde. Les dernières révoltes d'une passion expirante ne l'empêchèrent pas, en effet, de sentir ce qu'il y avait de viril et de fécond dans les exhortations de son premier ministre. Retiré à Chantilly, il put, « dans sa solitude, » méditer sur ces fortes paroles, et il écrivit aussitôt à sa mère une lettre, qui est comme la préface de son règne personnel. Il lui disait qu'il venait de recevoir une grande lettre de M. le cardinal, qui l'exhortait à lire et à apprendre son grand métier de roi, et qu'il était résolu à le faire.

Le grand métier de roi! Ce mot, qu'il commentera plus tard par la plume et par les actes de tout son règne, était prononcé dès l'année 1659; c'est Mazarin qui l'avait inspiré, et il résumait à merveille, dans une formule expressive, l'esprit de ses conseils. L'épisode romanesque qui venait de se dérouler entre le futur époux de Marie-Thérèse et la future connétable Colonna aboutissait à une conclusion inattendue : le souvenir de Marie Mancini allait promptement disparaître du cœur de Louis, tandis qu'une idée, qui devait survivre à des passions bien autrement impérieuses, poussait dans sa volonté ses premières racines. C'était l'idée même de Mazarin, s'acquitter du grand métier de roi.

Le cardinal, qui avait alors, selon Mme de Motteville, des sentiments bien différents de ceux du temps passé, — en réalité, il les avait, comme on l'a vu, depuis plusieurs années, — continua, après l'heureuse conclusion de la paix des Pyrénées, à travailler à l'éducation politique du roi. A mesure qu'il sentait la vie se retirer de son corps malade, il multipliait les entretiens personnels avec Louis XIV, pour le pénétrer de plus en plus des maximes où il mettait lui-même la grandeur de la royauté. Mazarin, a-t-on dit, se préparait à mourir en préparant le roi à régner.

Un ambassadeur vénitien n'omettait pas d'informer son gouvernement, en 1660, des visites que le roi faisait au cardinal chaque jour et même plusieurs fois par jour, soit dans son appartement du palais royal, soit dans son propre palais, visites sans cérémonial ni étiquette. « Si le cardinal est occupé, le roi prend la peine d'attendre. Si les ministres doivent prendre audience, il ne reste qu'un moment, lui donne le bonjour et s'en va. Mais d'ordinaire les entretiens durent quelques heures; là, le cardinal l'informe de tout, il l'instruit et il le façonne de telle manière que, si Sa Majesté observe ces avis précis, ces fortes maximes et tout ce que le génie d'un si grand homme lui révèle de plus secret et de plus profond, on ne peut douter que, si elle ne retombe sous le pouvoir de quelque autre ministre, elle ne devienne un très grand prince. »

Au mois de décembre 1660, quand Mazarin passait pour n'avoir plus que quelques mois à vivre, on disait qu'il avait eu de longs entretiens avec le roi sur le gouvernement; il lui avait donné « pour maxime, de ne se fier à aucun particulier pour ses grandes affaires, » c'est-à-dire de ne point avoir de premier ministre, mais de former un conseil permanent, comme il y en avait à la cour d'Espagne, composé de peu de conseillers et où toutes les affaires seraient rapportées en présence du roi. On répétait encore, au moment de sa mort, qu'il avait dit ouvertement que tout changerait quand il ne serait plus, qu'il avait tout fait lui tout seul, mais qu'après lui ce ne serait plus de même, que le roi avait tenu le même langage, et enfin que Mazarin l'avait prié de ne jamais mettre dans son futur conseil aucun homme d'épée.

Les contemporains en situation d'être bien renseignés parlent tous de ces instructions secrètes que le cardinal donna au roi pendant les derniers jours de sa maladie; plusieurs ajoutent qu'il prit soin de les rédiger par écrit. L'un d'eux rapporte même que pendant le dernier mois qu'il passa au château de Vincennes, il fit écrire sous sa dictée, par Michel Le Tellier, « ce qu'il fallait que Sa Majesté ou fît ou sût » quand il ne serait pas là. Ces instructions manuscrites, rédigées par Mazarin en vue du roi, ne sont connues que par ces indications; le texte même en est demeuré ignoré. Nous les avons cherchées dans les papiers de Le Tellier au Ministère de la Guerre, dans les papiers de son fils l'archevêque de Reims à la Bibliothèque nationale, dans les archives des Affaires étrangères; mais nous n'avons pu en découvrir la moindre trace, et la raison en est peut-être que ces instructions n'ont jamais existé.

Il n'est pas impossible, en effet, qu'une confusion se

soit faite dans la tradition de l'époque, et que l'on ait donné le nom de mémoires rédigés par Mazarin à des mémoires que le roi fit rédiger lui-même pour résumer à son usage les instructions de Mazarin; ce qu'on entendait sous le nom de conseils laissés par écrit à Louis XIV ne serait ainsi que la rédaction même des conseils de Mazarin, rédaction dictée par le roi. D'ailleurs, si le cardinal avait composé à l'avance et communiqué au roi une sorte de testament politique, le soin que celui-ci prit de conserver par écrit ses derniers avis paraîtrait superflu.

Le lundi 7 mars, après avoir reçu dans la matinée l'extrême-onction, le cardinal fit venir le roi, avec qui il voulait avoir un dernier entretien. Louis resta environ une heure au chevet du malade, recueillant de sa bouche « plusieurs avis importants, » qui, dans ces circonstances solennelles, en présence du prêtre que Mazarin avait appelé pour l'assister à ses derniers moments, prenaient ce caractère de recommandation sacrée que l'approche de l'heure suprême donne aux paroles de quelqu'un qui va mourir; en sortant de cette chambre, il avait les larmes aux yeux. Moins de deux jours après, le cardinal n'était plus. Quelques heures à peine après sa mort, le roi quitta Vincennes pour revenir au Louvre; son premier soin, en rentrant dans son palais, fut de dicter aussitôt à l'un de ses secrétaires un mémoire[1], où il résumait l'entretien de l'avant-veille, dont l'impression était toute fraîche dans son souvenir. C'était accomplir le dernier souhait d'un mourant qui, quelques heures avant sa fin, avait encore songé à lui faire dire « qu'il le suppliait de se souvenir des dernières paroles qu'il lui avait dites. »

Louis XIV, qui prend la parole lui-même au cours de ce morceau, explique dès le début en quelles circonstances il l'a fait écrire. « M. le Cardinal sentant approcher sa fin

---

1. « Mémoire dont le roi même dicta la substance au sieur Rose, secrétaire de son cabinet, et relut tous les articles après les avoir fait étendre en sa présence en la forme ci-dessous. Paris, au château du Louvre, le 9 mars 1661. »

et désirant se débarrasser de toutes les affaires du monde pour vaquer ensuite tout entier aux pensées de l'éternité, donna ses derniers moments de la vie temporelle à l'amour qu'il a toujours eu pour le bien de mon État et pour ma gloire particulière. Et, dans ce sentiment, il me laissa plusieurs avis très importants, et entre autres ceux qui suivent, que j'ai recueillis le mieux que j'ai pu. » Les avis que le roi résume à la suite de ces paroles sont au nombre de dix. Cet écrit est demeuré inachevé; le secrétaire du roi a mis à la fin cette note, sur laquelle on regrette de ne pas avoir de détails : « Le roi, par de certaines intrigues, cessa de dicter la suite de ce mémoire. » On ne peut donc savoir si le roi devait ajouter d'autres avis à ceux-ci ou les faire suivre de réflexions personnelles.

Le premier de ces avis se rapporte à l'Église : la maintenir dans ses droits, choisir les meilleurs sujets pour les bénéfices, veiller à la moralité du clergé. Le deuxième avis, d'ailleurs très sommaire, aurait fort étonné Saint-Simon ou plutôt il n'y aurait vu qu'une hypocrisie de plus : « à l'égard de la noblesse, que c'était mon bras droit, que j'en devais faire cas... » Dans le troisième, conduite à suivre à l'égard des magistrats : les faire honorer, mais « les obliger de se tenir dans les bornes de leur devoir. » Le quatrième conseille au roi de soulager son peuple pour la taille et pour les autres impositions. Après avoir rapidement résumé les relations du roi avec les différentes catégories de ses sujets, clergé, noblesse, magistrature, tiers état, ce mémoire méthodique passe ensuite à l'exercice même du pouvoir royal : « employer selon leurs talents » les « serviteurs fort capables, » — ils ne sont pas nommés autrement, — « que j'avais auprès de ma personne; » — « bien prendre garde que chacun soit persuadé que je suis le maître; » — entendre tous les avis au conseil, chercher le meilleur, « prendre ma résolution de moi-même; » — éloigner absolument quiconque serait « assez malheureux pour rien entreprendre sans mon ordre ; » — proscrire avec la dernière sévérité, sans excepter personne, le scandale et le libertinage à la cour. Enfin, le dixième et dernier avis disait au roi « de ne plus souffrir ni la secte des jansénistes ni seulement leur nom. »

Qu'on laisse de côté le conseil sur l'allégement des impôts, auquel le roi songea dans les premières années à peine de son règne personnel ; qu'on laisse encore de côté le conseil sur la discipline morale de la cour, que Louis XIV ne se rappela que dans la seconde partie de sa vie : tous les autres conseils furent pour l'ancien élève de Mazarin autant de principes invariables, auxquels il ne cessa de se conformer à partir de ce jour. Les plus caractéristiques — car ils allaient donner au règne qui commençait sa vraie physionomie — sont ceux qui concernent l'exercice personnel du pouvoir. On peut les résumer en ces mots très simples par eux-mêmes, mais qui étaient tout un programme de gouvernement : point de premier ministre, gouverner par soi-même, être le seul maître.

Ne pas avoir de premier ministre : le conseil peut paraître singulier de la part d'un homme qui en avait fait les fonctions pendant dix-huit ans. Était-ce l'effet de la jalousie *in extremis* d'un favori tout-puissant, qui voulait laisser vide après lui la place où il avait trôné en maître ? Était-ce le sentiment clairvoyant des circonstances particulières où la royauté allait se trouver, avec un prince dont mieux que personne il connaissait les capacités ? Quelle qu'en ait été la cause, désintéressée ou égoïste, le conseil fut donné ; il le fut « avec beaucoup de chaleur, » et le cardinal légua au roi cette maxime, en guise d'adieu suprême, « qu'un roi qui ne pouvait gouverner par lui-même n'était pas digne de régner. »

A ces conseils généraux Mazarin ajouta des recommandations particulières, au sujet des personnes que le roi devait appeler aux affaires ou qu'il en devait exclure. Parmi les premières, il lui nomma Le Tellier, Lionne, Foucquet, Colbert ; parmi les secondes, Villeroy, et, dit-on,

Anne d'Autriche. Pour le cardinal de Retz, que le ministre et le roi poursuivaient de la même animosité, Mazarin lui faisait interdire de rentrer en France, par une ordonnance menaçante qui fut publiée le 8 mars, le jour même où il agonisait à Vincennes. Mais les questions de personnes étaient des questions secondaires ; ce qui était essentiel, et ce qui devait donner au règne de Louis XIV son orientation propre, c'est que le roi désormais devait être lui-même son maître comme il était le maître de ses États.

Pour se rendre compte de l'impression que ces conseils de Mazarin firent sur l'esprit de Louis XIV, il n'est pas hors de propos de connaître les sentiments que le roi avait pour son ministre. Dans les premières années de sa vie, il avait subi à cet égard des influences opposées. Le valet de chambre La Porte, qui avait été placé aux côtés du roi enfant par la confiance d'Anne d'Autriche, se fait gloire, dans ses *Mémoires*, d'avoir provoqué, autant qu'il était en lui, l'antipathie de son maître pour le cardinal, en profitant de l'intimité que ses fonctions lui assuraient auprès de Louis XIV. Malgré les espions que Mazarin avait mis dans l'entourage du roi pour lui rapporter les entretiens de ses familiers, « je ne laissais pas, dit-il, de frapper de petits coups, si à propos, dans les heures où je n'étais observé de personne, que le roi avait conçu la plus forte aversion contre le cardinal et qu'il ne le pouvait souffrir, ni lui ni les siens. » Parmi les anecdotes qu'il raconte pour montrer les résultats de ses conseils, il en est une assez amusante. Un jour, à Compiègne, le jeune roi, qui avait alors environ onze ans, voyant passer sur la terrasse du château le cardinal accompagné d'une suite nombreuse, ne put s'empêcher de dire, sur un ton d'ironie méprisante : « Voilà le Grand Turc qui passe ! » Il le dit assez haut pour que le mot ait été entendu d'un gentilhomme de la manche, qui s'empressa d'aller le rapporter ; mais il fut impossible à Anne d'Autriche de faire avouer à son fils qui lui avait soufflé cette parole injurieuse. Il était déjà fort secret, ajoute La Porte, qui lui avait répété à maintes reprises que, s'il venait jamais à redire à autrui ce qu'on lui disait en particulier à lui-même, il pouvait être assuré qu'il n'aurait jamais d'autres nouvelles que les nouvelles de la *Gazette* : autre leçon, qui devait être plus durable que l'aversion du cardinal.

Heureusement pour lui, Mazarin avait des moyens de combattre l'influence de ce traître et de ce « fourbe, » qu'il fit congédier de la cour au moment où lui-même y rentrait tout-puissant après la défaite des Frondeurs. Le P. Paulin, qui fut le premier directeur de conscience du roi, nourrissait en lui des sentiments de reconnaissance et d'affection pour le cardinal. Il rendait compte à celui-ci, pendant son éloignement de la cour, des dispositions du roi à son égard. « L'absence, disait-il, ne lui a rien effacé, non plus que le temps, des justes ressentiments qu'il doit avoir de ses bons serviteurs. » Parmi les familiers du roi qui travaillaient, dans le même sens que lui-même, à augmenter en Louis XIV la déférence et l'attachement pour le ministre absent, il citait le duc d'Anville et le duc de la Meilleraye.

Ce qui défendait mieux que tout l'influence de Mazarin sur l'esprit du roi, c'était l'affection profonde que le roi portait à sa mère. Il ne se pouvait pas qu'Anne d'Autriche ne fît passer à ce fils soumis et confiant, dont la vie ne cessa d'être commune avec la sienne, quelque chose des sentiments qu'elle avait pour le cardinal ; or, de sa part, c'était une confiance sans bornes, où l'affection personnelle entrait probablement pour autant que la juste reconnaissance des services rendus. Elle écrivait, en janvier 1653, à Mazarin : « 15 [c'est elle-même qu'elle désigne par ce chiffre] n'a ni n'est capable d'en avoir d'autres (desseins) que ceux de plaire à 16 [Mazarin], et de lui témoigner qu'il n'y a rien au monde pareil à l'amitié que 22 [la reine] a pour 16 [Mazarin]... Il (15) [la reine] ne voudrait pas lui déplaire, mais seulement [pas même] de la pensée... » Le fils ne pouvait pas avoir ces sentiments d'affection exaltée et il ne pouvait pas parler ce langage d'une soumission sans limites ; mais, vivant d'une manière continue dans l'intimité de sa mère, entendant sans cesse louer les mérites du ministre, qui était en même temps son propre parrain et avec qui ses relations personnelles devenaient de plus en plus étroites à mesure qu'il grandissait, comment n'aurait-il pas subi, ou plutôt accepté volontiers lui-même quelque chose de l'influence souveraine que le cardinal exerçait sur l'esprit et sur le cœur d'Anne d'Autriche? « Une soumission sucée avec le lait : » c'est ainsi que Mme de la Fayette qualifie la manière d'être de Louis XIV à l'égard du premier ministre.

Deux témoignages de la même date, l'un du fils, l'autre de la mère, montrent à quel point Mazarin était maître des affections de l'un et de l'autre. Le 6 juillet 1658, à Calais, au cours de cette maladie très grave qui mit sa vie en danger, le roi, dans un moment de repos que lui laissa le délire, fit signe au cardinal de s'approcher de son lit et lui dit tout bas : « Vous êtes homme de résolution et le meilleur ami que j'ai; c'est pourquoi je vous prie de m'avertir lorsque je serai à l'extrémité; car la reine n'osera pas le faire, par la crainte que cela n'augmente mon mal. » Un mois environ après (3 août 1658), la reine, écrivant de Compiègne au cardinal qui était resté en Flandre pour les opérations du siège de Gravelines, lui disait : « Le confident [le roi] ne vous écrit pas, puisque aussi bien vous ne connaissez de différence de nos écritures non plus que de nos sentiments, puisqu'ils sont une même chose pour vous, et que, encore qu'il n'y ait qu'une seule main qui écrive, les cœurs sont fort conformes en amitié. » Rien jusqu'à la mort ne vint interrompre cet accord parfait des sentiments entre la mère, le fils et le surintendant de l'éducation royale, sauf l'épisode des amours du roi et de Marie Mancini, qui se termina d'ailleurs par la victoire du cardinal. Dans les dernières heures de la vie de Mazarin, ces sentiments du roi et d'Anne d'Autriche devinrent comme un respect superstitieux; « il semblait, dit un témoin, que ses paroles étaient des oracles qui ordonnaient de l'avenir. »

Il ne faut pas juger des sentiments véritables du roi d'après les manifestations extérieures de sa douleur qui suivirent la mort du cardinal. Il avait pleuré, paraît-il, au moment même où cette nouvelle lui fut apprise, comme il avait pleuré en sortant de son dernier entretien avec lui; mais ces larmes, dont il fut toujours très avare dans ses plus grands deuils domestiques, furent promptement séchées. Le maréchal de Gramont le constate mélancoliquement, sans y mettre d'ailleurs cette ironie cruelle de Saint-Simon, quand celui-ci parle des douleurs et des deuils « à la royale. » « Le roi, dit le maréchal, s'attendrit extrêmement avec le cardinal et regretta la perte d'un aussi digne et aussi fidèle ministre, autant que les princes sont capables de regretter ceux qui les ont fidèlement servis toute leur vie et qui ne se trouvent plus en état de le faire, c'est-à-dire le cardinal mort, il ne fut plus question de son ministère. Cela, néanmoins, n'a rien de surprenant, c'est ce qui a été de tous les temps et ce qui durera jusques à la fin du monde. » En réalité, Louis XIV, suivant sa propre expression, aimait Mazarin; il avait une grande reconnaissance, comme il le déclara un jour à Le Tellier, pour les services qu'il lui avait rendus et pour le soin qu'il avait eu de lui apprendre à gouverner. Sentiments qui se comprennent d'eux-mêmes : ils remontaient à sa première enfance; le titre de parrain et la faveur du cardinal auprès de la reine mère, sans parler des habitudes quotidiennes de dix-huit années d'existence commune, leur avaient donné une force et une consécration capables de survivre longtemps à la mort de celui qui les avait inspirés.

Après avoir fait rédiger sous sa dictée les recommandations suprêmes de Mazarin, le roi en donna la lecture luimême, dès le lendemain, à sa mère et au prince de Condé; il voulait faire savoir à la cour, par cette communication officielle, que c'était sur ces principes qu'il entendait désormais régler sa conduite. On ne s'y trompa pas parmi les contemporains. « L'on pourra dire de Mazarin, écrit

Gui Patin, ce que l'on disait autrefois d'Alexandre : *Etiam mortuus adhuc imperat.* » C'est la même image sous la plume de Mme de la Fayette. « Après sa mort, son ombre était encore la maîtresse de toutes choses, et il paraissait que le roi ne pensait à se conduire que par les sentiments qu'il lui avait inspirés; » et vingt-cinq ans environ plus tard, un ambassadeur vénitien écrivait encore que l'esprit de Mazarin était toujours vivant, que le ministre régnait du fond de son tombeau, comme jadis il avait régné dans son cabinet.

Mazarin mérite aussi bien son titre de surintendant de l'éducation royale que celui de premier ministre. Au moment où Louis XIV entrait dans l'adolescence, il a entrepris de le former lui-même au rôle qui lui était réservé. En même temps qu'il exerçait sur sa vie privée une surveillance morale que justifiait son titre de parrain, il l'initiait au jour le jour à la science des affaires, non par des leçons théoriques et pédantesques, mais d'une manière pratique et agissante qui le mettait en contact direct avec les hommes et les choses. Il le faisait assister aux événements de la guerre franco-espagnole, pour habituer les chefs et les soldats à son autorité personnelle et le former lui-même peu à peu aux choses de la guerre; il tenait, d'une manière régulière, le conseil en sa présence; il avait avec lui des entretiens particuliers; il lui léguait enfin, au moment de mourir, les conseils d'une vieille expérience et d'un profond dévouement, en les lui recommandant de la manière la plus pressante. D'autre part, les sentiments de Louis permettent de dire que cette action, qui s'est développée par une intimité ininterrompue de longues années, fut d'autant plus profonde qu'elle fut acceptée sans résistance, comme elle était exercée sans contrainte; c'était la conséquence naturelle des rapports qui existaient entre les deux personnes. Or, l'idée maîtresse de ce système d'éducation politique, c'est précisément celle qui éclate au grand jour dès le lendemain de la mort

de Mazarin et qui a donné son unité à tout le règne personnel de Louis XIV, à savoir que Louis devait être roi
par la fonction comme par le titre. On ne peut nier que
pour cette idée, qui est comme la clef de voûte de tout un
système politique, Louis XIV n'ait été le disciple de
Mazarin. Le maréchal de Gramont termine dans ses
Mémoires le portrait du cardinal en disant qu'il avait « stylé
son maître dans l'art de régner. » Le mot n'est pas une
flatterie de courtisan; c'est l'expression même de la vérité.

CHAPITRE VI

LES LEÇONS DE L'HISTOIRE

Louis XIV et l'utilité de l'histoire. — L'antiquité romaine dans ses
Mémoires. — Boisseau, *Généalogie... de la ... famille de France*. —
Clovis rappelé à Louis XIV. — Le *Clovis* de Desmarets. — *La
Monarchie sainte*. — Audin, *Histoire de France représentée par
tableaux*. — Panégyrique de saint Louis prononcé par de Retz. —
Saint Louis du P. Le Moyne. — Saint Louis cité par Godeau comme
modèle à Louis XIV. — Mme de Lansac fait lire à Louis XIV des
lettres de Catherine de Médicis à Henri III. — Henri IV dans l'opi-
nion du xvii* siècle. — Sentiments de Louis XIV pour Henri IV. —
Il se place sous le patronage de son aïeul. — Louis XIV imitateur de
Henri IV, d'après les pamphlets du temps. — Raisons de la popularité
de Henri IV. — Contraste entre Henri IV et Louis XIII. — Hostilité
générale contre Richelieu. — Attitude de Mme de Puysieux, de
Mme de Senecey, d'Anne d'Autriche. — Publication du *Journal* de
Richelieu. — La conspiration du silence à l'égard de Louis XIII. —
« Au petit-fils de notre grand Henri. » — Les lits de justice de
1643 et de 1648. — Conduite de la reine pour les créatures de
Richelieu et de Louis XIII. — Ouvrages en faveur de Louis XIII :
Valdor, Balzac, Danès et Bertius. — Saint-Simon et Louis XIII. —
Sentiments de Louis XIV pour Louis XIII et Richelieu. — Colbert
et Richelieu. — Projet d'une enquête sur la France. — Louis XIV
et les événements de la Fronde. — Sentiments qu'ils inspirent
autour de lui. — Sentiments et actes qu'ils inspirent à Louis XIV.
— « Sa Majesté a la mémoire bonne. » — Le « silence éternel »
sur la Fronde. — Le souvenir de la Fronde pendant le règne de
Louis XIV.

DANS un passage de ses *Mémoires*, Louis XIV a vanté à
son fils les services que la connaissance de l'histoire
peut rendre à un prince pour la conduite de ses propres
affaires. « Je me persuadai, dit-il, qu'il était beau d'être
informé de tout ce qui s'était fait de remarquable dans les

temps même les plus reculés. Je considérai que la connaissance de ces grands événements, étant digérée par un esprit solide, pouvait servir à fortifier sa raison dans toutes les délibérations importantes; que l'exemple de ces hommes illustres et de ces actions singulières que fournit l'antiquité pouvait donner au besoin des ouvertures très utiles soit aux affaires de la guerre ou de la paix, es qu'une âme, naturellement belle et généreuse, s'entretet nant dans l'idée de tant d'actions héroïques, était toujours de plus en plus excitée à la vertu; et que ceux qui ont quelque droit de prétendre à cette immortalité que l'histoire peut donner doivent être bien aises de voir de quelle manière elle parle des autres. » Comment ces leçons dont Louis XIV parle sur ce ton d'emphase, ont-elles pu concourir à la formation de ses idées politiques?

L'antiquité romaine est rappelée, dans ses *Mémoires*, d'une manière assez inattendue, à l'appui des idées nouvelles de hiérarchie et de discipline qu'il s'efforçait d'introduire dans l'armée. « Cette ancienne Rome, qui témoignait tant d'aversion pour l'autorité souveraine, » avait su cependant se plier toujours au pouvoir absolu de ses chefs militaires. Dans un autre passage, l'autorité de Cicéron, « l'un des plus grands hommes de l'antiquité, » est invoquée à propos du profit qu'il y a pour un prince à entendre parler diverses personnes, au risque d'écouter fort souvent des sottises. Mais l'histoire de Rome n'était pas beaucoup plus familière aux contemporains de Louis XIV qu'au roi lui-même, et les leçons qu'elle pouvait fournir étaient trop éloignées des conditions et de l'époque où vivait le roi Très Chrétien; c'était dans l'histoire nationale qu'il fallait chercher des enseignements. « Les exemples domestiques, dit un contemporain, sont toujours plus agréables et plus efficaces que les étrangers. »

En 1641, le dauphin reçut la dédicace d'une *Généalogie de la maison de France*. Dans une série de tableaux, l'auteur avait gravé l'arbre généalogique de nos rois : sur le tronc, le nom d'Anténor, « duc des Troyens scitiques, » tué par les Goths en 433 avant Jésus-Christ ; sur la dernière branche, le nom de Monseigneur le Dauphin, né à Saint-Germain le 5 septembre 1638. La première planche est intitulée « Europe française ; » c'est la carte de tous les États qui avaient pu être jamais gouvernés par des membres de la famille royale de France : royaumes de France, Portugal, Navarre, Hongrie, Pologne, Jérusalem, Naples et Sicile, empires d'Allemagne et de Constantinople. Quel était le but de ce géographe et généalogiste ? Inciter ce jeune prince de trois ans, sur lequel on fondait des espérances bien prématurées, à recouvrer pendant son règne ce que ses glorieux ancêtres avaient conquis en divers siècles. A quoi bon parler d'un écrivain qui semble atteint d'une intempérance de patriotisme conquérant ? Parce que ses rêveries étaient alors celles de beaucoup de Français ; parce qu'on vit réapparaître, sous le règne de Louis XIV, dans des écrits officiels, des arguments de ce genre ; parce qu'il est intéressant de savoir que le conquérant, accusé tant de fois plus tard d'aspirer à la monarchie universelle, a eu sous ses yeux d'enfant la carte de l'Europe française.

On pouvait encore remonter jusqu'aux premiers temps de notre histoire, dans l'intention d'y trouver des exemples d'édification morale qui serviraient à l'éducation du jeune roi ; l'imagination complaisante de quelques écrivains oubliait la brutalité des mœurs de l'époque franque, pour transformer les rudes batailleurs de ces temps reculés en héros de sagesse et de sainteté.

Le nom de Clovis est parmi ceux qui furent le plus souvent rappelés au roi. Péréfixe, voulant montrer à son jeune élève, en 1647, que Dieu protège les princes qui ont mis en lui seul leur suprême espérance, lui cite, à titre d'exemples, les noms d'Abraham, de Moïse, de Josué, de Déborah, de Gédéon, de David, de Judith, de Macchabée, et à cette liste des temps bibliques il ajoute le nom de Clovis, « qui vainquit les Alamans. » Quand le roi fit sa première communion, le jour de Noël de l'année 1649, on trouva dans le choix de ce jour, qui sortait des habitudes de la vie religieuse à Paris, une raison doublement respectable : la piété ardente du premier communiant n'avait pas voulu attendre jusqu'aux fêtes de Pâques, époque où commençaient d'ordinaire les premières communions; elle avait tenu aussi à placer ce grand acte de la vie chrétienne sous le patronage de Clovis, qui, en ce même jour de Noël, avait reçu le baptême. « Le plus grand roi de la chrétienté, dit la *Gazette*, pouvait-il avoir un plus bel exemple que celui du premier roi chrétien? » Un aumônier et prédicateur du roi, qui lui dédiait, en 1653, une sorte de cours d'instruction politique et religieuse, exaltait les vertus de « saint Clovis; » il avait « possédé en un degré très éminent les trois sortes de sagesse, » à savoir la naturelle, l'acquise et l'infuse; sa « sagesse » avait « attiré la bénédiction de Dieu sur cette monarchie, » et son « humilité » à l'égard de l'Église avait « jeté les fondements de la grandeur de cette couronne. »

Pour Desmarets de Saint-Sorlin, qui publiait, vers la seizième année de Louis XIV, son épopée de *Clovis*, en la dédiant au jeune roi, Clovis est le modèle idéal que le fils d'Anne d'Autriche doit avoir sans cesse sous les yeux, s'il veut, « par sa seule vertu,... faire une douce guerre » aux impies et aux libertins qui désolent encore son royaume. Il met son héros sur le même rang que Louis IX, quand il dit au roi de marcher « sur les traces de saint Louis, qui fut le vrai modèle d'un prince très chrétien, et sur celles du grand Clovis dont je lui propose l'exemple. L'histoire dit des merveilles de ses grandes qualités. Il était valeureux en guerre, doux en paix, aimé des bons, terrible aux méchants... Ceux qui l'accusent d'avoir fait quelques actes de cruauté à la fin de ses jours sont démentis par la douceur de toute sa vie précédente... » Tel est, en raccourci, le héros dont Louis XIV pouvait à son aise admirer toutes les qualités religieuses et patriotiques dans les vingt-six chants du poème.

La seconde race pouvait être, aussi bien que la première, un sujet d'édification. Un érudit, qui éditait en 1644 un poème latin, du temps de Charles le Chauve, sur les origines des Carlovingiens, disait au jeune roi qu'il trouverait dans la vie des Ansbert, des Arnoald, des Arnulphe, des Anchise, des Pépin et autres princes de ces temps obscurs, des modèles de piété et de grandeur, dont il pourrait inspirer sa conduite. Il lui annonçait aussi la publication prochaine d'un ouvrage de plus longue haleine, où les vertus chrétiennes des rois ses prédécesseurs seraient exposées à la pleine lumière de l'histoire.

L'ouvrage parut quelques années plus tard. Sous le titre de *la Monarchie sainte... de France*, qui fait songer à *la Cour sainte* du P. Caussin, c'était un cours complet d'hagiographie royale ; son étendue démesurée ne s'explique que par le zèle superstitieux avec lequel les auteurs, qui étaient des religieux de l'ordre du Carmel, avaient accepté toutes les légendes pieuses ayant trait à un personnage quelconque des familles qui avaient régné en France. C'est un livre, disait l'approbation, « qui répand une odeur pareille à celle d'une belle campagne toute couverte de fleurs agréables. »

Le premier volume, qui était dédié au roi, ne renferme pas moins de quatre-vingt-neuf vies édifiantes de saints ou de saintes de la première race, depuis le bienheureux Clovis, premier de ce nom, jusqu'à sainte Valdrade, nièce de Clotaire le Grand ; dans le deuxième volume, dédié à la reine, les saints de la deuxième lignée étaient représentés par environ quatre-vingt-dix personnages, parmi lesquels saint Charlemagne. Les auteurs disaient à Louis XIV, dans l'épître où ils lui présentaient *la Monarchie sainte* : « Votre Majesté y verra un nombre presque infini de rois, de reines, de princes et de princesses, qui ont porté la foi parmi les infidèles, qui ont défendu la vraie religion contre les hérétiques,... qui ont, dans tous les siècles, embrassé, avec une promptitude merveilleuse, la défense de l'Église contre ses ennemis et celle des souverains pontifes contre les persécuteurs du Saint-Siège... C'est d'un sang si auguste que le ciel a fait naître Votre Majesté... Le trône que Votre Majesté remplit, après tant de saints qui l'ont occupé, est le trône des saints. »

Il n'était pas nécessaire de remonter jusqu'à ces temps lointains et d'invoquer des exemples peu authentiques pour développer en Louis XIV les vertus solides de l'homme, du roi et du chrétien ; l'histoire de la famille capétienne n'offrait-elle pas, dans la vie du fils de Blanche de Castille, le plus bel exemple que l'on pût présenter au fils d'Anne d'Autriche ? On ne manqua pas de le mettre sous les yeux de Louis XIV.

Le 25 août 1648, jour de la fête de saint Louis, le jeune roi, en compagnie de sa mère, du cardinal et de la cour, entendit, à l'église des jésuites de la rue Saint-Antoine, le panégyrique de Louis IX. L'orateur avait pris pour texte la vie du « grand saint Louis..., qui sort aujourd'hui lui-même de son tombeau pour vous instruire par ma bouche et pour porter à Votre Majesté cet oracle sacré : *Audi, fili mi, disciplinam patris tui*; » il avait exhorté le prince à qui il s'adressait à n'être, comme son saint et illustre ancêtre, qu'un instrument de la religion dans les mains de Dieu, en faisant régner Jésus-Christ dans son cœur et dans son royaume. La date et le nom de l'orateur donnent à ce panégyrique traditionnel un intérêt particulier : c'était le coadjuteur Paul de Gondi, archevêque de Corinthe, qui portait ainsi la parole devant la cour, la veille même du jour qui devait voir l'arrestation de Broussel et les barri-cades. Ce discours ne fit pas d'ailleurs une bonne impres-sion ; les courtisans le jugèrent emporté et séditieux ; ils donnaient au panégyrique le caractère de celui qui l'avait prononcé.

Saint Louis ou le Héros chrétien, tel est le titre du poème héroïque que le P. Le Moyne consacrait, quelques années plus tard, aux premiers épisodes de la croisade de Louis IX en Égypte. Il est assez singulier qu'il n'ait pas songé à le dédier au jeune roi, et que son héros, à qui, dans une vision prophétique, « la gloire des rois de sa race est prédite et représentée, » au cours d'une extase où il « est porté au ciel, » n'ait pas adressé la parole à son dernier rejeton ; sa vision se termine par la description emphatique du règne de Louis XIII et par quelques vers sur Louis XIV, continuateur de l'œuvre paternelle. Plus tard, en composant *l'Art de régner*, ouvrage dédié à Louis XIV, il donnait pour conclusion à ce volumineux traité de science politique un long exemple emprunté à la vie de saint Louis ; il voulait montrer à son successeur « qu'entre le vaillant et le dévot il n'y a point d'opposition de la part des termes, » et que le vrai roi est celui qui ne sépare pas la piété du courage.

Quand Godeau publia, en 1644, sur le désir d'Anne d'Autriche, *l'Institution du prince chrétien*, il n'oublia pas d'ajouter à ses quatrains et aux textes de l'Écriture sainte les instructions que saint Louis avait adressées à son fils Philippe sur son lit de mort ; il les reproduisait, d'après le texte traditionnel qui figure dans Joinville, sans commentaire ni paraphrase, « telles que nous les avons dans l'original de l'histoire. » Dans ses *Éloges historiques* composés en 1667, il développait, avec l'abondance qui lui était familière, les leçons de morale et de politique qui découlaient de la vie du saint roi. « Votre Majesté, disait-il à Louis XIV, trouvera beaucoup de conformité entre les commencements de son règne et les commencements du sien ; » il exprimait le vœu que l'Église pût « voir quelque jour au nombre de ses saints un Louis XIV comme elle compte un Louis IX. » En cette année 1667, où Louis venait de faire enregistrer au parlement la légitimation d'un enfant né d'un commerce adultérin et la création pour la mère de cet enfant d'une duché-pairie, en cette année, où il commençait à afficher ouvertement une passion plus scandaleuse peut-être encore pour la marquise de Montespan, d'adresser à l'auteur de ces scandales le vœu de mériter un jour les honneurs que l'Église catholique rend aux saints, cela pourrait passer pour une ironie injurieuse, si ce n'était l'expression de cet optimisme aveugle et de cette adulation superstitieuse auxquels personne, pour ainsi dire, ne fut alors capable d'échapper.

Ces exemples historiques, empruntés à des époques reculées, avaient le tort de rappeler un état politique trop différent de celui où se trouvait Louis XIV pour qu'on pût songer sérieusement à l'en faire profiter. Les temps plus récents étaient moins riches en leçons de vertu chrétienne, mais ils pouvaient donner lieu à des rapprochements instructifs pour la conduite pratique des affaires.

Deux mois et demi environ avant sa majorité, Louis prit connaissance d'un document historique qui remontait à moins de quatre-vingts ans; il pouvait d'autant mieux faire impression sur son jeune esprit qu'il s'agissait de conseils donnés par une reine mère à son fils. Mme de Lansac, qui avait été sa première gouvernante et qui, malgré sa disgrâce, avait toujours conservé pour lui beaucoup d'affection avec un vif désir de le voir savant et avancé dans ses études, lui fit présent de trois lettres, que Catherine de Médicis avait écrites à son fils Henri III pour son éducation. Louis était à sa leçon quand ces lettres lui furent apportées; il les fit lire aussitôt toutes trois par son précepteur; bien qu'elles fussent longues, il en écouta la lecture avec beaucoup d'attention, et la conversation roula pendant quelque temps, entre lui, l'évêque de Rodez et Mme de Lansac, sur les instructions qu'elles contenaient.

L'une de ces lettres est certainement le « Mémoire pour montrer à Monsieur le roi mon fils, » écrit de la main même de Catherine pour être remis à Henri d'Anjou, au moment où, revenant de Pologne, il s'oubliait dans les plaisirs des villes de l'Italie du nord. Ce mémoire, digne de la femme singulièrement intelligente et énergique qui l'a écrit, donne à ce fils, pour qui elle avait de si grandes ambitions, le conseil « de se montrer maître et non plus compagnon, » aussitôt qu'il sera de retour en France. Ce qu'elle entend par ces mots et ce qu'elle explique elle-même par les détails de la vie quotidienne qu'elle voudrait lui

voir suivre, c'est l'exercice personnel de la royauté fait par
le roi lui-même. « Qu'un homme — elle veut dire un favori
— ne tienne pas tout. » Pour cela, il faut que « tout soit
réglé » et que le roi lui-même « se règle le premier. » A cet
effet, elle lui dicte un plan de vie, qui a la précision d'une
règle monastique : dès le matin, encore au lit, se faire lire
les dépêches par les secrétaires, leur donner le sens des
réponses, dont ils auront à rapporter le texte le lendemain
matin ; ne laisser ouvrir aucun paquet qu'en sa présence,
se faire remettre directement tous les placets, les apostiller
soi-même, dire aux secrétaires comment il faut les « dépêcher ; » donner l'ordre aux agents venus de l'étranger de
s'adresser à lui seul, les entendre plusieurs fois, leur
donner des audiences secrètes, soit dès le matin, soit dans
la soirée, en l'absence des courtisans, avoir lui-même la
clef du chiffre ; aimer tous ses serviteurs, pourvu qu'ils lui
rendent obéissance ; « entendre le fond de ses finances, »
se faire apporter par le trésorier de l'épargne tous les
matins l'exécution des ordres donnés la veille et tous les
huit jours l'état des sommes dépensées et de l'argent dispo-
nible ; et surtout, commencer dès le premier jour à agir
ainsi, car s'il ne commence pas tout de suite, il ne commencera jamais. « Il peut tout, disait Catherine en résumant en un mot ce qu'elle attendait de son fils ; il peut
tout, mais qu'il le veuille. »

On n'a pas le texte des deux autres lettres de Catherine
de Médicis que Mme de Lansac fit lire à Louis XIV ; mais
il est permis de supposer qu'elles étaient écrites dans le
même esprit que ce morceau très remarquable. C'était, en
effet, chez elle une idée bien arrêtée que de faire com
prendre à ses fils qu'ils devaient s'acquitter eux-mêmes,
en personne, de toutes les fonctions de la vie royale ; les
conseils qu'elle rédigeait pour son fils Henri en 1574, elle
les avait déjà rédigés, presque dans les mêmes termes,
pour son fils Charles, en 1573, au lendemain de sa majorité.
Elle avait dressé pour cet enfant de treize ans un plan de
vie, où chaque acte de la royauté avait sa place et son

heure, le lever, le conseil, la messe, les repas, la promenade, la cour, le bal ; c'est déjà, un siècle à l'avance, comme le programme officiel de la vie à la cour de Versailles, et c'est surtout le programme de ce que Louis XIV devait faire lui-même. Catherine suppliait Charles IX de ne pas omettre un seul jour de voir toutes les dépêches, de quelque part qu'elles vinssent, et de commander les réponses, selon sa volonté, à ses secrétaires ; c'était le remède, lui disait-elle, pour se faire aisément et promptement bien obéir, et remettre toutes choses sous son autorité et sa seule puissance.

Si Mme de Lansac avait vécu jusqu'à la mort de Mazarin, — elle mourut en 1657, — elle aurait vu comment le prince à qui elle avait communiqué, à l'âge de près de treize ans, les lettres de Catherine de Médicis, en avait compris le sens et appliqué les conseils, une fois arrivé à l'âge d'homme et devenu son maître. Des exhortations viriles sur le gouvernement personnel, rédigées par une femme, communiquées par une autre femme à un prince enfant, et devenant, après plus de quatre-vingts ans, comme le programme de tout un règne : il y a dans ces circonstances quelque chose de curieux et de peu connu, qui méritait d'être mis en lumière.

« On me proposera, dans la suite des siècles, comme le modèle d'un bon et sage roi. » Le langage que Fénelon mettait dans la bouche de Henri IV pour provoquer l'émulation du duc de Bourgogne, exprimait le jugement que tout le monde en France portait sur le fondateur de la maison de Bourbon. Il n'y a pas à cet égard de voix discordante ; tous ceux qui se sont intéressés à l'éducation de Louis XIV, amis ou adversaires de Mazarin, ont dit et répété que la vie de son grand-père était pour lui la plus belle et la plus éloquente des leçons.

Claude Joly célèbre ce prince, qui sut fondre tous les Français en un parti unique, qui « gouverna tous ses peuples avec telle bonté et douceur que sa mémoire réjouit encore aujourd'hui tous nos cœurs,... dont la

mémoire sera à jamais en bénédiction à toute la France. »
C'est le même accent chez les auteurs de mazarinades.
L'un d'eux parle « de remettre les affaires dans l'admirable posture du siècle d'or de Henri le Grand; » un autre
fait l'éloge de ce roi, qui, « étant parvenu à la royauté, s'y
est comporté si légalement qu'il n'a jamais fait brèche à
aucune loi fondamentale de l'État. C'est ce modèle que le
maréchal de Villeroy devrait faire voir à son disciple, et
non pas des exemples d'autorité absolue que les Grecs
appelleraient tyrannie. » Dans la séance solennelle tenue
au parlement en grand apparat, le 7 septembre 1651, pour
la proclamation de sa majorité, le roi entendit un discours
de l'avocat général Omer Talon, qui se terminait par ces
mots : « Permettez-moi, Sire, de supplier Votre Majesté
de donner tous les jours quelques moments sérieux pour
entendre la suite de l'histoire de Henri le Grand, votre
aïeul. Repassez sur toutes les actions de sa vie; interrogez
les vestiges de son gouvernement et la manière dont il
prenait conseil dans toutes ses affaires... » C'est en l'imi-
tant que Louis deviendra « la terreur de ses ennemis, la
protection de ses alliés et les délices de son peuple. »
L'évêque de Rodez s'était fait l'écho du sentiment public
en composant pour son élève l'*Histoire du roi Henri le Grand*.

C'est toujours au même sentiment que répondait, en
1661, un poème de l'abbé Cassagnes, que l'épigramme de
Boileau n'avait pas encore rendu ridicule; il était intitulé
Henri le Grand au roi. Henri IV y prenait la parole pour
adresser à son petit-fils, en plus de six cents vers alexan-
drins, d'une allure trop souvent monotone, des exhortations vagues et banales sur la possession de soi-même, le
danger des flatteurs, ses relations avec sa mère, son frère
et sa femme, la guerre à faire au Turc, la faveur à
accorder aux arts, la conduite à suivre à l'égard des hérétiques et des blasphémateurs, l'hommage à rendre à Dieu.

Dans la lettre, inspirée par la fidélité la plus perspicace
et par la franchise la plus virile, où Bossuet, sur le désir
même de Louis XIV, lui traçait l'exposé de ses devoirs,

quel exemple offrait-il au grand roi, alors dans le plein rayonnement de sa gloire? « Sans remonter bien loin dans l'histoire des siècles passés, le vôtre a vu Henri IV votre aïeul, qui, par sa bonté ingénieuse et persévérante à chercher les remèdes des maux de l'État, avait trouvé le moyen de rendre les peuples heureux... Aussi en était-il aimé jusqu'à la passion; et dans le temps de sa mort on vit par tout le royaume et dans toutes les familles, je ne dis pas l'étonnement, l'horreur et l'indignation que devait inspirer un coup si soudain et si exécrable, mais une désolation pareille à celle que cause la perte d'un bon père à ses enfants. Il n'y a personne de nous qui ne se souvienne d'avoir ouï souvent raconter ce gémissement universel à son père ou à son grand-père, et qui n'ait encore le cœur attendri de ce qu'il a ouï réciter des bontés de ce grand roi envers son peuple, et de l'amour extrême de son peuple envers lui. »

Dès l'enfance, Louis XIV avait éprouvé pour son aïeul ces sentiments d'admiration et ce désir de marcher sur ses traces que tout le monde s'efforçait de lui inspirer. Péréfixe parle de « l'affection particulière » que son élève avait toujours témoignée pour l'histoire de Henri le Grand, de sa « louable impatience » d'arriver, dans l'étude de l'histoire de France, à ce règne glorieux, sans se laisser retenir par l'étude des sept ou huit règnes qui l'avaient précédé, de la déclaration, si souvent répétée par lui, « qu'il voulait se le proposer comme son modèle, » qu'il avait « résolu d'étudier sa conduite, » pour s'y conformer lui-même dans le gouvernement de son État.

Plusieurs documents des premières années du règne personnel de Louis XIV montrent qu'il était resté fidèle à ces sentiments et qu'il aimait à les rappeler dans les actes officiels. Écrivant au comte d'Estrades, son ambassadeur à Londres, il lui dit, à propos de l'exemple de Henri IV que Charles II d'Angleterre avait rappelé à l'ambassadeur français, pour obtenir l'intervention de son maître dans les affaires de Portugal : « Comme je me propose pour

principal modèle de ma conduite et de mes actions celles
de ce grand prince, de qui j'ai la gloire de descendre, je
ne ferai jamais difficulté de l'imiter en toutes choses,
autant qu'il sera en mon pouvoir. » Il écrit à l'abbesse de
Fontevrault, sa parente [1], qui l'avait félicité du succès de
sa campagne de Flandre et l'avait invité à ne pas exposer
sa personne dans les dangers de la guerre, qu'il a devant
les yeux Henri IV, « un si digne modèle, » et qu'elle doit
comprendre que ce souvenir le « pique d'un peu d'émulation. » Il est inutile de faire remarquer combien, dans ce
domaine des choses de la guerre, le modèle et la copie
étaient peu ressemblants. Quelle différence entre la bravoure un peu aventureuse du « carabin » qui déconcertait
le duc de Parme, du héros d'Ivry, de Fontaine-Française
et d'Amiens, qui lui-même, en personne, l'épée à la main,
conquérait au jour le jour son royaume sur les champs de
bataille, et le courage, réel sans doute, mais un peu impersonnel et comme passif, de Louis le Poliórcète, qui,
accompagné de nombreuses armées chargées d'écarter un
ennemi téméraire, mettait tout l'art de la guerre dans ces
opérations de siège où le génie d'un Vauban garantissait
comme à coup sûr le succès final !

Il en était un peu du reste comme des choses militaires;
le nom et l'autorité de Henri IV étaient parfois invoqués
dans des actes où l'on est étonné de les retrouver, ainsi
en tête de l'édit de révocation de 1685. Mais il est certain
que Louis le Grand a tenu à mettre son règne sous le
patronage moral du souvenir de Henri le Grand, qu'il l'a
rappelé dans maintes circonstances, qu'il a cru y être
fidèle, et que des contemporains ont vu dans l'œuvre du
petit-fils la continuation de l'œuvre du grand-père.

En 1662, l'ambassadeur des Provinces-Unies à Paris
écrivait à Jean de Witt que le roi s'informait très curieu-
sement des anciennes maximes que l'on suivait du temps

1. Elle était la fille légitimée de Henri IV et de Charlotte des
Essarts

de Henri IV, surtout par rapport aux Provinces-Unies, et qu'il en parlait si pertinemment qu'on ne pouvait pas ne pas en être étonné. Peu d'années suffirent sans doute à cet ambassadeur pour comprendre que, si Henri IV avait eu ses idées à l'égard des Hollandais, Louis XIV avait les siennes, qui ne leur ressemblaient guère. En 1665, un ambassadeur vénitien signale, parmi les traits essentiels du caractère du roi, son ardent désir de surpasser en magnanimité les plus belles actions qui puissent lui être offertes en exemple, et en particulier celles de Henri le Grand.

Dans quelques-uns des pamphlets qui s'imprimaient à l'étranger contre la politique de Louis XIV, on voit apparaître cette idée curieuse, que le petit-fils de Henri IV ne fait qu'exécuter les desseins politiques de son grand-père; c'est le résultat de cette éducation historique, donnée jadis par Péréfixe et orientée tout entière vers le règne du premier Bourbon. Le baron de Lisola, auteur anonyme du *Bouclier d'État et de justice*, a été le premier à faire ce rapprochement entre les desseins de Henri IV et les actes de Louis XIV. Le roi, d'après lui, avait pris goût dans son enfance aux leçons de son précepteur; il avait fait de la vie de son aïeul la règle de sa conduite; devenu homme, il s'est mis à agir sur les mêmes plans, et ses actes ne sont que les « effets des impressions qu'il a sucées avec le lait; » il suffit de lire l'histoire de Henri IV pour « conclure que tout ce que ce grand roi avait conçu dans son esprit, celui-ci le veut éclore par ses armes. » Un autre pamphlet le répète, presque dans les mêmes termes. Mazarin et Péréfixe n'ont songé qu'à une chose, élever leur élève dans l'idée de la gloire et des entreprises belliqueuses, et, pour cela, lui donner en exemple « les hautes prouesses de son grand-père; » c'est en appliquant les idées de Henri IV que son petit-fils songe à « envelopper le genre humain dans un esclavage universel. »

Un troisième libelle reproche, au contraire, au roi d'avoir singulièrement compris les excellentes leçons de Péréfixe; « pour donner des idées véritablement royales à son disciple, » il lui avait fait voir ce qu'était la bonne foi en lui expliquant la vie et la conduite de Henri IV. « Ah ! que la France serait heureuse, si son roi d'aujourd'hui avait suivi en cela les traces de son grand-père et si ce fidèle précepteur avait trouvé en son prince un obéissant disciple...! » C'était toujours la même idée. Louis XIV appliquait plus ou moins bien les leçons de son précepteur ; mais il avait été nourri dans le culte et l'imitation de Henri IV, et ces impressions d'enfance ne s'étaient jamais effacées de son esprit.

Il est facile de comprendre les sentiments d'affection et de reconnaissance que la France du xviie siècle avait voués à Henri IV,

> Le seul roi dont le pauvre ait gardé la mémoire,

quand on pense aux qualités de l'homme et à la grandeur de son œuvre. Volonté opiniâtre mise à poursuivre le triomphe de ses droits, bravoure éclatante sur les champs de bataille, modération dans la victoire, habileté politique à faire les concessions nécessaires en temps opportun, entrain, bonne humeur et esprit : voilà ce qui avait fait aimer l'homme et le prince, ce qui avait fait assez facilement oublier les désordres de la vie privée, alors que cependant ils avaient failli amener de graves embarras politiques. Quant à l'œuvre, comment ne pas l'admirer, quand ses résultats s'étaient manifestés en plein jour? Terminer les guerres civiles, en prévenir le retour par le désarmement des partis, panser les blessures d'un pauvre pays malade ou, pour mieux dire, agonisant, le soustraire à l'influence étrangère, lui rendre le sentiment de sa force et l'usage de ses richesses, l'armer et le laisser prêt pour les luttes du dehors : quel magnifique commentaire du programme esquissé par le grand roi devant les notables de Rouen, être le libérateur et le restaurateur de cet État !

La postérité a pleinement confirmé le jugement des contemporains ; elle n'a cessé de payer son tribut d'admiration au prince, qui, en si peu de temps, avec des moyens si faibles, a su faire des choses vraiment grandes et utiles. Mais la génération qui avait connu Henri IV et qui connut ensuite Louis XIII, fit entre le père et le fils une comparaison, qui lui fut une raison de plus d'admirer le Béarnais : c'est que son œuvre était de lui et non d'un autre, il en avait eu l'intention lui-même, il en avait lui-même dirigé l'exécution; il avait eu des serviteurs, mais jamais de maître. La postérité est assez facilement portée à tenir peu de compte des conditions personnelles où une œuvre a été exécutée; elle se préoccupe surtout d'en constater les résultats, en attribuant parfois à un roi ce qui peut appartenir à ses collaborateurs. Les contemporains, qui voient les ouvriers à l'œuvre, savent faire la différence des personnes; dans le cas présent, ils sentirent vivement le contraste entre le père qui avait été son maître et le fils dont un ministre avait fait « son esclave. » Les Français qui vivaient à la cour pensaient à peu près tous comme le comte de Brienne. « Le cardinal, dit-il en parlant de Mazarin, m'accusait de louer toujours la conduite du roi Henri le Grand. Je lui répondis : « C'était un grand roi, « craint et aimé de ses voisins, qui n'était point gouverné. »

On aurait probablement moins songé à reprocher à Louis XIII d'avoir été gouverné, si celui qui l'avait gouverné n'avait pas trop souvent agi avec une rigueur impitoyable, s'il n'avait pas provoqué contre lui, dans la famille royale, chez les courtisans, chez les gens de robe, des inimitiés qui pouvaient difficilement pardonner. Les magistrats, auxquels « l'âpre et redoutable » Richelieu avait fait si souvent la leçon et qu'il avait entendu enfermer dans leurs fonctions strictement judiciaires; les nobles, dont il n'avait cessé de déjouer les intrigues et de briser les résistances; la reine mère elle-même, qu'il avait tenue à l'écart, traitée en suspecte et en ennemie, qui, lors de « l'aventure du Val-de-Grâce, » avait été « fouillée et visitée jusque dans son sein par le chancelier Séguier; » l'oncle du roi, qui avait été mis à la porte du royaume et traité en criminel d'État : ni les uns ni les autres ne pouvaient oublier les humiliations qu'ils avaient souffertes, et ce n'était pas de leur bouche que le jeune Louis XIV pouvait entendre des paroles d'admiration pour les actes du grand cardinal et pour le roi qui les avait autorisés. « Le cardinal de Richelieu était haï, dit la confidente d'Anne d'Autriche;... la reine et quelques particuliers qui avaient senti les rudes effets des cruelles maximes de ce ministre avaient sujet d'avoir de la haine pour lui. »

C'est au lendemain même de la mort de Louis XIII, quand la reine appela à la cour des personnes qui avaient eu à souffrir de la part du cardinal duc, que ces sentiments de vengeance et de haine éclatèrent au grand jour, avec une sorte de satisfaction sauvage. Deux femmes, toutes deux amies d'Anne d'Autriche, haïssaient mortellement Richelieu; c'est auprès d'elles, dans une intimité continue, que le fils de Louis XIII passa les premières années de son enfance, ces années dont la vie corrige parfois les influences lointaines, mais ne les efface jamais complètement.

L'une était Mme de Puysieux, qui n'avait jamais pu pardonner au cardinal la disgrâce de son mari et de son beau-frère, le chancelier de Sillery. Revenue de sa terre de Sillery dès 1640, forte de l'intime confiance de la reine, d'un caractère impérieux et d'un génie tourné vers l'intrigue, cette femme « souverainement glorieuse, que la disgrâce n'avait pu abattre, » prit à la cour, à partir de la régence, la situation d'une personne avec laquelle chacun devait compter. Louis et son frère, dans leur enfance, ne bougeaient pas de chez la toute-puissante amie de leur mère, ils jouaient avec ses enfants, et dans leur jeunesse ils continuèrent à aller chez elle. Louis, qui conserva toujours de Mme de Puysieux un souvenir très agréable, riait encore, soixante ans plus tard, au souvenir des parties de colin-maillard que Puysieux, son petit-fils, lui avait rappelées; mais ce n'était pas dans cette société qu'il avait pu entendre des paroles de louange, ou simplement de justice, sur la mémoire de Richelieu.

L'autre ennemie du cardinal était la propre gouvernante du roi, Mme de Senecey, dont l'influence sur Louis XIV n'était pas faite seulement d'une intimité quotidienne, mais encore de l'autorité que lui donnaient ses fonctions. Disgraciée par Richelieu, rentrée à la cour avec éclat pour prendre la place de Mme de Lansac et pour recouvrer son ancienne charge de première dame d'honneur, elle ne trouva pas de meilleur moyen de satisfaire sa haine tenace que d'élever le roi dans ses propres sentiments; en présence de cet enfant de cinq à six ans, elle adressait les plus viles injures à l'image de l'homme qu'elle détestait, et ces leçons odieuses portaient leurs fruits. Un jour, à Chaillot, devant le portrait du cardinal, elle s'écria : « Le voilà, ce chien! » et le roi, qui était avec elle, de dire, en enfant bien stylé : « Donnez-moi une arbalète pour lui tirer dessus. » C'est Mazarin qui a recueilli cette anecdote, et il n'y a pas de raison de ne pas y croire; car cette injure, si violente et si basse qu'elle soit, n'est pas en désaccord avec les sentiments de l'entourage de la reine à l'égard du grand cardinal.

Anne d'Autriche détestait, elle aussi, le cardinal; cette haine, que plus d'une raison justifiait, que ses confidentes les plus intimes excitaient en la partageant, dut prendre une force nouvelle, quand un coup, qui semblait partir du tombeau de son ennemi, vint frapper la régente; ce fut lorsque une publication anonyme, mais dont mieux que personne elle connaissait le caractère d'authenticité incontestable, révéla au public sa part de responsabilité personnelle dans les intrigues de cour qui avaient amené, en 1631, la condamnation de sa dame d'atour, Mme du Fargis. Richelieu avait eu soin de recueillir pour lui-même, à propos des intrigues qui se tramaient dans son entourage, des notes dont il se réservait de faire usage dans ses *Mémoires*, ou, le cas échéant, contre ses ennemis; il avait ainsi réuni tout un dossier qui permettait d'attribuer aux relations secrètes de la reine avec son frère le roi d'Espagne le caractère d'intelligences criminelles et antipatriotiques. Or, en 1648, une indiscrétion, dont on n'a pas pu encore percer le mystère et qui semblait n'avoir attendu l'orage de la Fronde que pour fournir une arme de plus aux ennemis de la régente, permit à un éditeur inconnu de fouiller dans les papiers du cardinal et d'en extraire le *Journal de Monsieur le cardinal duc de Richelieu*. Là se trouvait publiée pour la première fois la correspondance de Mme du Fargis, la confidente de la reine, suivie de l' « alphabet, » c'est-à-dire de la clef de ces lettres chiffrées, qui mettait en plein jour, avec la précision et l'authenticité de pièces d'archives, les menées coupables de la reine et de son entourage. Aussi, cette publication posthume dut paraître à Anne d'Autriche comme la dernière insolence d'un ministre détesté.

C'est dans ces ressentiments personnels de la reine et de ses confidentes qu'il faut chercher l'origine de la conspiration du silence, formée autour de Louis XIV, pour tout ce qui touchait à son père, à sa politique, à son premier ministre. Comment expliquer autrement ce fait anormal, que précepteur et familiers n'aient cessé de lui vanter, à tout propos et sur tous les tons, la gloire de son grand-père, et que les noms de Louis XIII et de Richelieu n'aient été, pour ainsi dire, pas une fois prononcés en sa présence? A la cour, ce fut comme un mot d'ordre donné par la régence et fidèlement suivi par les courtisans. Le jeune Louis dut faire de singulières réflexions sur ce père qui venait de mourir et dont on ne lui parlait jamais ; sur ce cardinal, prédécesseur immédiat de celui qui était à présent tout-puissant, et pour lequel on observait la même réserve silencieuse. Il semblait que cette époque n'avait pas existé et qu'il avait directement succédé à son grand-père.

A cet égard, la dédicace ironique que l'on prête aux habitants de Pau pourrait être regardée comme l'expression de l'opinion contemporaine. En 1692, on érigea à Pau une statue de Louis XIV, à un emplacement qui avait dû primitivement recevoir une statue de Henri IV ; on raconte que les Béarnais mirent sur le piédestal cette inscription :

A ciou qu'ey l'arrahil de noustre grand Enric, A celui qui est le petit-fils de notre grand Henri. Ils avaient voulu se venger en gens d'esprit; sans y penser, ils avaient trouvé une formule qui traduisait une vérité historique.

Il est dit dans les *Mémoires* de Montglat que, lors du lit de justice du 18 mai 1643, qui fut la première réaction contre les volontés du roi, mort depuis quatre jours à peine, les harangues officielles invitèrent le nouveau roi à suivre les traces de son grand-père. Le fait n'est pas complètement exact. Le nom de Louis XIII fut rappelé, mais, si l'on peut dire, le nom seulement.

Le chancelier Pierre Séguier fit entendre quelques phrases, pompeuses et vides, sur « ce preux et invincible monarque qui a été tant aimé de Dieu, » sur « ce prince si religieux. » Ensuite, l'avocat général Omer Talon dit quelques mots du prince qui avait été « assis trente-trois ans sur le trône des fleurs de lis, aussi longtemps que David régna sur tout Israël; » il souhaita à son successeur l'héritage des vertus de ses ancêtres, à savoir « la clémence et la débonnaireté du roi Henri le Grand, votre aïeul, la piété, la justice et la religion du défunt roi votre père. » Et il eût été impossible de tenir un autre langage, quand on faisait dire à Louis XIV, dans l'arrêt même où il violait les clauses expresses du testament de Louis XIII, qu'il déclarait la reine sa mère régente en France, « conformément à la volonté du défunt roi, son très honoré seigneur et père. » Mais huit ans plus tard, dans le lit de justice où le roi fit déclarer sa majorité, Omer Talon ne se croyait plus tenu de rappeler même le nom de Louis le Juste; il se bornait à prononcer l'éloge de Henri le Grand, en souhaitant que son petit-fils l'imitât. Le parlement, qui, en vertu de l'ordonnance du 24 octobre 1648 et du traité de Rueil, jouissait alors de droits politiques et se considérait presque comme associé au pouvoir royal, avait ses raisons pour taire le souvenir d'un roi qui avait voulu le réduire au mutisme.

En prenant la régence, Anne d'Autriche s'était empressée

de laisser revenir à la cour les personnes que le cardinal
de Richelieu en avait éloignées, et surtout d'en écarter
celles qu'il y avait protégées. Mme de Lansac, qui avait
été choisie par le cardinal « contre le gré de la reine, » fut
remplacée par Mme de Senecey dans ses fonctions de gouvernante du roi et du duc d'Anjou. Cependant la reine
laissa un écuyer du roi, Du Mont, remplir ses fonctions de
sous-gouverneur qui lui avaient été réservées par Louis XIII.
Mais cela même lui était « un péché originel, » suivant
l'expression de La Porte, d'être dans cette charge de la
main du feu roi; bien qu'il s'acquittât en conscience de
tout ce qu'un sage gentilhomme pouvait faire, on ne lui
savait aucun gré de ses soins; ce pauvre sous-gouverneur,
bien loin de recevoir des récompenses pour le soin et
l'intelligence avec lesquels il remplissait sa fonction, ne
pouvait pas même obtenir d'être payé régulièrement de
ses appointements, alors que les autres personnes attachées au service du jeune roi les recevaient sans peine. Si
le fait était vrai, la vengeance aurait été bien mesquine,
mais ce serait une preuve de plus de la défaveur d'Anne
d'Autriche pour les personnes qui lui rappelaient directement le règne de son mari.

Cependant, si l'on affectait à la cour du jeune Louis XIV
d'ignorer le règne précédent, on ne pouvait pas l'effacer
de l'histoire et imposer aux écrivains un silence officiel. A
un artiste qui, au lendemain de la mort de Louis XIII,
adressait une requête à la régente pour reproduire par la
gravure et la poésie « toutes les glorieuses actions » du
règne du feu roi, comment répondre par un refus sans
faire une grave injure et à la mémoire d'un époux et au
sentiment national? Valdor avait donc entrepris et exécuté
les Triomphes de Louis le Juste, sous les auspices d'Anne
d'Autriche et de son fils [1]; en les lui présentant, il avait
dit à Louis XIV que la vie de son père devait être « son
modèle, son théâtre et son école. » On l'avait laissé faire;

1. Voir ci-dessus, chap. II.

on le laissa dire, sans s'occuper ni de son livre ni de son héros.

« Je ne saurais m'empêcher de parler du roi et de sa vertu ; de crier à tous les princes que c'est l'exemple qu'ils doivent suivre ; de demander à tous les peuples et à tous les âges s'ils ont jamais rien vu de semblable... C'est le Prince par excellence et au delà de toute comparaison. » Balzac, l'auteur de ces lignes, était regardé comme le premier écrivain de son temps ; il n'y avait pas d'ouvrage qui, mieux que le sien, parût convenir à l'éducation historique et politique du fils de Louis XIII. Cependant, ni Balzac ni personne, après sa mort, n'eut l'idée de faire une édition du *Prince* avec une dédicace qui le désignât à l'attention d'Anne d'Autriche ou de Louis XIV.

Un jeune avocat au parlement, Jean Danès, qui devait mal connaître les dispositions de la régente, s'était empressé de composer et de lui dédier, en vue de l'instruction de son fils, un gros in-quarto de près de six cent cinquante pages, intitulé : *Le Règne de Louis treizième, donné pour exemple et instruction au roi son fils. Disce, puer, virtutem ex me verumque laborem. Mon fils, apprenez de moi comment vous pouvez pratiquer la vertu.* Commentant le surnom de Juste que portait Louis XIII, il avait voulu ramener à la justice, « que le feu roi avait épousée spirituellement, » tous les actes privés ou publics de cette vie royale. « Tous mes raisonnements, disait-il au jeune roi, se terminent là, de prouver que le feu roi votre père vous a donné par ses actions l'exemple parfait d'un prince très juste. » Chaque chapitre, bourré de citations et d'exemples, se terminait par une « Instruction politique et morale au roi ; » tout était prétexte à leçons et à sermons pour l'auteur, qui ne se lassait pas d'analyser, de moraliser, d'admirer. Il avait eu l'ambition de former dans le roi « un esprit général de toutes les vertus, » par la peinture des « choses héroïques que le feu roi son père avait fait paraître avec tant de pompe et de majesté en toutes les parties de son règne. » En vérité, avec ses interminables parenthèses à propos de chaque événement du règne, avec cette idée fatigante d'en revenir toujours à la justice, le livre était illisible. Eût-il été bien composé, qu'il n'aurait probablement pas trouvé meilleur accueil à la cour; tel qu'il était, il ne dut pas avoir plus de lecteurs dans le public que dans l'entourage du roi. Malgré tout, si l'auteur du *Parallèle des trois premiers rois bourbons* avait connu ce singulier ouvrage, je crois qu'il aurait tiré de l'oubli le nom de l'écrivain obscur qui avait chanté, avec tant d'abondance, les louanges de son héros.

Louis XIII est encore le modèle favori qu'un écrivain anonyme présente au roi, âgé de quatorze ans, sous ce titre : *l'Image d'un bon roi.* Parmi les exemples historiques propres à faire éclore en lui « les vertus royales d'un jeune prince, » les plus fréquents sont empruntés au règne de son père. L'auteur, Bertius, probablement le fils du « cosmographe » de Louis XIII, croit que les vertus paternelles « seront communiquées, par une heureuse transfusion, au légitime successeur de la couronne; » « notre petit monarque » n'a qu'à « jeter les yeux sur Louis XIII pour trouver l'abrégé des royales vertus. » Mais le fils de Louis XIII avait les regards dirigés vers une époque plus éloignée dans le passé.

Saint-Simon, dont on connaît l'admiration passionnée pour tout ce qui touche à Louis XIII, à sa personne et à ses actes, a constaté, à plusieurs reprises, l'oubli, « scandaleux » à ses yeux, dans lequel la mémoire de Louis le Juste fut ensevelie durant le règne de Louis le Grand. Chaque année, au 14 mai, un service anniversaire de la mort de Louis XIII était célébré à Saint-Denis; le fils de l'ancien page de Louis le Juste rapporte qu'il n'y manqua jamais, mais que toute sa vie il s'y trouva tout seul; le roi n'y venant pas, les courtisans ne songeaient pas à témoigner une reconnaissance qui aurait pu être mal interprétée. Cette fidélité dans le souvenir fit qu'on songea à Saint-Simon, quand il s'agit de commenter la médaille sur la mort de Louis XIII, par laquelle s'ouvrait un magnifique recueil, composé à la plus grande gloire de Louis XIV et qui était comme l'histoire métallique de son règne [1]. Il accepta, en demandant à n'être pas nommé, et remit le morceau qui lui avait été demandé. Il s'était efforcé de son mieux « de ne pas obscurcir le fils par le père, dans un ouvrage tout à la gloire du premier; » mais la seule expression de la vérité, dans sa « simplicité sans art, » parut aux auteurs couvrir de son ombre les tableaux suivants; ils songèrent d'abord à élaguer, à affaiblir le commentaire de Saint-Simon; puis ils prirent le parti de le supprimer tout à fait et de donner simplement « la médaille sèche » de Louis XIII. « Les réflexions sur ce genre d'iniquité mèneraient trop loin. »

Louis XIV n'aimait pas les rois fainéants; il aimait moins encore les maires du palais. S'il avait eu connaissance des leçons qui avaient été parfois données à son père, comme dans cet entretien que Richelieu avait eu avec Louis XIII, devant sa mère et son confesseur, en janvier 1629, au moment de partir pour la campagne du Piémont, il est probable que son aversion instinctive pour les premiers ministres serait devenue une sorte de haine. La mémoire du grand cardinal avait ses panégyristes et ses historiens; mais Louis pensait peut-être déjà en lui-même ce que Saint-Simon devait dire un jour, que la gloire attribuée à Richelieu était un larcin commis aux dépens de Louis XIII.

Comment, d'autre part, l'influence de l'éducation maternelle n'aurait-elle pas fait passer en son âme quelque chose des sentiments de sa mère pour l'homme qui avait été, pendant dix-huit ans, le tyran du ménage royal? Le P. Le Moyne, faisant l'éloge de Richelieu dans *l'Art de régner*, disait que Dieu avait donné à Louis XIII un ministre « en comparaison duquel Albornoz, Ximénès,

1. L'ouvrage parut sous ce titre : *Médailles sur les principaux événements du règne de Louis le Grand avec des explications historiques*, par l'Académie des Médailles et Inscriptions. A Paris, de l'imprimerie royale, 1702, in-f°.

Granvelle, tous grands cardinaux et grands ministres, n'étaient que de la basse classe du ministère. » Si le roi a lu ce passage, il n'a pas dû faire de distinction entre trois personnages qu'il devait peu connaître et un quatrième dont il n'aimait pas à évoquer le souvenir; il devait les tenir les uns et les autres pour des manières d'usurpateurs publics et d'ennemis personnels.

Colbert fut probablement la seule personne de son entourage qui ait jamais songé, après la mort de Mazarin, à renouer la tradition des maximes de Richelieu, du moins sur le terrain des institutions administratives; mais le roi avait pris l'habitude d'accueillir avec des plaisanteries cette manière de recommander une affaire. Quand une question importante se discutait au conseil : « Voilà, disait-il, Colbert qui va nous dire : Sire, ce grand cardinal de Richelieu, etc... » On peut supposer que Colbert dut se guérir assez vite, après quelques railleries de ce genre, d'une façon de parler qui n'était pas d'un bon courtisan. Ce qui est certain, c'est que Louis XIV témoigna, en diverses circonstances, ses sentiments d'affection pour la mémoire et pour l'œuvre de son grand-père, et qu'il se borna à rappeler une seule fois dans ses *Mémoires*, et de la manière la plus insignifiante, le souvenir de son père; mais, soit dans ses *Mémoires*, soit dans ses lettres, soit dans ses papiers d'État, soit dans ia conversation, il ne cita jamais Richelieu, il ne fit jamais allusion ni à Richelieu ni à l'œuvre de Richelieu. Et cependant, malgré tout son orgueil, il devait se rendre compte que, sans le ministère du grand cardinal, le règne du grand roi n'aurait pas été possible.

Dans les pages admirables qui s'appellent *Examen de conscience sur les devoirs de la royauté*, Fénelon, après avoir demandé à son élève bien-aimé s'il avait étudié « la vraie forme du gouvernement » du royaume, telle qu'elle résultait de l'histoire du passé, lui disait : « Il ne suffit pas de savoir le passé; il faut connaître le présent. Savez-vous le nombre d'hommes qui composent votre nation;... combien de laboureurs, combien d'artisans,... combien de nobles et de militaires? Que dirait-on d'un berger qui ne saurait pas le nombre de son troupeau? » Et, passant en revue ce qu'un roi devait savoir des habitants de son royaume, de leurs besoins, de leurs usages et des diverses institutions, il ajoutait : « Un roi ignorant sur toutes ces choses, n'est qu'à demi roi. » Cette connaissance des hommes et des choses, le duc de Bourgogne pouvait l'avoir, grâce aux enquêtes minutieuses que son gouverneur avait demandées à son intention aux intendants des provinces. Environ cinquante ans avant Beauvillier et Fénelon, Fortin de la Hoguette avait esquissé pour le jeune Louis XIV le plan d'une vaste statistique, qui devait porter sur la description géographique de ses États, sur le clergé, les officiers de la couronne, l'armée, les institutions administratives de tout genre; ce projet n'avait jamais été exécuté, il n'avait même jamais été examiné, et Louis XIV n'avait pas reçu de Mazarin ou de Péréfixe ce genre de connaissances, que Fénelon recommandait si instamment à son élève.

A défaut de cet enseignement, auquel il s'efforça de suppléer plus tard par le travail personnel, Louis avait reçu des leçons d'une autre nature, les leçons de l'adversité. Au moment où il cessait d'être un jeune enfant pour devenir un jeune homme, de sa dixième à sa quinzième année, c'est-à-dire à l'âge où son esprit, naturellement attentif et réfléchi, avait commencé à observer par lui-même, à comprendre, à juger, il avait été mêlé, au moins d'une manière indirecte, à une crise dramatique qui s'était déroulée sous ses yeux et qui, en visant sa mère et son ministre, visait sa propre personne et sa propre autorité. De bonne heure, les événements de la Fronde lui firent sentir « les épines de la royauté, » et plus de soixante ans de pouvoir incontesté ne parvinrent pas à effacer de son souvenir cette sensation douloureuse.

Que de choses lui rappelaient ces années d'enfance, dont l'impression resta en lui ineffaçable! Il avait entendu l'orage populaire gronder autour des fenêtres du Palais-

Royal, lors de la journée des Barricades. Quelques mois après, par une froide nuit de janvier, sa mère l'avait fait lever à la hâte, sortir de sa chambre par un escalier dérobé, et en fugitif, comme un prisonnier qui s'évade, gagner Saint-Germain, où il avait vécu dans les transes et dans le dénûment. Pour rentrer dans sa capitale, il lui avait fallu composer avec les gens de robe, avec cette canaille, — c'est le mot de sa mère, — qui s'ingérait de réformer l'État; c'était par une sorte de traité, passé de puissance à puissance, qu'il avait pu revenir au Palais-Royal. Là, de nouvelles humiliations lui étaient réservés. Il avait été obligé de subir la protection insolente d'un prince du sang, qui se posait en sauveur de la couronne. Son ministre, l'homme de confiance de sa mère, le surintendant de son éducation, avait dû prendre le chemin de l'exil, au moment où lui et sa mère étaient comme captifs dans leur palais. Une nuit, le bruit s'était répandu qu'on songeait de nouveau à le faire évader de Paris : aussitôt le capitaine des Suisses de son oncle et des gens du peuple étaient accourus au Palais-Royal, avaient forcé la reine à les laisser entrer dans sa chambre, et ils s'étaient assurés, par leurs regards insolents, qu'il était bien dans son lit. Puis, il avait assisté à ces longues et pénibles campagnes à travers les provinces, réduit presque au rôle d'un chef de partisans, obligé de soumettre par la force les moindres bicoques, échouant devant les grandes villes, retrouvant chez le peuple des villes et des campagnes, chez les magistrats, chez les princes, le même esprit de révolte. Au pont de Jargeau, à Bléneau, au faubourg Saint-Antoine, il avait été spectateur de combats âprement disputés, dont son autorité même était l'enjeu. A cette dernière affaire, il était avec la cour sur les hauteurs de Charonne ; il avait pu suivre les péripéties de la lutte sanglante qui se déroulait sous ses yeux et où sa cause avait paru vaincue, car son ennemi, protégé par le canon de la Bastille, avait pu se réfugier dans Paris, et lui-même, il avait dû se retirer à Saint-Denis.

Que de paroles de haine et de vengeance avaient retenti
à ses oreilles, au cours de ces années malheureuses, contre
les auteurs de ces désordres! Lors de son séjour à Saint-
Germain en 1649, pendant le siège de Paris, on lui faisait
lire l'histoire de Charles VI, pour lui mettre sous les yeux
le souvenir des maillotins et du châtiment terrible dont ils
avaient été frappés. Le P. Faure, prédicateur et confesseur
d'Anne d'Autriche, avait fait jouer devant lui une petite
pièce de circonstance, dont la conclusion était qu'il fallait
punir les rebelles et, au premier rang de ceux-ci, les Parisiens. Au moment de la mise en liberté des princes, que
leurs partisans avaient imposée à la cour, le cardinal avait
évoqué devant lui des noms sinistres, en comparant le
parlement au parlement d'Angleterre, le coadjuteur à
Cromwell, le duc de Beaufort à Fairfax. Lorsque l'évêque
de Montauban lui présenta, à l'occasion de son sacre, les
vœux du clergé, il lui rappela le souvenir de « cette funeste
et malheureuse année de 1648... et des trois ou quatre suivantes, qui ont été si fécondes en malheurs publics ; » il
le rappela pour le maudire. « Nous demanderons toujours
à Dieu qu'il les efface de la mémoire des hommes, et
qu'elles et toutes leurs productions monstrueuses péris-
sent, comme le jour de la naissance de ce saint homme qui
en demandait l'anéantissement, à cause des misères dont
il avait été accablé. »

C'était un langage qui ne pouvait que lui plaire, car il
répondait à ses sentiments personnels. Ce qu'il avait vu,
ce qu'il avait entendu, avait fait naître en lui un esprit de
colère et de vengeance, qui avait souvent éclaté au dehors,
quand il n'était encore qu'un enfant. L'exclamation de
joie qu'il poussa en apprenant la victoire de Lens, parce
que, disait-il, le parlement serait bien fâché de cette nouvelle, est significative de la part d'un prince qui n'avait
pas encore dix ans. Le 20 janvier 1651, lorsque le premier
président Mathieu Molé vint demander à la reine, « plutôt
en maître qu'en suppliant, » de relâcher les princes, le
jeune roi eut peine à se contenir devant la hardiesse de

ces paroles; il dit ensuite à sa mère que, s'il avait cru ne point lui déplaire, il aurait fait taire le premier président et l'aurait chassé.

Dans une circonstance analogue, un autre magistrat éprouva les effets de cette colère qui ne songeait plus à être maîtresse d'elle-même. Le parlement de Paris avait chargé le président de Nesmond et quatre conseillers d'aller porter au roi, qui faisait alors la laborieuse campagne des bords de la Loire, des remontrances dirigées contre le rappel de Mazarin; elles rappelaient la déclaration royale, du 5 septembre 1651, par laquelle le cardinal avait été pour jamais banni du royaume. Le roi prit avec vivacité le papier des mains de Nesmond, en disant qu'il en parlerait à son conseil; comme le président voulait expliquer qu'il était d'usage que les magistrats donnassent eux-mêmes lecture des remontrances, le roi, rouge de colère, l'interrompit par ces mots, deux fois répétés : « Retirez-vous, messieurs, retirez-vous. »

Il avait environ treize ans et demi quand il accueillait ainsi une députation du parlement; il en avait douze à peine, que la conduite des Frondeurs faisait monter à ses yeux des larmes de colère et d'indignation. C'était pendant le siège de Bordeaux par l'armée royale et pendant le séjour de la cour à Bourg sur la Dordogne. On dressait un jour devant le roi un attelage de huit chevaux; mais lui ne faisait pas attention à ce spectacle, et des larmes silencieuses coulaient de ses yeux. « Qu'avez-vous, mon cher maître? Vous pleurez! lui dit un de ses familiers en lui baisant la main. — Je ne serai pas toujours enfant, répondit le roi. Mais taisez-vous; je ne veux pas que personne s'aperçoive de mes larmes. Les coquins de Bordelais ne me feront pas longtemps la loi. Taisez-vous, vous dis-je, et n'abusez pas de la confiance que j'ai en vous. » C'étaient des paroles, ajoute avec raison le confident qui les rapporte, qui ne sentaient guère l'enfance.

Toutes ces scènes de sa première jeunesse, dont il avait été témoin et victime, il ne les oublia jamais; et jamais non plus, il ne manqua une occasion, soit d'en prévenir le retour, soit de faire sentir le poids de son ressentiment à ceux qui y avaient été mêlés. Même en supprimant du récit du lit de justice du 13 avril 1655 la mise en scène légendaire, costume de chasse, bottes éperonnées, fouet à la main, et le mot historique : « L'État, c'est moi ! » — la défense catégorique faite au parlement par ce roi de seize ans et demi de délibérer sur les édits ; ces paroles brèves et sévères : « Chacun sait combien vos assemblées ont excité de troubles dans mon État et combien de dangereux effets elles ont produits ; » le geste du doigt qui désignait les conseillers des enquêtes et le premier président : tout cela suffit à montrer quelle profonde blessure les événements de la Fronde avaient faite en sa jeune âme ; il s'indignait à l'idée qu'on parlât encore de discuter ses volontés, quand la déclaration du 22 octobre 1652 avait formellement interdit aux magistrats de se mêler des affaires de politique ou de finance.

Lorsque Louis XIV et Marie-Thérèse firent leur entrée solennelle à Paris en 1660, quelques semaines après leur mariage, le jour fixé pour cette pompe triomphale, qui dura de huit heures du matin vers six heures du soir, fut le 26 août.

> De toutes parts on y vit
> Une nombreuse affluence,
> Et je crois qu'elle se fit
> Aux yeux de toute la France.

Mais les anciens Frondeurs ne pouvaient oublier que, douze ans plus tôt, à pareil jour, Paris s'était couvert de barricades ; choisir l'anniversaire de cette date célèbre pour faire figurer le parlement dans le cortège du roi, n'était-ce pas vouloir lui imposer « une espèce d'expiation et d'amende honorable ? » A propos du choix de cette date, Gui Patin rappelait, d'ailleurs d'une manière inexacte, un mot de Tacite : *acerbis conviciis..., quorum apud præpotentes in longum memoria est.*

A combien d'actes de la politique de Louis XIV ne pourrait-on pas appliquer la pensée de Tacite, que le souvenir des injures dure longtemps chez les puissants! Lors de l'enquête secrète qui eut lieu, en 1664, sur le personnel des diverses cours de justice du royaume, ordre fut donné aux commissaires enquêteurs de faire un rapport, pour chaque cour de parlement, sur « toute sa conduite pendant la minorité de Sa Majesté, et par quels mouvements elle a été réglée, et de quels moyens les principaux, qui l'ont conduite à bien ou à mal, se sont servis... » Turenne, qui était très bien en cour, sollicitait pour son neveu le duc d'Albret, futur cardinal de Bouillon, très bien vu lui-même du roi et soutenu par Péréfixe, alors archevêque de Paris, la coadjutorerie de ce siège. Au premier mot, le roi, malgré toute sa bienveillance pour les solliciteurs, refusa tout net; il se souvenait du rôle que le titre de coadjuteur avait permis de jouer au cardinal de Retz.

On racontait que, lors du retour de Mademoiselle à Paris, en 1657, cinq ans après son équipée de la Bastille, le roi l'avait reçue par ces mots : « Ma cousine, j'aime mieux vous voir ici qu'à la porte Saint-Antoine, » et que Mazarin avait ajouté : « Mademoiselle, Mademoiselle, le roi se souvient de loin, et Sa Majesté a la mémoire bonne. » Les deux propos étaient peu vraisemblables; mais le second méritait de devenir un mot historique. Un incident, d'ailleurs futile, de la vie de cour, fit voir, peu après, à quel point le roi réprouvait tout ce qui avait une apparence de faction. Les courtisans, en manière de plaisanterie, s'étaient divisés en Éveillés et en Endormis, ceux-là reconnaissant pour chef le comte de Soissons, ceux-ci le prince de Marsillac; de là, des taquineries entre les deux camps. Mais le jeune roi, qui venait d'avoir dix-neuf ans, fit une défense absolue de parler « de ces noms factieux et de cabales; » un jour que le prince de Marsillac se présentait pour monter dans son carrosse, il lui refusa cette faveur, en marque de son mécontentement.

Vingt ans plus tard, c'est la lacération des registres du

parlement de Paris. En 1668, il fait donner l'ordre « d'ôter [des registres] les marques des choses qui s'étaient faites contre son autorité, dont les exemples seraient dangereux;... il ne se souciait pas de quelle manière la chose se fît, pourvu qu'elle s'exécutât...; ce n'était pas qu'il fût fâché contre le parlement; au contraire, il en était très content, et lui donnerait toujours des marques de son estime et de son affection. » Le parlement dut donc communiquer ses registres du temps de la Fronde, et l'ordre royal fut exécuté. Autre preuve que le seul souvenir des orages de sa minorité lui fut toujours odieux. Le chancelier Le Tellier écrivit une fois au procureur général du parlement de Paris de changer, sur le désir du roi, la rédaction d'une phrase dans un arrêt rendu au parlement; il s'agissait « d'éviter de parler de l'année 1643 et de sa minorité. » Or, la lettre de Le Tellier était de 1681, et l'arrêt en question se rapportait à la suppression du monastère des religieuses de Charonne.

Un intendant du Languedoc eut l'occasion d'exposer la théorie royale, dans un discours qu'il adressa, en 1659, aux états de la province siégeant à Toulouse; il s'agissait de rétablir, par ordre du roi, le fameux édit de Béziers de 1632, qui portait atteinte aux privilèges de la province et qu'un autre édit royal avait révoqué en 1649. Il montra à ses auditeurs que, « par la disposition du droit et par l'usage de toutes les nations, » cette révocation ne pouvait subsister, puisqu'elle était « destituée de toutes les formes. » En fait, l'édit de révocation était tout aussi régulier que l'édit de Louis XIII; la vraie raison était que l'autorité du roi avait été « blessée en cette occasion » et que la révocation avait été publiée « dans un temps de trouble et d'orage; » la date seule de l'édit de 1649 imposait à présent l'obligation de le détruire. « Car, ajoutait l'orateur officiel, puisque la bonté du roi a voulu oublier ce qui s'était passé en l'année 1648 et les suivantes, puisque nous désirons, pour le repos de ceux qui s'étaient éloignés de leur devoir, que ce temps soit couvert d'un silence éternel, est-il raisonnable de se prévaloir de ce qui a été fait contre l'autorité du roi? Et ce n'a pas été sans raison que la prudence des ministres a fait relâcher alors des choses préjudiciables, pour empêcher les mauvais effets qu'un soulèvement presque universel, qui s'était élevé dans l'État, pouvait causer. Ainsi les décrets que le sénat de Rome faisait publier dans les occasions de cette qualité n'étaient considérés qu'autant que la nécessité qui les avait produits avait lieu : *Non patrum conscriptorum voluntas, sed teterrimæ necessitatis truculenta manus huic senatusconsulto stylum imposuit...* »

C'est exactement la thèse de Colbert. A propos de deux ordonnances royales sur l'usage des évocations, l'une publiée par Henri III, pendant la Ligue, en 1579, l'autre par Louis XIV, pendant la Fronde, en 1648, dont le parlement entendait se prévaloir, il déclare que « ces obligations prétendues, ayant été extorquées des rois par la violence et la révolte des peuples, sont nulles de toutes nullités. » Les temps étaient à présent bien changés. « Dieu merci, écrivait encore Colbert, en 1663, au premier président du parlement de Bourgogne, en lui rapportant les propres paroles du roi, Dieu merci, la constitution présente de ses affaires et l'établissement de son autorité sont dans un état différent de celui où ils se trouvaient du temps de la minorité et des mouvements de 1649, 50 et 51. »

Louis XIV, exposant à son fils par quelles mesures il est arrivé à rendre dociles les compagnies judiciaires, ne veut pas que le dauphin lui attribue, « comme auront pu faire, dit-il, ceux qui me connaissent moins, des motifs de peur, de haine et de vengeance pour tout ce qui s'était passé durant la Fronde; » il lui explique comment la condition des rois, « quand ils sont véritablement rois, » les élève au-dessus de ces sentiments, qui ne sont pas de leur rang. Cependant, en admettant que ces sentiments de crainte et de colère ne l'aient jamais inspiré, il faut reconnaître que le souvenir de ces années malheureuses revient plus souvent que n'importe quel autre dans les

Mémoires pour l'instruction du dauphin. Sa propre expérience et les événements de sa minorité lui ont montré le danger de mettre les gouvernements entre les mains des princes du sang, ou de laisser aux parlements la considération qu'ils avaient acquise à la faveur des troubles ; il fait une peinture énergique « des agitations terribles » qui avaient désolé son royaume avant et après sa majorité ; il rappelle que les factions avaient deux fois obligé son ministre à sortir du royaume, que sa tête avait été mise à prix, qu'il n'y avait alors de fidélité de la part des sujets « qu'achetée à prix d'argent, » que Cromwell avait vu dans le désordre de son État « comme un moyen de mettre le pied en France ; » il parle, non sans quelque secrète amertume, de cette liberté qui, pendant les troubles de sa minorité, avait passé « les justes bornes » et qui était devenue « licence, confusion, désordre. »

Le souvenir de la Fronde se retrouve encore dans sa correspondance diplomatique. Il était naturel qu'il se présentât à lui quand il voulait obtenir du Saint-Siège qu'on instruisît le procès du cardinal de Retz ; ce procès était nécessaire, est-il dit dans l'instruction d'un représentant du roi à Rome, « tant parce que la justice et le bien et la tranquillité de cet État le requièrent, que pour ne point laisser passer à la postérité le dangereux exemple, qu'un si grand nombre d'attentats contre l'autorité souveraine soient demeurés impunis... » Il est plus singulier de rencontrer le même souvenir dans les lettres où le roi informe le chevalier de Grémonville, son agent à Vienne, de la révolution de palais que don Juan d'Autriche, fils naturel de Philippe IV, avait tentée à la cour de Madrid contre l'autorité de la reine régente. « Toute cette tragédie, lui dit-il, renouvelle dans ma mémoire le pitoyable spectacle des dissensions intestines qui agitèrent mon royaume, pendant les dernières années de ma minorité. »

Parmi les raisons qui le déterminèrent à faire choix de Versailles pour sa résidence définitive en y transportant avec lui la cour et les services de l'État, le souvenir de années de son enfance fut certainement l'une des plus influentes. Les *Soupirs de la France esclave*, qui, malgré le caractère de pamphlet, renferment tant de vérités sur les idées politiques de Louis XIV, disent avec raison à ce sujet : « La ville de Paris avait fait grand bruit; outre mille moyens dont on s'est servi pour l'appauvrir, le roi lui fait connaître qu'il est irréconciliable et qu'il ne pardonne jamais. C'est pourquoi il a renoncé à la demeure de cette ville et s'est bâti une cour à Versailles. Quand il en sort, c'est pour aller en quelque autre de ses maisons. Il est partout ailleurs qu'en sa ville royale... »

Même dans ce Versailles d'où il ne bougea, pour ainsi dire, jamais plus pendant près de trente-cinq ans, où jamais une parole de résistance ou simplement d'objection n'arriva à ses oreilles, la pensée de la Fronde persista en lui pour lui rappeler, à la veille de sa mort, les jours difficiles de son enfance. Le 26 août 1715, réunissant autour de son lit les officiers de sa maison, il leur demanda de mettre au service du dauphin la même affection qu'à son propre service. « C'est un enfant de cinq ans, leur dit-il, qui peut essuyer bien des traverses, car je me souviens d'en avoir beaucoup essuyé pendant mon jeune âge. » Deux tiers de siècle cependant s'étaient écoulés depuis ces années lointaines, les coupables étaient morts depuis longtemps, les choses avaient changé du tout au tout; mais le souvenir douloureux de la blessure reçue par l'enfant restait toujours gravé dans le cœur du vieillard.

CHAPITRE VII

LE CARACTÈRE DU JEUNE ROI

Louis XIV à quatre ans et demi et à cinq ans. — Portraits du roi
enfant et jeune homme par les ambassadeurs vénitiens, par Mademoiselle et par Péréfixe. — Avantages physiques de Louis XIV. —
Ses qualités d'esprit. — Comment il s'est formé. — Sa maturité
précoce. — Son désir de s'informer des choses. — Sa déférence
pour les avis raisonnables. — Sa dissimulation. — Arrestation du
cardinal de Retz. — N'être pas un roi fainéant. — Désir d'être roi :
anecdotes de son enfance. — Déclaration de sa majorité. —
Louis XIV s'efface volontairement devant Mazarin. — Il reste le
même avec lui jusqu'à sa mort. — Louis XIV en 1661.

Lᴇ 15 mai 1643, l'ambassadeur Girolamo Giustinian, faisant part à la Seigneurie de Venise de la mort de
Louis XIII et de l'avènement de son fils, esquissait en ces
termes le portrait de Louis XIV : « Le nouveau roi n'a pas
encore atteint l'âge de cinq ans, qui ne seront accomplis
qu'au mois de septembre ; c'est cependant un prince d'un
aspect noble qui respire la grandeur ; il promet pour plus
tard à son règne, pour autant que tous les auspices
restent d'accord, toute une suite de prospérités. » *Principe
di nobile aspetto che spira grandezza* : n'est-il pas curieux de
relever, dans le plus ancien témoignage officiel sur cet
enfant de quatre ans et demi, à l'heure même où il devenait roi, ce jugement qui, sous d'autres plumes, passerait
pour un effet de l'adulation monarchique, mais qui n'est
de la part de l'ambassadeur de Venise que l'expression de
la vérité ?

C'est déjà, à la première aurore du règne, ce trait essentiel du portrait du grand roi, que Saint-Simon a répété à tant de reprises. Cette figure « si naturellement imprégnée de la plus imposante majesté, » ce « visage parfait, avec la plus grande mine et le plus grand air qu'homme ait jamais eus, » cette « grâce naturelle et majestueuse de toute sa personne » qui, jusqu'à sa mort, le fit distinguer « comme le roi des abeilles » : ce n'était pas une attitude apprise, ce n'était pas un masque qu'il avait mis et qu'il garda pour mieux jouer son rôle; c'était un don même de la nature qui, dès sa première enfance, se manifestait en lui.

Quelques mois après, deux ambassadeurs extraordinaires, envoyés par la Sérénissime République pour féliciter Louis XIV de son avènement au trône, faisaient encore de sa personne physique et morale le portrait suivant : « Louis XIV a cinq ans accomplis depuis le mois de septembre passé; son esprit est très vif et la beauté de sa nature laisse apercevoir de grandes semences de vertu... Le corps est robuste, l'œil vif, plutôt sévère, mais d'une sévérité pleine de charme. Il rit rarement; dans ses jeux d'enfant... il reste longtemps sans bouger... Il sait et il connaît qu'il est roi; il veut être tenu pour tel; et si parfois la reine le reprend, il répond qu'il viendra bien un temps où il sera « maître » de sa « maîtresse, » c'est-à-dire maître de sa mère... Dans ses rapports avec le duc d'Anjou son frère, qui est âgé de trois ans,... il maintient sa gravité (*sussiego*), il veut être respecté et obéi. Quand les ambassadeurs parlent à la reine sa mère, il ne fait pas attention; mais, quand c'est à lui qu'ils s'adressent, il reste très attentif, et il veut ensuite que toutes les paroles lui soient répétées et retranscrites (*notificate*). En somme, si la vie et l'éducation ne lui font pas défaut, il promet d'être un grand roi. » A cinq ans, avec cet air de sérieux et de gravité, avec cette impatience d'être le maître, avec cette sorte de respect qu'il exigeait de ses proches, avec cette volonté très nette de connaître les choses par soi-même,

Louis XIV offrait déjà tous les traits essentiels de son caractère d'homme et de roi.

Tous les ambassadeurs de Venise ont ressenti la même impression auprès du jeune roi et l'ont traduite presque dans les mêmes termes.

En 1648, Nani, parlant de ce roi de dix ans, « qui est né au milieu des miracles et qui a grandi au milieu des félicités, » s'exprime ainsi : « Jusqu'ici la nature et la fortune ont concouru à le combler de leurs faveurs et de leurs dons... Son extérieur a toutes les perfections que donne la beauté, et même le respect et la gravité... Le sérieux et le sévère apparaissent sur son visage... La mélancolie l'occupe d'une manière excessive, à un âge dont la vivacité est la qualité ordinaire... Les dispositions naturelles ne peuvent pas se montrer plus belles que dans ce jeune prince; il promet beaucoup de lui-même... »

Morosini, dans sa relation datée de 1653, constate les premières manifestations d'une volonté désireuse de se faire obéir. « Le roi, dit-il, assiste au conseil, chaque fois qu'il se réunit, avec une patience et une attention si particulières que souvent, quand il croit que les résolutions prises ne conviennent pas vraiment à son service, quoiqu'elles soient approuvées par les autres, il les casse, en les désapprouvant résolument. Il connaît la grande place qu'il occupe, et bien que ses inclinations le portent plus à manier l'épée que la plume, il ne laisse pas de consacrer plusieurs heures par jour à l'étude... Les Français l'appellent Dieudonné, et l'on ne pouvait mieux réprésenter que par ce nom l'excellence de ses nombreuses qualités... »

Sagredo le juge bien (1655), en le définissant « un prince d'une nature tranquille, ennemi de la cruauté et de la violence, d'ailleurs très religieux et rempli de la crainte de Dieu; » il est moins perspicace, quand il parle de « son caractère semblable à celui de son père, assez porté à se laisser gouverner par un favori, » à cause de l'empire que sa mère et le cardinal exerçaient sur lui.

Nani, qui remplit une seconde ambassade en France de

1659 à 1660, eut l'occasion de tracer un portrait détaillé de Louis XIV dans le cours de sa vingt-troisième année, quelques mois à peine avant le début de son règne personnel. Le roi, dit-il, « est d'un aspect plein de beauté, d'une taille haute et bien proportionnée...; son visage respire la majesté et la politesse. Si la fortune ne l'avait pas fait naître un grand roi, il est certain que la nature lui en a donné les apparences, en le dotant de parties remarquables et bien dignes de son rôle. Il est très pieux, de mœurs très pures, d'un esprit très droit... Il s'informe volontiers des affaires, mais il s'estime encore trop jeune et trop inexpérimenté pour savoir les diriger. Il aime le secret, et sa dissimulation est profonde. On ne l'a jamais vu éprouver du dédain, dire du mal de quelqu'un, ou faire un mensonge, même en plaisantant. Avec tous il montre une souveraine indifférence, au point que personne parmi ses plus intimes ne peut se vanter d'une seule parole de partialité et de confidence, traits de caractère qui, à la vérité, sont rares chez tous les princes, mais qui sont merveilleux dans un monarque à la fleur de l'âge, élevé au milieu des faveurs de la fortune. Aussi les peuples le vénèrent, avec une grande espérance que Sa Majesté, grandissant en âge et en expérience, deviendra non seulement l'un des plus glorieux, mais encore l'un des plus sages princes qui ait jamais porté le sceptre de cette couronne. »

Les Français qui vivaient dans son intimité pouvaient donner à leur admiration l'accent de l'hyperbole; mais dans le fond, ils ne le jugeaient pas d'une autre manière que les étrangers. Ils constataient chez lui les mêmes avantages extérieurs et les mêmes qualités d'esprit.

Dans le cercle de Mlle de Montpensier, où la galanterie à la mode était de faire le portrait des personnes, la maîtresse de la maison et quelques-uns de ses intimes ne manquèrent pas de tracer le portrait de Louis, alors dans tout l'éclat de ses vingt ans. Voici comment Mademoiselle décrivait la personne de son cousin. « La taille de ce monarque est autant par-dessus celle des autres que sa naissance, aussi bien que sa mine. Il a l'air haut, relevé, hardi, fier et agréable, quelque chose de fort doux et de majestueux dans le visage, les plus beaux cheveux du monde en leur couleur et en la manière dont ils sont frisés, les jambes belles, le port beau et bien planté. Enfin, à tout prendre, c'est le plus bel homme et le mieux fait de son royaume et assurément de tous les autres... Il a fort bon sens pour les affaires, parle bien dans ses conseils, et en public quand il est nécessaire... » La comtesse de Brégy, très connue dans le monde des précieuses, imagina de faire le portrait du roi sous le nom de Tircis. « Les bords du Lignon n'ont jamais eu ce que je m'en vais vous montrer sur les bords de la Seine. C'est un berger, belle Amarante, qui peut porter un sceptre bien mieux qu'une houlette... Sa personne sert infiniment à faire valoir le reste de ses avantages; car... il est le mieux fait de tous les hommes; il est grand, et d'une taille si parfaite qu'il n'aurait pas besoin que vingt ans (qui est l'âge du berger) le laissassent en liberté de croître davantage... »

Citons enfin les derniers mots du parallèle que Péréfixe établissait, en tête de l'*Histoire du roi Henri le Grand*, entre le grand-père et le petit-fils. « Dieu vous a donné un avantage que ce grand prince n'avait pas; c'est cette majestueuse présence [prestance], cet air et ce port presque divin, cette taille et cette beauté dignes de l'empire de l'univers, qui attirent les yeux et les respects de tout le monde, et qui, sans la force des armes, sans l'autorité des commandements, vous gagnent tous ceux à qui Votre Majesté veut se faire voir. »

Que conclure de tous ces témoignages, sinon que Louis XIV avait, d'une façon merveilleuse, depuis sa jeunesse et même depuis son enfance, les qualités physiques du rôle qu'il allait inaugurer à la mort de Mazarin? Le nez de Cléopâtre, a dit Pascal, s'il eût été plus court, toute la face de la terre aurait changé. Louis XIV, s'il eût été affligé de quelque infirmité naturelle, aurait pu sans doute se faire le représentant des mêmes idées politiques; mais il n'aurait pu leur donner la consécration vivante qui se dégageait de toute sa personne, de son attitude, de sa manière de parler.

On écrivait, en 1657, que Louis semblait être ce prince parfait dont toute l'antiquité ne nous a tracé que l'idée; pour La Fontaine, qui le vit à l'entrée triomphale du 26 août 1660, il traduisait ainsi son admiration :

> Croyez-vous que le monde ait eu beaucoup de rois
> Ou de taille aussi belle ou de mine aussi bonne?
> Ce n'est pas mon avis; et, lorsque je le vois,
> Je crois voir la grandeur elle-même en personne.

« Jusqu'au moindre geste, son marcher, son port, toute sa contenance, tout mesuré, tout décent, noble, grand, majestueux; et toutefois très naturel, à quoi l'habitude et l'avantage incomparable et unique de toute sa figure donnait une grande facilité... Proportionné et fait à peindre, dit encore l'auteur du *Parallèle*, et tel que sont les modèles que se proposent les sculpteurs, » il excellait dans tous les exercices du corps, danse, paume, chasse, équitation; quand il jouait au billard, il avait, suivant le mot fameux, l'air du maître du monde. Partout et toujours, c'était la même gravité qui imposait et la même noblesse qui séduisait; « et ce qui n'a peut-être été donné à nul autre, il paraissait avec ce même air de grandeur et de majesté en robe de chambre, jusqu'à n'en pouvoir soutenir les regards, comme dans la parure des fêtes ou des cérémonies, ou à cheval à la tête de ses troupes. » Un familier du cercle de Mlle de Montpensier vante, en 1658, sa « contenance douce et fière, qui n'a rien que d'extraordinaire; et, quand il se voudrait déguiser, partout où il se rencontrera, l'on reconnaîtra aussitôt qu'il est le maître... » C'est l'idée que devaient traduire plus tard les vers de la *Bérénice* de Racine, qui le désignaient clairement à tous les spectateurs :

> Parle : peut-on le voir sans penser, comme moi,
> Qu'en quelque obscurité que le sort l'eût fait naître,
> Le monde, en le voyant, eût reconnu son maître?

Or, entre cet extérieur, « qui n'eut jamais son pareil ni rien qui en ait approché, » et les idées que Louis devait représenter un jour, il y avait comme une intime corrélation. Comme le disait de lui Mme de Motteville quand il avait l'âge de neuf ans, « l'impression de la puissance que Dieu lui destinait était marquée dans toute sa personne et dans toutes ses actions. » Une nuit où, veillant dans la chambre d'Anne d'Autriche malade, elle regardait le roi qui s'était endormi tout habillé sur un matelas posé au pied du lit de sa mère, elle ne put mieux se traduire à elle-même les sentiments d'admiration qu'elle éprouvait à le contempler, qu'en songeant à « ces héros que les romans représentent couchés dans un bois ou sur le bord de la mer. » La nature avait donné à Louis toutes les qualités extérieures du rôle que sa naissance l'appelait à jouer. Aussi est-ce une des raisons pour lesquelles il l'a tenu avec un tel éclat qu'il est resté, pour les contemporains et pour la postérité, l'incarnation vivante et symbolique de la monarchie absolue.

Avait-il aussi reçu en naissant les qualités intérieures de son rôle? De bonne heure il passa, aux yeux du moins de quelques courtisans, pour n'avoir que des facultés moyennes. On avait placé à côté de lui de jeunes seigneurs, le chevalier de Rohan, qui devait avoir une fin misérable, Guiche, Saulx de Lesdiguières, Tréville, réputés eux-mêmes par la vivacité de leur intelligence; ils remarquèrent bientôt en Louis une certaine lenteur intellectuelle, en conclurent qu'il n'avait pas beaucoup d'esprit, parlèrent de lui avec une espèce de mépris et s'en cachèrent si peu qu'il s'en aperçut aisément; il n'oublia jamais de quelle manière ils l'avaient jugé, et il le leur fit voir dans plus d'une circonstance.

Un génie qui, naturellement, n'a rien de fort brillant ni de fort élevé; un génie naturellement assez borné; la médiocrité que la naissance lui avait donnée : ces expressions sont d'un témoin qui traçait, en 1690, le portrait du grand roi. Il était né « avec un esprit au-dessous du médiocre, » dit aussi Saint-Simon, qui s'empresse, il est vrai, d'ajouter : « mais un esprit capable de se former, de se limer, de se raffiner, d'emprunter d'autrui sans imitation et sans gêne. » Ce travail de formation intérieure, difficile à concilier avec cette excessive médiocrité d'esprit, il l'avait commencé de bonne heure, plusieurs années avant la mort de Mazarin. « Je ne laissais pas, dit-il lui-même, de m'éprouver en secret et sans confident, raisonnant seul et en moi-même sur tous les événements qui se présentaient, plein d'espérance et de joie quand je découvrais quelquefois que mes premières pensées étaient les mêmes où s'arrêtaient à la fin les gens habiles et consommés, et persuadé au fond que je n'avais point été mis et conservé sur le trône avec une aussi grande passion de bien faire sans en devoir trouver les moyens. » Il est vrai que, dans une certaine mesure, il s'est formé lui-même par ce travail de réflexion personnelle, et qu'il a été presque en droit de dire à son fils, à propos de ses idées en matière financière : « Ces maximes que je vous apprends aujourd'hui ne m'ont été enseignées par personne, parce que mes devanciers ne s'en étaient pas avisés. » Il n'est pas moins vrai, comme on l'a vu, qu'il a subi l'influence de l'éducation pratique qui lui fut donnée et de quelques personnes de son entourage.

Ce qui lui appartient en propre, c'est le sérieux et la gravité qu'il tenait de sa naissance, c'est surtout cette maturité précoce qui le fit passer presque sans transition de l'enfance à l'âge viril. « Ses actions et son raisonnement, écrit un contemporain au moment de la proclamation de sa majorité, sont d'un homme de vingt-cinq ans. » Mazarin savait mieux que personne ce que son filleul et élève pourrait donner un jour; de son exil, il écrivait au maréchal de Villeroy : « On m'écrit des merveilles du roi; j'en suis ravi de joie. Comme vous savez combien de fois je vous ai dit que je croyais que nous pouvions attendre que ce serait un prince aussi accompli que l'on en eût vu depuis des siècles, j'en suis plus persuadé que jamais. » Dans les lettres pressantes qu'il adressait au roi au moment de sa rupture avec Marie Mancini, il lui rappelait tout ce qu'on était en droit d'espérer d'une nature comme la sienne. « Le bon Dieu vous a donné si libéralement tout ce qui vous est nécessaire pour être un des plus grands princes du monde que vous ne pourrez avec justice vous plaindre que de vous-même si vous ne le devenez. » Il disait de même au maréchal de Gramont qu'il y avait en Louis XIV « de l'étoffe de quoi faire quatre rois et un honnête homme, » ou encore à Villeroy : « Il se mettra en chemin un peu tard, mais il ira plus loin qu'un autre. » A cet égard, La Porte ne pensait pas autrement que Mazarin. « Dès son enfance, dit-il, il a fait voir qu'il avait de l'esprit, voyant et entendant toutes choses…; dès ce temps-là, il y avait toutes les apparences du monde qu'il ferait un grand prince; » d'accord avec l'abbé de Beaumont, il disait à Monsieur le Prince que le roi serait un honnête homme.

Ce qui frappait ceux qui l'approchaient, c'était ce désir de connaître les choses par soi-même, sans se payer des apparences, et son soin à se renseigner auprès de ceux qui étaient à même de les lui faire connaître. « Quand il vient au conseil, disait Mazarin à l'abbé de Beaumont, il me fait cent questions sur la chose dont il s'agit. » Mme de Motteville, qui vécut à ses côtés pendant son enfance, rapporte qu'il avait naturellement envie qu'on lui dît ce qu'il ne savait pas et qu'il ne voulait parler que des choses qu'il savait. Ce doit être la raison qui lui fit avoir des conversations à jours réglés, deux ou trois fois par semaine, avec la mère de l'abbé de Choisy; celui-ci raconte qu'elle-même les avait conseillées au roi, qui les payait par une pension de huit mille livres : « Sire, voulez-vous devenir honnête homme? Ayez souvent des conversations avec moi. » C'était une femme de mérite et d'esprit, descendant du chancelier de l'Hospital, fort avant dans les secrets de la cour, en relations avec plusieurs princesses de l'Europe, et connaissant d'ailleurs l'art de se faire bien venir des grands.

A cette curiosité instinctive, condition nécessaire de l'exercice personnel du pouvoir royal, s'ajoutait une singulière déférence pour les avis des autres quand ils s'appuyaient sur la raison. « Il n'est point agneau plus doux ni plus traitable que notre roi, » disait de lui son premier confesseur quand il avait huit ans. Son valet de chambre rapporte que, quelque chose qu'il lui ait dit, il ne lui en a jamais témoigné d'aversion, qu'il était fort docile et qu'il se rendait toujours à la raison. Il n'avait pas, d'après un autre témoin de ses premières années, de ces sentiments opiniâtres qui sont naturels chez les enfants; sa mère, en faisant appel à la raison et à son esprit d'obéissance, le conduisait toujours à ce qu'elle voulait de lui. Même témoignage chez un contemporain, qui écrivait sur lui à la veille de ses vingt ans : « Il est plus sage et plus arrêté que ne le porte son âge; il n'a que de très bonnes habitudes et de très raisonnables sentiments; il est capable et intelligent, mais qui ne présume de son sens, ni ne s'obstine à le défendre; au contraire, il se rend volontiers à la raison; il reçoit aisément conseil; il écoute avec plaisir, et il ne parle qu'à propos. » S'informer des choses, se rendre aux avis des personnes sages et sensées : c'étaient déjà chez l'enfant et le jeune homme ces traits de caractère, dont un juge sévère, mais clairvoyant, devait dire un jour que, « autorité à part, qui étouffait tout, il aimait la vérité, l'équité, l'ordre, la raison, et qu'il aimait même à s'en laisser vaincre. »

Louis tenait encore de la nature une disposition de l'esprit qu'un contemporain appelait la principale qualité des rois, à savoir une profonde dissimulation, non qu'il faille entendre par là un penchant mauvais à la fourberie et au mensonge, mais l'art nécessaire à un chef d'État, qui entend ne se mettre dans la dépendance de personne, de rester impénétrable à ceux qui l'approchent, de ne faire connaître ses décisions qu'au moment même de les exécuter, et de garder religieusement pour lui seul toutes les confidences. Tout jeune, il eut cet art de renfermer en lui-même ses secrets et ceux des autres. On s'aperçut bien vite qu'il gardait pour lui tous ses sentiments et qu'il n'en laissait rien percer au dehors. C'est un trait de caractère qui n'a pas été oublié dans la *Galerie des portraits* de Mademoiselle : « Sa discrétion est à tel point qu'il ne lui échappe jamais rien de ce qui se doit celer. » L'archevêque de Lyon, frère du gouverneur du roi, disait au jeune Brienne : « Ne vous y méprenez pas ; il ne dit pas un mot de ce qu'il pense ; » et Brienne lui-même, qui avait été l'un de ses enfants d'honneur, rapporte : « Il se cachait à moi comme à tout le monde, et je lui trouvais quelquefois (avant la mort de Mazarin) si peu d'intelligence que j'en étais étonné. J'avoue que je m'y mépris... »

Où cette puissance de dissimuler ses vrais sentiments et d'en feindre qu'il n'avait pas se révéla d'une manière étonnante, ce fut dans cette journée du 19 décembre 1652, quand il fit arrêter le cardinal de Retz. Dissimulation chevée, présence d'esprit surprenante, promptitude de la résolution, on ne sait ce qui frappe davantage chez l'auteur de cette scène.

Depuis deux mois, c'est-à-dire depuis sa rentrée à Paris, le roi avait pris la résolution d'arrêter le cardinal, il avait même donné l'ordre par écrit de le prendre « mort ou vif ; » seule, l'occasion ne s'était pas présentée, quand le cardinal vint se livrer lui-même. Il s'était décidé à aller au Louvre pour rendre ses devoirs au roi et à la reine. Louis fut prévenu au moment même de cette visite inattendue ; sans s'étonner, sans bouger la tête, il dit simplement : « Il faut faire aussitôt le roi, » et il fait appeler le capitaine des gardes de service. Ensuite, il sort de son appartement, rencontre dans l'escalier le cardinal, lui offre, d'un air souriant, de le conduire chez la reine mère, et là il lui adresse quelques paroles aimables, à propos d'une comédie à laquelle il songeait ; puis, après avoir dit en riant quelques mots à l'oreille au capitaine des gardes, il sort pour aller assister à la messe. Au milieu de la messe, le capitaine des gardes vint le prévenir que l'ordre avait été exécuté; le roi se tourne vers son confesseur et lui annonce la nouvelle. « Je fus bien surpris; ô Dieu, que je fus surpris! » ajoute celui-ci dans le récit qu'il fait à Mazarin de cette singulière aventure. En effet, quelques instants auparavant, il avait assisté en personne à l'accueil plein de bienveillance que le roi avait fait au coadjuteur, et il s'était réjoui avec lui « de ce qu'il faisait si bien sa cour. » Mais sa surprise ne l'empêche pas d'admirer l'art merveilleux avec lequel tout cela avait été conduit en quelques instants. « Il n'y a jamais eu politique plus raffiné qui l'eût pu si bien faire... Que dit Votre Éminence de cette sagesse? » Il est certain qu'il était difficile de demander à un jeune prince de quatorze ans et trois mois quelque chose de plus accompli en son genre. « Sa judicieuse modération, » suivant l'expression de Mme de Motteville à propos de l'arrestation du cardinal, avoit donné toute sa mesure, dès qu'il s'était agi de « faire le roi; » elle ne fera pas mieux en 1661, pour l'arrestation de Fouquet. Citons encore un jugement du P. Paulin, dont l'expression ne laisserait pas d'être curieuse, si l'on ne savait ce que le mot de dissimulation signifie; quelques jours avant sa mort, faisant ses adieux à Mazarin dans une dernière lettre (avril 1653), il disait de son jeune pénitent : « Le roi croît en sagesse et en dissimulation. »

Ce qui grandissait de pair avec ces deux vertus royales, c'était son désir de montrer par des actes qu'il entendait remplir en entier ses fonctions royales quand les circonstances le lui permettraient, et qu'en attendant il commençait l'apprentissage de son métier de roi. Il avait à cet égard, dès la plus tendre enfance, des idées très nettement arrêtées, témoin le portrait que les ambassadeurs vénitiens avaient tracé de lui à l'âge de cinq ans. Il se mettait fort en colère quand son valet de chambre, pour mieux exciter son émulation, lui disait, par ironie, qu'il ferait un second Louis le Fainéant. Péréfixe, en lui présentant l'*Histoire de Henri le Grand*, lui rappelle les paroles qu'il lui avait entendu prononcer, qu'il « aimerait mieux n'avoir jamais porté couronne que de ne pas gouverner lui-même et de ressembler à ces rois fainéants de la première race, qui ne servaient que d'idoles à leurs maires du palais et qui n'ont point eu de nom que pour marquer les années dans la chronologie. » Ces sentiments virils, Louis les a traduits plus tard lui-même, de sa plume de roi, sous une forme non équivoque. « Dès l'enfance même, le seul nom de rois fainéants et de maires du palais me faisait peine quand on le prononçait en ma présence. »

C'est pour cela que cet enfant de cinq ans écoutait, avec tout le sérieux et toute l'attention dont il était capable, les discours des ambassadeurs et qu'il se faisait ensuite expliquer leurs paroles. Ces audiences devinrent, quand il fut jeune homme, l'une des occupations régulières de cette vie royale qui, de tout temps, « voulut l'ordre et la règle. » « Si, l'après-midi, il y avait quelque audience d'ambassadeurs, raconte le journal de Dubois à la date de 1655, il [la] leur donnait si attentivement qu'il ne se pouvait pas davantage; et, leurs discours finis, il les entretenait un petit quart d'heure, fort familièrement, des choses qui regardaient l'affection de leurs maîtres, ou de leurs pays, des alliances et des amitiés qu'il y avait eues dès long-temps, des maisons et des royaumes... » Cette école, journalière et personnelle, autant que les conversations avec Mazarin, lui donna, de bonne heure, sa remarquable connaissance des hommes et des choses de l'Europe.

Il sait qu'il est roi, écrivaient de lui les ambassadeurs vénitiens, quand il avait cinq ans à peine. Plusieurs anecdotes de sa première enfance le montrent, en effet, qui « pointait sous le joug, » pour parler comme Saint-Simon. Malgré sa profonde affection pour sa mère et sa déférence pour Mazarin, sa nature indépendante, fière, jalouse de commander, éclatait par moments. Au début même de la régence, il répondait aux observations de sa mère qu'un jour viendrait où ce serait à lui d'être le « maître » de sa « maîtresse. » Une fois, à près de neuf ans, à propos d'un ruban avec lequel sa mère voulait lui attacher au cou une petite croix de reliques, il fit une scène de désobéissance, « jusqu'au point qu'il tranchât le mot et dit : Je le veux comme cela, moi. » Mais ce ne fut qu'un cri de colère; au bout d'un moment, il alla de lui-même se jeter aux genoux de sa mère : « Maman, lui dit-il, je vous demande pardon; je vous promets de n'avoir jamais d'autre volonté que la vôtre. » Au même âge, il adressait une aigre réprimande au grand chambellan, venu trop tard à son lever; il gourmandait le premier gentilhomme de la chambre, « d'un ton à faire connaître qu'il était roi et le croyait bien. » Un jour, voyant l'escorte de courtisans qui suivait partout Mazarin, il avait dit du cardinal : « Voilà le Grand Turc qui passe! » Au milieu d'un bal donné à Fontainebleau, quand il avait près de dix ans, il était venu dire à sa mère qu'il désirait être grand; comme sa mère lui demandait pourquoi, il répondit que c'était pour gouverner par lui-même, « parce qu'il faisait bon être le maître. » Il avait entendu dire du jeune landgrave de Hesse, qui assistait à ce bal, qu'il gouvernait en personne ses États, et il enviait le sort de ce principicule allemand.

A la veille de la déclaration officielle de sa majorité, cette impatience d'être le maître parut devenir plus vive; on eût dit qu'il comptait les jours qui le séparaient de cette cérémonie, comme si elle devait donner brusquement le signal de son autorité personnelle. Pendant une étude, l'évêque de Rodez lui faisait l'éloge des personnes attachées à son service, de leur affection sincère et désintéressée, des espérances qu'elles mettaient en lui. « Elles verront, dit-il, dans deux mois et quelques jours, de quelle façon je m'y prendrai. » Vers la même époque, pendant les promenades de la cour, le roi à cheval était resté en arrière en compagnie de Mlle de Montpensier, que suivait une de ses dames, Mme de Frontenac. La reine, qui craignait quelque intrigue galante entre son fils et cette dernière personne, mit un terme à ces sorties. Vif dépit du roi; croyant que sa mère avait rompu ces parties par paresse, il imagina de lui offrir cent pistoles pour les pauvres chaque fois qu'elle se promènerait; mais elle refusa les pistoles et maintint sa défense. « Quand je serai le maître, finit par dire le roi en colère, j'irai où je voudrai, et je le serai bientôt; » et il s'en alla. La mère pleura beaucoup, le fils aussi; enfin on les raccommoda.

Cependant ce jour de la majorité, qui devait changer tant de choses, était arrivé, et rien n'avait été changé. Anne d'Autriche n'était plus régente, mais elle avait toujours la même autorité sur son fils; Mazarin était le premier ministre d'un roi majeur au lieu de l'être d'un roi mineur. Les relations entre ces trois personnes restèrent après ce qu'elles étaient avant, si ce n'est que le roi, qui nourrissait toujours les mêmes idées sur sa propre autorité et sur la manière de l'exercer, s'habitua de plus en plus à les refouler en lui-même, sans en laisser rien paraître au dehors. Ses sentiments à l'égard de Mazarin perdirent ce qu'ils pouvaient avoir eu parfois, pendant ses premières années, de moquerie et d'impatience, pour se transformer en déférence et en affection véritables.

Un ambassadeur vénitien, qui caractérise, en 1660, cette affection de « très passionnée », décrit, d'une manière curieuse, les rapports entre le roi et son premier ministre, quelques mois à peine avant le jour où Louis devait déclarer sa résolution de ne plus avoir de premier ministre. « Tout l'effort de ses affections paraît dirigé vers le cardinal. Il ne faut pas dire seulement que le roi l'estime comme un ministre utile et nécessaire,.... que par force il lui laisse l'autorité, mais il faut avouer qu'il y a une sympathie occulte, une subordination de l'esprit et de l'intelligence, par suite desquelles l'inclination d'un grand prince peut dépendre du génie d'un homme privé. Aussi, il lui laisse un pouvoir absolu sur les affaires du royaume, le pouvoir sur lui-même, la disposition de tout, et, en se privant de sa propre autorité, il ne peut pas rester privé de sa présence. Il le voit plusieurs fois par jour. Dans toutes les choses, jusque dans les petites et même dans celles qui ne dépendent que de son goût, il reçoit ses avis et l'on peut dire ses prescriptions. Il n'entend pas parler d'affaires ou demander des grâces qu'il ne renvoie le tout au cardinal, ou au plus, il s'offre pour intercéder auprès de lui. »

Il y a loin de cette attitude de disciple empressé et respectueux, constatée par un témoin oculaire et impartial, aux sentiments que l'historien du *Siècle de Louis XIV*, avec ses préjugés contre Mazarin, prête volontiers au roi à la veille d'inaugurer son règne. C'était, selon Voltaire, une anecdote très connue à la cour, qu'il avait dit après la mort du cardinal : « Je ne sais pas ce que j'aurais fait s'il avait vécu plus longtemps. » La Fare nous paraît être plus dans le vrai, quand il écrit, à propos de l'effacement du roi devant le cardinal : « Quoiqu'on ait dit qu'il commençait à s'en lasser, je doute qu'il eût de longtemps secoué ce joug. »

Il se peut que Mazarin, connaissant mieux que personne les idées politiques qui fermentaient dans l'âme du roi, devinant son immense désir d'être le maître, désir conforme d'ailleurs aux propres conseils qu'il lui donnait, ait éprouvé parfois quelques sentiments de jalousie, plutôt que d'inquiétude réelle, à l'égard de ce prince qui, depuis longtemps, avait cessé d'être un enfant. Le jeune Brienne raconte à ce sujet une scène dont il dit avoir été témoin, peu de semaines avant la mort du cardinal déjà très malade, mais que sa mémoire a peut-être un peu dramatisée. Mazarin se promenait, très languissant et gémissant, dans la galerie de son palais ; à la vue de toutes les œuvres d'art qu'il y avait réunies, il disait avec douleur : « Il faut quitter tout cela ! » Brienne voulut le consoler : « Bon courage, Monseigneur ; personne ne désire plus votre mort ; tout le monde, au contraire, fait des vœux pour le recouvrement de votre santé. — Est-il vrai ? L'on ne veut plus ma mort ? Ah ! vous ne savez pas tout ; quelqu'un la désire. — Cela ne peut être, Monseigneur ; ne vous mettez point de vision dans l'esprit. — Je sais le contraire, me dit-il, mais n'en parlons plus. Il faut mourir ; plutôt aujourd'hui que demain. Il souhaite ma mort, je le sais bien... »

Si Louis XIV éprouva jamais les sentiments peu charitables que lui prête cette anecdote, il n'en laissa rien percer au dehors. Jusqu'à la dernière heure, il resta le même avec Mazarin, sans rien lui dérober, ni de sa confiance personnelle, ni de l'autorité qu'il exerçait. « On n'a jamais conservé la toute-puissance plus avant dans la mort, » écrit avec raison un contemporain, un mois avant la mort du cardinal. Louis avait la conscience de sa capacité et surtout de sa volonté d'être roi; mais il ne pouvait voir sans quelque appréhension le moment où il lui faudrait tout à coup agir en maître. Il le dit lui-même, à propos de la prise de possession de son autorité personnelle : « Ce que je souhaitais et ce que je craignais tout ensemble depuis si longtemps. » D'ailleurs, ce mélange bien naturel d'impatience et d'inquiétude ne fut pas mis à une trop longue épreuve. Mazarin, qui fut souvent bien servi par les circonstances, eut l'art de mourir à propos, en pleine gloire, sans avoir eu le temps d'éprouver cette ingratitude qui s'attache parfois aux vieux serviteurs trop longs à disparaître. La Fronde était vaincue depuis plusieurs années; les dernières traces venaient d'en être effacées avec le retour de Condé; la paix était signée avec l'Espagne; le roi était marié. La tâche de Mazarin, premier ministre, surintendant de l'éducation et parrain de Louis XIV, était comme finie; le moment était venu de céder la place au roi. C'est à ce moment même que Mazarin mourut.

Ceux qui connaissaient à fond le jeune roi parlant peu, pensant beaucoup, s'attendaient, dit un contemporain, à quelque révolution. Mais combien y avait-il de personnes à la cour, en dehors du cardinal et peut-être aussi de la reine mère et de quelques intimes, qui eussent pu lire au fond d'une âme qui n'avait pas encore livré son secret? Quant au coup de théâtre qui devait éclater, c'était dans les choses extérieures qu'il devait se produire et non dans les dispositions intimes du jeune souverain.

Depuis dix-huit ans qu'il était roi, depuis dix ans qu'il

était majeur, il avait subi, qu'il l'eût voulu ou non, qu'il
l'eût su ou non, bien des influences : influence de sa mère,
qui lui avait communiqué sa fierté pour tout ce qui touchait à la majesté royale ; influence d'un serviteur obscur
comme La Porte, qui lui avait répété, sous toutes les
formes, qu'il devait être le maître ; influence de Péréfixe,
qui lui avait montré dans Henri IV le type accompli du roi
tenant lui-même en mains le timon de son État ; influence
de Mazarin, qui l'avait initié jusqu'à la dernière heure à
la pratique des affaires et lui avait légué ses dernières
instructions. A ces influences qui s'étaient exercées par
une action lente, continue, quotidienne et par cela même
efficace, qui toutes lui avaient dit, de mille manières, qu'il
était le·maître, qu'il fallait qu'il le devînt, l'histoire avait
ajouté l'autorité de ses leçons. Ce qu'il avait lu dans le
passé, ce qu'il avait vu de ses yeux, ce qu'il avait souffert,
tout lui avait montré que la grandeur de son État dépen-
drait avant tout de la manière personnelle dont il com-
prendrait les devoirs de la royauté. Le but que ses familiers lui disaient d'atteindre, que l'expérience lui montrait,
était aussi celui vers lequel le portaient ses dispositions
naturelles, à savoir le désir ardent de se rendre compte
des choses, le sentiment très net de sa propre grandeur,
la volonté bien arrêtée de se faire obéir et respecter. La
révolution qui se produisit à la mort de Mazarin ne fut
donc que le couronnement d'un travail intérieur, qui se
poursuivait depuis plusieurs années. Aussi fut-elle durable,
précisément parce qu'elle avait été fermement voulue et
arrêtée à l'avance. Préparées par l'éducation, par les circonstances historiques, par la réflexion personnelle, les
idées politiques de Louis XIV se firent jour d'elles-mêmes,
dès que l'occasion leur fut offerte, et à partir de ce
moment, elles ne varièrent plus. Louis XIV aurait pu, en
mourant, rendre sur lui ce témoignage que, comme le
héros dramatique dont parle Horace, il était resté jusqu'au
bout tel qu'il s'était annoncé tout d'abord, et que jamais
il ne s'était démenti.

CHAPITRE VIII

L'OPINION PUBLIQUE APRÈS LA FRONDE

Évolution rapide des esprits au cours de la Fronde. — Mazarinades royalistes. — Écrits à l'occasion de la majorité du roi. — Progrès des idées royalistes à la fin de la Fronde. — Triomphe de la réaction lors du retour du roi. — Misère matérielle du pays; *la Nymphe de la Seine*; *la Conquête de la Toison d'Or*. — Ce que la France attend du roi. — Impopularité des premiers ministres. — Premier ministre, synonyme de tyran. — L'*Aristippe* de Balzac. — La question des favoris. — Vœu unanime en faveur du pouvoir personnel. — Le culte du roi va jusqu'à son assimilation avec Dieu. — Témoignage de Gui Patin sur Louis XIV. — État d'esprit des Français en 1661. — Accord entre la France et son roi.

Vᴇʀs l'époque où Louis XIV allait inaugurer son règne personnel, il y avait en France un mouvement d'opinion très nettement dessiné en faveur d'une royauté forte, indépendante, maîtresse elle-même de ses propres destinées. La Fronde avait eu le résultat de toutes les révolutions qui échouent; elle avait consolidé l'édifice qu'elle avait voulu ébranler, et elle en avait rendu la conservation chère à l'immense majorité de la nation.

Quand les magistrats, les nobles et les bourgeois, ruinés dans leurs privilèges par Richelieu ou accablés d'impôts par Mazarin, avaient entrepris de résister par la force à un régime devenu oppressif, il y avait eu au début, sinon dans la France entière, au moins dans la capitale du royaume et dans plusieurs grandes villes, un accord et un élan dans la résistance, qui pouvaient rappeler, à certains égards, l'explosion nationale de la Ligue. Au milieu de cette effervescence générale, qui marqua le début de la Fronde, ils étaient rares sans doute, en dehors de quelques amis restés fidèles à la reine mère, au jeune roi et au premier ministre, ceux qui vantaient, comme Mme de Motteville, « cette belle et honorable servitude » à laquelle la France était « accoutumée » et qui regardaient cette « puissance que le peuple voulait prendre dans Paris comme une grande maladie de l'État. » Mais à l'union, à l'énergie, à l'enthousiasme des premiers temps n'avaient pas tardé à succéder la discorde, l'impuissance, le découragement. La Fronde n'était pas restée longtemps sur le terrain de l'opposition parlementaire et, pour ainsi dire, constitutionnelle où elle avait paru se cantonner dans le commencement; elle avait promptement dégénéré en guerre civile, inspirée par des intérêts égoïstes, toujours méprisables, souvent criminels. Sans être passée par des maux comparables à ceux de la Ligue, mais précisément parce que les désordres dont elle était victime lui en faisaient craindre le retour, la France avait vite reporté ses regards, avec des sentiments d'espérance et d'amour, sur le jeune roi qui grandissait dans ces temps de confusion et de misère, comme jadis elle les avait reportés sur son grand-père.

Le flot des mazarinades, qui a inondé pendant trois ou quatre ans Paris et la France de pamphlets sans nombre, n'a pas été alimenté seulement par le mépris et la haine du premier ministre et par le débordement des passions démagogiques; dans ses eaux très mélangées on peut suivre la trace d'un courant dont la source est dans l'esprit de fidélité et d'obéissance au roi, et il est facile de constater que ce courant de foi monarchique devient de plus en plus abondant à mesure que la Fronde s'avance vers son échec pitoyable.

Lis et fais était une pièce courageuse, si l'on songe que cette vigoureuse attaque des ambitions politiques du parlement et de ses partisans fut distribuée à Paris le

11 février 1649, c'est-à-dire au milieu des plus violentes passions de la guerre civile, quand Paris se défendait ouvertement contre les troupes royales. « Pauvre peuple de Paris, disait l'auteur, que je plains ta simplicité et ton aveuglement!... Quelle rage te possède de prendre les armes contre ton roi?... On veut lui voler le plus beau fleuron de sa couronne. On attaque directement son autorité... Le parlement veut de l'État du monde le plus monarchique en composer un gouvernement monstrueux de deux cents têtes... » En 1650, Isaac de Laffemas, le juge servile et impitoyable du ministère de Richelieu, traduisait dans *le Frondeur désintéressé*, en vers qui ne sont pas les plus mauvais des mazarinades, les sentiments d'ordre et de paix que ces agitations stériles commençaient à faire naître dans les rangs des anciens Frondeurs :

> Que nous puissions voir désormais
> Régner la Justice et la Paix;
> Que ces deux Grâces s'entrebaisent;
> Et que, suivant d'un cœur loyal
> La voix du prophète royal,
> Toutes ces tempêtes s'apaisent.
>
> . . . .
>
> Que Dieu nous fasse moissonner
> La paix que lui seul peut donner,
> Et qu'il la rappelle en ce monde;
> Que pour comble de nos souhaits,
> Nous puissions trouver cette paix
> Dedans le tombeau de la Fronde.
>
> Qu'enfin cette union
> Bannisse la confusion
> Qui fait les discordes civiles;
> Que Paris soit comme autrefois
> La bonne ville de nos rois
> Et la reine des bonnes villes.

Quand le roi eut accompli sa treizième année, sa majorité légale fut officiellement proclamée au parlement de

Paris, le 7 septembre 1651; on avait employé l'appareil pompeux et magnifique qui était de tradition pour ces cérémonies, mais qui, dans les circonstances présentes et en dépit de l'absence voulue du premier prince du sang, devenait la manifestation triomphale de la victoire de la royauté. Il sembla alors que ce jeune roi à la belle prestance, chez qui la grâce de l'adolescent tempérait un air de fierté naturelle, fût devenu véritablement roi et qu'il méritât, mieux encore que pendant sa minorité, le respect et la confiance de ses sujets.

Parmi les écrits de circonstance que la foi royaliste produisit à cette occasion, il en est un qui débute ainsi : « Si la France a jamais eu l'occasion d'espérer un notable soulagement, en attendant le bonheur d'une paix générale, c'est sans doute la favorable conjoncture dans laquelle nous voyons aujourd'hui l'autorité et l'obéissance, qui sont les pôles des monarchies, contribuer à remettre la fortune publique. » Un autre salue dans cette belle journée l'ère de la souveraineté absolue du jeune monarque, tout en souhaitant qu'il ne se serve de sa toute-puissance que pour le bien. « Sire, je me persuade que cette chère majorité guérira ces intempéries de cerveau et de bile, et Votre Majesté ayant atteint la perfection de son pouvoir, elle fera si heureusement résonner ces mots de souveraineté « Car tel est notre plaisir, » que personne n'osera s'écarter de ses devoirs. Un roi absolu, c'est une déité véritable qui attire les cœurs et les respects des moins dépendants. « Je suis vêtu de pourpre de justice, disait Job, et cou- « ronné de juste jugement, » c'est-à-dire qu'un roi peut tout ce qu'il veut, mais qu'il ne doit vouloir que ce qui est juste. »

En 1652, quand la campagne des bords de la Loire et le combat du faubourg Saint-Antoine eurent montré à ceux qui pouvaient hésiter encore de quel côté était le devoir véritable d'un sujet fidèle, le dévouement sans limites et l'obéissance sans conditions s'exprimèrent avec une plus grande énergie. *L'Esprit de paix,* qui déclare n'être « ni

prince ni mazarin, » mais « bon Français, » demande
« que le roi soit maître sans condition. » « Va-t'en en foule,
dit-il au peuple de Paris, dire que tu es las de tant de
misères, que tu demandes ton roi et la paix, et qu'il vienne
sans condition recevoir dans sa bonne ville de Paris
l'obéissance et l'amour de ses peuples. » *La Vérité toute nue*
adresse un appel pathétique au jeune roi en qui la France
a placé son suprême espoir : « Et vous, Sire, qui avez ce
merveilleux avantage qu'au milieu de tant de souffrances
qui réduisent vos peuples au désespoir et tirent des larmes
de sang du cœur de tous les véritables Français, non seulement on n'accuse Votre Majesté de rien, mais on considère son innocence comme l'ancre sacrée qui nous reste
et qui peut nous garantir du naufrage, faites que nos
espérances ne soient pas vaines. Nous vous regardons,
Sire, comme un roi donné du ciel pour le bonheur de la
France. » L'auteur anonyme invoque en terminant la protection de Dieu : « Grand Dieu, qui depuis tant de siècles
faites des miracles continuels pour soutenir cette monarchie,... inspirez aux peuples des sentiments d'amour, de
respect, et d'obéissance pour leur roi... »

Tous ces sentiments éclatèrent au grand jour dans les
manifestations de la joie populaire qui marquèrent l'entrée
solennelle du roi à Paris, le 21 octobre 1652. Quelques
jours auparavant, le roi, qui était à Saint-Germain, avait
été prié par les chefs de la milice parisienne de rentrer
dans sa bonne ville de Paris. « Nous ne nous réservons
que la seule gloire de vous obéir, avait dit l'orateur de
cette députation, et je serais désavoué de tous mes conci-
toyens si je parlais autrement. » Qui aurait, en effet, songé
à parler autrement? Jamais peut-être le triomphe d'une
réaction ne fut accueilli avec des transports d'enthousiasme comparables à ceux qui saluèrent le roi vainqueur
de la Fronde, dans cette journée du 21 octobre. Cohue
populaire et acclamations le long du cortège royal, empressement au Louvre, « où toutes les chambres étaient
pleines de gens de qualité, » rien ne fit défaut au triomphe

final de la royauté. Un correspondant de Mazarin traduit exactement l'état des esprits, quand il écrit au cardinal, qui seul avait manqué à cette journée : « Les sujets ne parlent plus de traiter avec leur souverain; ils disent seulement qu'ils veulent lui obéir. »

Alors, à partir de ce jour, Paris et la France, à l'exception de quelques chefs qui boudaient encore ou qui n'avaient eu d'autre refuge que de passer à l'étranger, se portèrent d'un élan unanime vers le jeune souverain. Chacun, par les protestations de son zèle, s'efforça de faire oublier l'époque où sa fidélité avait été chancelante. La cour était accablée de harangues, de tous côtés, dit Mlle de Montpensier, qui ajoute cette expression amusante : « Elle n'avait point assez d'oreilles pour écouter tous les gens qui demandaient pardon. » Tous ceux qui approchaient le roi ne parlaient plus de ces années malheureuses que pour en maudire le souvenir; le peuple, à présent, avait des sentiments de haine pour ceux qui l'avaient engagé dans une aventure qui semblait n'avoir été qu'un acte de folie criminelle, et lui aussi parlait de faire amende honorable. « La vérité... m'a enfin décillé les yeux, » dit un écrivain qui dédiait, en 1653, à Michel Le Tellier, un *Traité du devoir des sujets envers le monarque*, d'un esprit franchement monarchique; « cette pensée m'a poussé à faire, au nom de tous les bons Français, un aveu public de notre faute pour en mériter le pardon... » En quelques mois, une révolution complète s'était faite dans les esprits.

On songeait aussi à toutes les ruines que la guerre civile et que la guerre étrangère avaient laissées derrière elles. Car il ne faudrait pas juger de la situation de la France à la veille du règne personnel de Louis XIV par l'éclat de la cour du Palais-Royal. Un ambassadeur vénitien écrivait, au moment de la paix des Pyrénées, que Paris et la cour offraient « une perspective qui était toute d'or et de délices, » mais que l'intérieur des provinces était « une sentine de misère et de ruines; » en les parcourant, il

avait rencontré « des misères qui ne peuvent pas se dire. »
Par la bouche de *la Nymphe de la Seine*, Racine, encore
inconnu, décrivait à Marie-Thérèse la misère du pays dont
elle devenait la reine :

> Mes champs avaient perdu leurs moissons et leurs fleurs ;
> Je roulais dans mon sein moins de flots que de pleurs ;
> La tristesse et l'effroi dominaient sur mes rives ;
> Chaque jour m'apportait quelques malheurs nouveaux :
>   Mes Nymphes pâles et craintives
> A peine s'assuraient dans le fond de mes eaux.

La même année (1660), Corneille, qui faisait représenter
devant un châtelain de Normandie *la Conquête de la Toison
d'or*, prenait pour sujet de prologue de cette tragédie le
mariage du roi et la paix ; c'était le moyen d'étaler le
tableau des souffrances du royaume. « L'ouverture du
théâtre, dit l'argument, fait voir un pays ruiné par les
guerres, et terminé dans son enfoncement par une ville
qui n'en est pas mieux traitée ; ce qui marque le pitoyable
état où la France était réduite avant cette faveur du ciel,
qu'elle a si longtemps souhaitée... » On entendait la
France reprocher à la Victoire ses triomphes, qui causaient la ruine et l'épuisement des Français :

> A vaincre tant de fois mes forces s'affaiblissent :
> L'État est florissant, mais les peuples gémissent ;
> Leurs membres décharnés courbent sous mes hauts faits,
> Et la gloire du trône accable les sujets.
> . . . .
> Je me lasse de voir mes villes désolées,
> Mes habitants pillés, mes campagnes brûlées...

Puis la France se tournait vers la Paix et la saluait avec
des transports de joie :

> Adorable souhait des peuples gémissants,
> . . . .
> Protectrice des arts, mère des beaux loisirs,
> Est-ce une illusion qui flatte mes désirs ?
> Puis-je en croire mes yeux, et dans chaque province
> De votre heureux retour faire bénir mon prince ?

Le roi, qui avait étouffé sous son pied vainqueur le génie de la Discorde, devait couronner son œuvre, à présent qu'il arrivait à l'âge d'homme, en pansant les blessures du pays, en ajoutant à la gloire des armes et de la politique la gloire d'une administration bienfaisante et prospère. La France, lasse de l'anarchie, meurtrie par la guerre, avait besoin d'un sauveur et d'un médecin; elle attendait ce double rôle de son jeune roi, et, confiante en lui, elle faisait entre ses mains l'abandon de ses destinées. Pour les grands et pour les petits, pour ceux qui étaient restés fidèles comme pour ceux qui rougissaient à présent de s'être révoltés, pour ceux qui attendaient leur fortune de leur empressement servile, comme pour ceux qui ne songeaient qu'à l'intérêt véritable du pays, le règne de Louis apparaissait comme un gage assuré de grandeur, d'ordre et de prospérité.

Mais pour que cet idéal du gouvernement monarchique entrevu par la France reçût sa pleine et entière réalisation, il fallait que le roi s'acquittât en personne de sa fonction royale et qu'il rompît nettement avec le régime des favoris et des premiers ministres. Le temps n'était plus où un panégyriste de Richelieu disait que la faiblesse humaine forçait les princes à tenir des favoris auprès d'eux et citait Agamemnon qui se plaignait de porter sur ses épaules une charge insupportable. Le temps n'était plus où l'auteur de l'*Instruction de Monseigneur le Dauphin*, ouvrage dédié à Richelieu, trouvait dans la mythologie un argument en faveur de la nécessité des premiers ministres : « Les poètes, disait La Mothe le Vayer, qui font soutenir le Ciel par des Atlas et par des Hercules, comme si Jupiter même avait besoin de l'aide d'autrui pour gouverner son Olympe, montrent bien ce qu'ils pensent des royaumes de la terre. » L'oppression financière du ministère de Mazarin, le mouvement d'opinion qui avait amené la Fronde, le désir naturel de rejeter sur la toute-puissance d'un favori la responsabilité d'une révolte qui avait échoué misérablement, tout avait con-

tribué à rendre odieux le nom et l'idée même de premier
ministre. Apporter des textes pour prouver cette disposition des esprits, d'ailleurs si facile à comprendre, ce serait
vouloir citer je ne sais combien de passages des mazarinades; car l'immense majorité de ces pamphlets est inspirée par des sentiments de haine contre les favoris qui
jouent au maître souverain.

Les financiers n'étaient faits que pour être maudits,
suivant le mot que l'on prête au surintendant Particelli
d'Émeri; c'était aussi le sort des favoris et des premiers
ministres au milieu du xvii° siècle. Selon Mazarin lui-
même, « un grand ministre, qui est vraiment fidèle et
passionné pour le roi, ne peut être qu'abhorré des Français. » Les trois tyrans : c'est ainsi qu'une mazarinade
qualifie le maréchal d'Ancre, Richelieu et Mazarin. Claude
Joly, dans sa haine pour les usurpateurs de l'autorité
royale, ne fait pas de différence entre Concini, Luynes,
Richelieu, Mazarin; il déteste en eux autant de tyrans.
« Depuis quarante ans, les ministres ont été de véritables
maires du palais, ou, pour mieux dire, nos rois effectifs
qui nous ont gouvernés *avec une verge de fer*[1]. » Cette
manière de juger les hommes qui s'étaient succédé au
pouvoir depuis la mort de Henri IV répondait certainement à l'opinion presque unanime des contemporains. « Je
regarde mon roi ; je le choie et le respecte, comme une
personne sacrée; mais j'ai en horreur le barbare officier
qui me tyrannise. »

Premier ministre était devenu comme synonyme de
tyran. Tyrannie pour tyrannie, on préférait celle du
maître légitime, qui représentait la grandeur du pays, à
celle d'un parvenu, qu'un caprice pouvait avoir tiré de
l'obscurité. C'était la thèse même que Balzac avait développée, avec toutes les ressources de son éloquence, dans
le septième livre de son *Aristippe*; ce traité, publié en 1658,
quatre ans après la mort de son auteur, empruntait à

---

1. Expression du *Psaume* II, verset 9.

l'époque où il parut le mérite de l'à-propos; cependant Balzac, qui l'avait commencé dès sa jeunesse et qui l'avait remanié à plusieurs reprises, n'avait point songé à fournir des arguments au pouvoir personnel de Louis XIV. « Il n'est point, dit-il avec énergie, de si misérable, de si sale, de si infâme captivité que celle du prince, qui se laisse prendre dans son cabinet et par un des siens; il ne saurait exercer une plus lâche patience ni être malheureux plus honteusement. Je dis bien davantage. Lorsqu'un roi mange son peuple jusques aux os et qu'il vit en son État comme en terre d'ennemi, il ne s'éloigne point tant du devoir de sa charge que quand il obéit à un autre. La tyrannie est bien différente de la royauté; toutefois, elle lui ressemble beaucoup plus que ne fait la servitude. C'est au moins quelque forme de gouvernement et une façon de commander aux hommes, encore qu'elle ne soit pas la plus parfaite de toutes. »

A tout propos, par toutes les bouches, l'opinion publique maudissait les favoris et acclamait à l'avance le gouvernement personnel. Balzac rappelait la situation misérable d'un roi de Castille dominé par un Alvarez de Luna : « Il fallait qu'il obtînt de lui toutes les grâces que lui demandaient les autres; le plus qu'il pouvait, c'était de recommander ses serviteurs à son favori et de faire office pour ceux qu'il aimait. » Dans le *Catéchisme royal*, Fortin de la Hoguette avait fait débattre entre le roi et son gouverneur la question des favoris, pour conclure que le mieux était de n'en point avoir. « Un favori de peu de mérite fait honte à son maître; un favori d'un mérite éminent lui fait ombrage. » Autre part, il montrait, dans une formule expressive, que l'idée même du gouvernement monarchique était en contradiction avec l'idée de la toute-puissance d'un premier ministre. « L'unité de la monarchie ne subsiste plus, s'il y a deux personnes qui règnent. C'est un monstre à deux têtes, si l'une ne retient seulement que l'ombre et le nom de roi, et que l'autre soit en possession de la chose. »

Louis XIV n'a pas lu sans doute le *Catéchisme royal*; mais il a entendu ce passage d'un sermon de l'évêque de Sarlat, prêché devant la cour en 1646 : « Les rois ne voient ni entendent que par les yeux et les oreilles d'autrui, parce qu'ils s'adonnent trop à leurs plaisirs; dont il arrive que tous ceux qui approchent de leurs personnes, sans en excepter un seul, étant ou flatteurs, ou médisants, ou d'une prudence intéressée, ils ne savent jamais la vérité ni le véritable état de leurs affaires. » Il a entendu, le jour de la proclamation de sa majorité, les paroles énergiques d'Omer Talon : « Usez, Sire, de l'autorité tout entière que Dieu vous a donnée sur l'héritage des fleurs de lis, tous vos sujets la reconnaissent légitime; mais usez-en royalement et par vous-même; que nous honorions la royauté dans son centre et dans le point véritable de son exaltation. » Il a entendu, au sermon du vendredi saint de l'année 1658, un capucin, le P. Morlaye, qui avait prêché tout le carême au Louvre, lui adresser les paroles les plus hardies. Le prédicateur déclarait qu'il serait comme Pilate qui, par crainte de César, laissait crucifier Notre-Seigneur, s'il ne disait au roi l'état de son royaume, le mécontentement de ses peuples pour la façon d'agir de ses ministres; il y en avait de plus riches que lui, la substance de ses sujets passait en des mains étrangères. « En des mains étrangères, Sire, qui exercent des libéralités qui ne devraient partir que de Votre Majesté; qui donnent toutes les récompenses et prennent pour elles et pour leurs créatures toutes les finances de votre État. » Louis a entendu Péréfixe, pour qui l'histoire du Béarnais avait été l'occasion de louer sans cesse les mérites du gouvernement personnel, lui parler de la dépendance humiliante où Philippe III s'était mis à l'égard du duc de Lerme, dépendance qui ne pouvait faire naître contre le souverain que le mépris et l'aversion de ses sujets. Il a lu ce passage de l'*Histoire du roi Henri le Grand* : « Sans doute que le plus grand malheur qui lui puisse arriver [à un roi] est d'être regardé comme inférieur et sujet à un autre; d'avoir les oreilles bouchées à toutes les voix de son peuple, qui lui crie de tous côtés : *Gouvernez-nous.* »

Gouvernez-nous ; usez royalement du pouvoir, usez-en par vous-même : c'était bien, au lendemain de la Fronde, le cri de la France entière se tournant vers son roi. Environ trente ans plus tard, au milieu des splendeurs du règne, Bossuet disait de cette guerre civile qu'elle avait été « comme un travail de la France prête à enfanter le règne miraculeux de Louis. » La tempête qui avait essayé d'ébranler la royauté n'avait eu d'autre résultat que d'en consacrer la puissance ; l'orage dissipé, la France revint, avec empressement et confiance, à cette même royauté, qu'elle jugeait seule capable de la rendre forte et heureuse. Elle n'avait plus alors ces sentiments que Mazarin avait notés en 1643, quand elle travaillait à défaire ce qui avait été fait, sous le règne de Louis XIII, pour l'établissement de l'autorité royale absolue et indépendante, quand elle voulait « réduire les choses comme au temps où la France, bien qu'en apparence gouvernée par un roi, était en réalité une république. » Elle ne demandait qu'une chose à son jeune maître, « qu'il voulût travailler lui-même pour lui-même, » suivant l'expression de sa mère et le sentiment de tous les gens de bien. En ce sens, elle aurait pu lui répéter le vers de Virgile, qui avait déjà été modifié à l'usage de son père :

Tu regere imperio populos, Ludovice, memento.

L'affection des Français pour le roi n'était pas encore montée au ton d'exaltation où l'idolâtrie monarchique devait la porter pendant le règne de Louis XIV ; mais il est permis de constater, par divers témoignages, que nos pères avaient dès lors des sentiments qui devaient rapidement aboutir, avec des circonstances favorables, au culte même de la royauté et de son représentant. Dès l'année 1652, — la date est intéressante, — un Anglais, qui avait voyagé en France, écrivait : « Les Français sont la seule nation d'Europe qui idolâtre son souverain. » Quelques années plus tard, quand l'archevêque d'Embrun, ambassadeur à Madrid, annonçait à Louis XIV la mort de Philippe IV, il constatait, non sans un certain étonnement, que la cour et le peuple de Madrid n'avaient pas « fait paraître toute l'affection qui eût été juste en un accident si important et si sensible; » la cause de cette insensibilité, surprenante pour un Français, était surtout dans la différence des sentiments des Espagnols et des Français à l'égard de leurs rois; car, suivant la remarque de l'archevêque, « les Espagnols, par un sentiment contraire à celui des Français, aiment beaucoup plus l'État que le prince. » Peut-être, au lieu de dire que chez les Français l'amour du prince primait l'amour de l'État, eût-il été plus juste de dire que l'amour du prince et l'amour de la patrie se confondaient pour eux dans un amour commun, et que le premier de ces sentiments, alimenté, si l'on peut dire, par toutes les énergies qui se dégageaient du second, n'avait pas tardé à se transformer en une religion monarchique.

Le culte de la personne du roi, qui devait aboutir un jour à la déification de Louis XIV, avait déjà produit une sorte de rapprochement ou même d'assimilation entre la personne du souverain et la personne même de Dieu. Lorsque Marie de Médicis avait pris le chemin de l'exil, après la journée des Dupes, Sublet des Noyers, comme pour calmer les inquiétudes de la conscience royale, avait rappelé l'exemple de Jésus-Christ, « qui s'était aussi séparé de sa mère. » Une autre personne de l'entourage de Louis XIII, son valet de chambre Dubois, racontait ainsi avec quels sentiments de piété le roi avait reçu le saint viatique, l'avant-veille de sa mort : « Je l'observais dans cette action... Je voyais de grosses larmes qui lui tombaient des yeux avec des élévations d'esprit continuelles, qui faisaient connaître évidemment un commerce d'amour entre Leurs Majestés divine et humaine. » L'auteur d'un traité politique disait à Louis XIII que les sujets devaient aimer et révérer les princes, « comme si Dieu leur commandait en personne et n'était pas moins présent aux hommes qu'il l'est aux anges. »

Quoi d'étonnant, avec de pareilles dispositions d'esprit, que l'auteur d'une *Educatio regia* ait proposé à Louis XIV, au cours de sa septième année, cette règle de conduite journalière : « Que cette idée te gouverne, tandis que tu gouvernes les autres : c'est ainsi qu'agirait Dieu. Que cette pensée te réveille le matin : aujourd'hui, j'ai à jouer le rôle de Dieu. Que cet examen termine ta journée : aujourd'hui, ai-je été Dieu, ai-je été homme? » En 1661, le P. Senault, de l'Oratoire, dédiait à Louis XIV un discours de circonstance qu'il avait prononcé en chaire, à l'occasion de la naissance du dauphin; il ne craignait pas, disait-il, d'offrir à Sa Majesté son propre fils, « puisque tous les jours sur l'autel on offre Jésus-Christ à son père. » L'apothéose de la place des Victoires et « les fadeurs les plus vomitives » qui furent offertes à Louis XIV au milieu des splendeurs de son règne, paraîtront peu de chose auprès de cette assimilation entre Dieu et le roi, entre Jésus-Christ et le dauphin.

Péréfixe n'a jamais parlé à Louis XIV ce langage que l'on pourrait qualifier de sacrilège; mais, dans un ordre d'idées assez voisin, il a écrit qu'un roi doit être intimement convaincu qu'aucun de ses sujets ne peut valoir mieux que lui-même. Cette conviction est, pour le précepteur du jeune roi, la condition première de l'exercice du gouvernement personnel vers lequel il ne cesse de pousser son élève; car, s'il n'a pas cette bonne opinion de soi-même, il ne manquera pas de se laisser conduire par celui qu'il croira plus habile. Cela est vrai peut-être; mais, dans son ardeur à voir le roi gouverner par lui-même, Péréfixe va jusqu'à dire qu'il ne saurait se tromper en jugeant valoir mieux que n'importe qui de ses sujets, « d'autant qu'il n'y a personne plus propre que lui à régir son État, Dieu l'ayant destiné à cette fonction, lui et non pas un autre. » Cette idée de la supériorité intellectuelle, apanage de la nature du souverain et résultat d'une sorte de privilège concédé personnellement par Dieu, se retrouvera plus tard sous la plume de Louis XIV; elle cadrait trop bien et avec les sentiments du temps et avec ses instincts d'orgueil monarchique pour qu'il n'eût pas songé à la reprendre à son profit.

Ces divers témoignages sont trop nombreux pour ne pas mériter confiance; on pourrait dire cependant qu'ils émanent, pour la plupart, de contemporains qui approchaient directement du roi; mais voici comment un esprit très indépendant, sans relations avec la cour, d'humeur caustique, fort enclin à dénigrer les hommes et les choses, parlait, dans des lettres intimes, qui n'étaient écrites ni pour la publicité ni pour la postérité, du jeune souverain sur lequel la France entière avait les yeux. A propos de la grave maladie qui mit en péril les jours du jeune roi à Calais, Gui Patin écrivait à son ami Falconet les lignes suivantes (20 juillet 1658) : « On continue ici [à Paris] les prières et les processions pour sa santé, et je suis ravi de voir la dévotion du peuple pour sa convalescence; car enfin, il ne m'importe point de quels remèdes on se sera servi, corporels ou spirituels, pourvu qu'il guérisse. C'est un prince digne d'être aimé de ceux mêmes à qui il n'a jamais fait de bien, qui a de grandes parties et sur les inclinations duquel la France peut fonder un repos que les deux cardinaux de Richelieu et de Mazarin lui ont ôté. Je me sens pour lui une inclination violente au delà de ce que les Français ont d'ordinaire pour leur prince. » Citons encore ce passage d'une autre de ses lettres, écrite au moment où l'on commençait, pendant la maladie du cardinal, à parler de sa future succession (26 août 1660) : « Ce qui est de bon, est que nous avons un très bon roi, qui a d'excellentes intentions; plaise à Dieu qu'on ne les lui corrompe pas. »

Il aurait fallu au jeune prince qui, à l'âge de vingt-deux ans et demi, se trouvait le maître du plus beau royaume de la chrétienté, je ne sais quelle indifférence ou je ne sais quelle paresse d'esprit, impossibles à concevoir, pour ne pas suivre ce courant d'opinion qui se manifestait par mille

canaux et qui le portait, par une pente naturelle, vers la
monarchie toute-puissante, comme vers l'idéal des générations de son temps. Louis a eu le sentiment de « cette
paix profonde » et de cette « situation si heureuse, » que
l'auteur du *Parallèle* devait opposer aux débuts du règne
de son père et de son aïeul; il s'est rendu compte de cette
soumission parfaite qui ne demandait qu'à s'abriter à
l'ombre d'une autorité puissante, de cet empressement
général des esprits qui faisait des nobles et des prêtres,
des bourgeois et des artisans, comme les complices de ses
propres desseins. Les *Mémoires pour l'instruction du dauphin*
résument ainsi l'état de la France au moment où le roi
inaugurait son règne personnel : le ciel « semblait lui-
même me promettre ce secours en disposant toute chose
au même dessein qu'il m'inspirait. Tout était calme en
tout lieu : ni mouvement, ni crainte ou apparence de mouvement dans le royaume qui pût m'interrompre ou s'opposer à mes projets. »

Il y a rarement eu peut-être dans l'histoire d'un État un
accord aussi harmonieux entre ses différents membres que
pans la France de 1661. Le caractère du jeune roi, ses traditions de famille, son éducation, l'influence de son entourage immédiat lui montraient dans l'exercice personnel du
souverain pouvoir le but légitime et nécessaire de son
intelligence et de sa volonté. Chez les sujets, les désirs
d'ordre et de bien-être matériel, les sentiments d'affection
et de dévouement applaudissaient à l'avance au règne qui
s'ouvrait comme au début d'une époque chargée des plus
belles espérances. Il sentait mieux que personne cette
union intime entre les Français et leur roi, mieux que personne il voyait dans cette harmonie secrète le gage d'un
grand règne, l'orateur sacré qui, du haut de la chaire du
Louvre, adressait à Louis, en 1662, ces paroles prophé-
tiques[1] : « Il se remue pour Votre Majesté quelque chose
d'illustre et de grand, et qui passe la destinée des rois vos
prédécesseurs. »

1. Bossuet, sermon sur *les Devoirs des rois*, 2 avril 1662, au Louvre.

Il restait à savoir si le prince vers qui la France tournait ses regards avec amour ne serait pas grisé un jour par cet élan de confiance et d'affection qu'il sentait monter vers lui de tous les côtés, et si la France, qui se livrait à présent sans défense à son jeune maître, ne regretterait pas plus tard le sacrifice complet qu'elle avait fait d'elle-même. Hélas! trente ans à peine devaient s'écouler, et des esprits clairvoyants allaient se rendre compte que Louis XIV avait « ébranlé et renversé toutes les anciennes maximes de l'État, pour faire monter jusqu'au comble » son autorité; que le peuple, qui l'avait « tant aimé, » qui avait « eu tant de confiance » en lui, avait commencé « à perdre l'amitié, la confiance et même le respect. [1] » Sans doute, le roi, qui n'avait pas su se modérer dans son triomphe, était responsable de cet excès de despotisme qu'il faisait peser sur la nation et de l'évolution douloureuse qui s'opérait dans les esprits; mais la faute en était aussi à la situation matérielle et morale de la France vers l'année 1661, qui était trop belle et trop tentante.

1. Fénelon, *Lettre à Louis XIV.*

LIVRE II

LA THÉORIE DU POUVOIR ROYAL CHEZ LES CONTEMPORAINS DE LOUIS XIV

CHAPITRE I

LE DROIT DIVIN DU POUVOIR

Erreurs fréquentes sur l'expression de droit divin. — *Non est potesta, nisi a Deo.* — Commentaire de saint Jean Chrysostome. — L'Église professe seulement l'origine divine du pouvoir. — Exposé de sa doctrine. — Témoignages de théologiens du xvii° siècle. — Bellarmin, Vaure, Caussin. — La théorie du droit divin du pouvoir, exposée par Nicole. — Bossuet et la *Politique tirée de l'Écriture sainte.* — Fénelon et l'*Essai sur le gouvernement civil.* — Vrai caractère de la théorie de l'Église.

« CELUI qui a donné des rois aux hommes a voulu qu'on les respectât comme ses lieutenants. » Ces mots de Louis XIV peuvent être regardés comme la formule la plus connue de la théorie politique, dite du droit divin. Il y a peu d'expressions plus répétées ; il faut ajouter qu'il y en a peut-être peu de plus mal comprises et de plus fécondes en fausses interprétations. L'erreur la plus ordinaire est d'identifier la théorie du droit divin avec la théorie de l'absolutisme monarchique, de croire ou de prétendre que la seconde est la conséquence naturelle de la première, que l'une ne peut se comprendre sans l'autre, et d'imputer à l'Église catholique une thèse politique et religieuse que l'immense majorité de ses théologiens à toutes les époques n'a cessé, au contraire, de rejeter. Comme cette théorie n'est pas autre, au fond, que la question même de l'origine et de la nature du pouvoir, et qu'aux yeux de la postérité Louis XIV en est resté l'incarnation vivante, il convient d'exposer les thèses que les théologiens, les publicistes ou les philosophes du xviiᵉ siècle professaient à ce sujet, pour savoir dans quelle mesure les idées de Louis XIV peuvent être regardées comme des idées personnelles.

Depuis les origines du christianisme jusqu'à nos jours, depuis l'*Épître aux Romains* jusqu'aux encycliques *Diuturnum* et *Immortale Dei*, l'Église chrétienne n'a pas varié dans sa théorie sur l'origine et la légitimité du pouvoir. Les mots de saint Paul, mille fois répétés et interprétés, n'ont pas cessé d'être la base de son enseignement : *Non est potestas nisi a Deo* [1], « Il n'y a point de puissance qui ne vienne de Dieu. » Les catholiques, a dit de nos jours Léon XIII, en commentant le texte de l'Apôtre des gentils, « vont chercher en Dieu le droit de commander et le font dériver de là comme de sa source naturelle et de son nécessaire principe. »
On remarquera tout de suite en quels termes est posée la thèse chrétienne, pour prévenir la confusion trop fréquente entre la source de l'autorité et la forme de l'autorité. Seule, la source de l'autorité et de toute autorité est de droit divin; la forme de l'autorité et de toute autorité est, toujours et partout, de droit humain. Ce qu'il y a de divin en la personne d'un roi, ce n'est pas sa qualité de roi, c'est le principe même de l'autorité qu'il se trouve représenter. Le pouvoir vient de Dieu même et de Dieu seul, le détenteur du pouvoir ne vient pas de Dieu.
Pour expliquer aux gallicans ce point de doctrine, capital dans la théorie du droit divin, un théologien rappelait, en 1684, le commentaire que saint Jean Chrysostome avait donné, au ivᵉ siècle, de ce passage de l'*Épître aux Romains* devant le peuple d'Antioche. « Il n'y a point de pouvoir qui ne vienne de Dieu. Que dites-vous? Tout prince est donc constitué de Dieu? Je ne dis point cela, puisque je ne

---

1. *Ad Romanos*, XIII, 1.

parle d'aucun prince en particulier, mais de la chose en elle-même, c'est-à-dire de la puissance elle-même... L'apôtre ne dit pas qu'il n'y a point de prince qui ne vienne de Dieu; mais il dit, parlant de la chose en elle-même, qu'il n'y a point de puissance qui ne dérive de Dieu. »

Il faut bien se convaincre que l'Église n'a pas enseigné une autre théorie; elle n'a pas dit qu'un gouvernement particulier, et spécialement le gouvernement monarchique, fût de droit divin. La monarchie, l'aristocratie, la démocratie ou les diverses combinaisons de ces régimes sont des formes purement humaines et de droit naturel, qui dépendent d'un événement particulier et des préférences du corps social. Chacune d'elles est aussi bien légitime que n'importe quelle autre, et a autant de raisons d'être, « pourvu que ce gouvernement soit juste et appliqué au bien commun. » Bossuet lui-même, malgré ses sympathies personnelles pour la forme monarchique, n'a pas tenu un autre langage. « Il n'y a aucune forme de gouvernement ni aucun établissement humain qui n'ait ses inconvénients, de sorte qu'il faut demeurer dans l'État auquel un long temps a accoutumé le peuple. C'est pourquoi Dieu prend en sa protection tous les gouvernements légitimes, en quelque forme qu'ils soient établis. » L'expression de royauté de droit divin n'a pas de sens à l'égard de la théologie catholique, ou, si l'on veut, elle en a autant que république de droit divin. Ce que l'Église enseigne, c'est que l'autorité qui est aux mains des détenteurs du pouvoir, rois, empereurs, présidents de république ou autres, a en Dieu et en Dieu seul son origine, et que c'est au nom de cette origine divine que cette autorité a droit à l'obéissance. Sa doctrine est telle, et pas autre.

Ce serait une erreur d'une autre nature de se représenter cette théorie comme en contradiction avec les droits de l'homme, car non seulement elle entend respecter pleinement la liberté humaine et l'égalité des droits, mais encore, pour parler comme Léon XIII, « on ne saurait imaginer une doctrine plus conforme à la raison, plus favorable aux intérêts des souverains et des peuples. » Elle peut, en effet, se résumer en cette série de propositions.

D'après la loi de nature, c'est-à-dire d'après la volonté de Dieu auteur de la nature, l'homme est fait pour vivre en société. Cette société, sans laquelle nos instincts et nos besoins seraient des non-sens, ne saurait subsister et s'organiser, s'il ne s'y rencontrait pas « un modérateur pour tenir la balance entre les volontés individuelles, ramener à l'unité ces tendances diverses et les faire concourir aussi par leur harmonie à l'utilité commune. » Ces deux points établis, dans quel principe le chef de la société puisera-t-il l'autorité nécessaire pour faire respecter l'ordre et défendre l'intérêt général? Est-ce dans la force brutale? Mais la force n'a jamais constitué un droit, et une société régulière ne peut se fonder sur un régime précaire et instable comme celui des coups d'État. Est-ce dans le privilège de sa naissance ou de sa condition? Mais ce privilège est en contradiction avec l'égalité innée des hommes entre eux. Il n'y a pas et il ne peut y avoir un droit spécial à tel individu, qui puisse lui permettre de porter atteinte à la liberté de ses semblables; car, de droit naturel, tous les hommes sont égaux; « selon ce droit primitif de la nature, dit Bossuet, nul n'a de droit particulier sur quoi que ce soit et tout est en proie à tous. » Est-ce dans une investiture décernée au chef de l'État par le consentement mutuel des membres du corps social et par un abandon réciproque de leurs droits? Mais l'existence de la société est antérieure à ce consentement et n'est pas à sa merci. Si ce consentement, qui ferait dépendre l'autorité d'un contrat toujours révocable, est jamais intervenu sous la forme d'un pacte, il n'a pu avoir d'autre effet que de déterminer la personne du chef et non de lui conférer des droits d'où puisse découler pour les membres de la société la nécessité de l'obéissance. Sinon, ce serait tomber dans la confusion déjà signalée du principe de l'autorité et de la forme de l'autorité. Quand on choisit un chef, « ce n'est pas l'autorité que l'on constitue, on décide par qui elle devra être exercée. »

Puisque Dieu a voulu que l'homme vécût en société, puisque cette société ne peut se passer de chefs, puisque ces chefs ne peuvent trouver ni en eux-mêmes ni dans leurs semblables la raison de leur autorité, c'est à Dieu, créateur et maître du monde, et à lui seul qu'il faut en faire remonter l'origine. Le principe du pouvoir est donc en dehors de l'homme et au-dessus de l'homme, dans l'Être souverain à qui il doit, sous peine de péché, son respect et son amour. Par suite, « celui qui résiste au pouvoir, résiste à l'ordre de Dieu [1]; » celui qui obéit au pouvoir, obéit à l'ordre de Dieu, sans que la liberté ait à en souffrir, car, en obéissant à son égal, il ne fait que se conformer à la volonté même de Dieu. C'est ainsi que le christianisme, en enseignant que le pouvoir vient de Dieu, affermit le pouvoir, comme on l'a dit, et ennoblit l'obéissance.

Tel est, dans ses lignes essentielles, l'enseignement doctrinal de l'Église, posé par saint Paul, commenté par saint Thomas et par Suarez, professé de nos jours avec éclat du haut de la chaire de saint Pierre.

Au xviiᵉ siècle, quand la doctrine gallicane et monarchique du droit divin des rois s'est affirmée à côté de la doctrine chrétienne du droit divin du pouvoir, la théologie traditionnelle n'a pas cessé de répéter et de commenter la parole de saint Paul. Bornons-nous à quelques citations probantes; nous les empruntons à des ouvrages publiés en France et dont quelques-uns furent dédiés à nos rois.

Le cardinal Bellarmin était, selon un écrit gallican, « le plus solide arc-boutant de l'autorité du pape; » il avait consacré « toute sa profonde érudition à soutenir la plénitude de sa puissance. » Or, dans un traité sur le prince chrétien, voici comment il s'exprimait : « Tous les princes

1. *Ad Romanos*, XIII, 2.

de l'univers sont comme les vice-rois de Dieu et ses principaux ministres, ou, pour parler autrement, ses lieutenants généraux... Les rois sont avertis de se souvenir qu'ils tiennent de Dieu leur sceptre, leur couronne et la puissance qu'ils ont sur leurs sujets, quelque droit qu'ils puissent avoir d'ailleurs de régner. Car, ainsi que l'Apôtre l'enseigne en son *Épître aux Romains*, il n'y a point de puissance qui ne procède de Dieu... »

Auteurs obscurs ou auteurs célèbres expriment la même doctrine; ce qui se comprend, puisqu'il s'agit d'une doctrine traditionnelle et officielle. On la retrouve dans le livre qu'un chapelain de Louis XIII publiait en 1626 et qui mérite d'être au moins signalé[1] : c'est comme une première ébauche, bien fruste encore, d'une politique tirée de l'Écriture sainte. Le *Regnum Dei* est aussi un traité de politique sacrée que le P. Caussin, ancien confesseur de Louis XIII, publia en latin (1650), sous la forme de quatre-vingt-seize dissertations théologiques et politiques sur divers passages des livres des *Rois*. Dans le premier livre de ce traité, sur l'origine et les causes des royaumes, il expliquait la parole de saint Paul en faisant remarquer que, si tous les princes viennent du Seigneur, tous ne sont pas avec le Seigneur; il n'y en a qu'un petit nombre qui, à cause de leur piété et de leurs vertus, comme David, Constantin, Charlemagne, saint Louis, méritent le nom de princes et de vrais vicaires de Dieu.

Plus intéressant que ces dissertations pédantesques et beaucoup plus facile à suivre est l'exposé de la doctrine chrétienne sur l'origine du pouvoir, dû à un théologien de Port-Royal.

Dans le traité de la Grandeur, Nicole, sous le pseudonyme de Chanteresne, a commenté, d'une manière originale, le texte de saint Paul; il y parle non de l'autorité royale en particulier, mais, suivant le texte même, de

---

1. Vaure, *l'État chrétien ou Maximes politiques tirées de l'Écriture,...* Paris, 1626.

l'autorité en général. Il y a peu d'hommes, dit-il, qui ne participent en quelque sorte à la grandeur en se comparant à ceux qui sont au-dessous d'eux; tout maître est grand à l'égard de ses serviteurs. Quelle est l'origine de la grandeur, c'est-à-dire de l'autorité quelconque qu'un homme exerce sur d'autres hommes? Quel en est le fondement? Pourquoi a-t-elle droit au respect et à l'obéissance? Dans l'homme, il n'y a rien qui puisse légitimer la grandeur; les hommes ne sont pas leurs propres maîtres, ils ne peuvent pas disposer d'eux-mêmes ni des autres. Leur seul maître est Dieu. « Si une troupe d'esclaves assemblés dans une prison déférait à quelques-uns d'eux le droit de vie et de mort sur tous les autres, le maître se moquerait de cet établissement téméraire, et il punirait celui qui aurait usé de ce droit comme un usurpateur et un tyran, parce que ce droit lui appartient et qu'il n'y a que lui qui puisse le communiquer et le transférer à un autre. Nous sommes tous dans cet état à l'égard de Dieu... Ce serait donc en vain que les hommes donneraient à certains d'entre eux le droit et le pouvoir de gouverner les autres, si Dieu ne joignait son autorité à leur choix... » Dieu a voulu que l'homme vécût en formant des sociétés policées, et que ces sociétés fussent par conséquent dirigées par des chefs; quand ces chefs sont choisis, il leur communique son pouvoir pour gouverner leurs sujets.

« Ce ne sont point, ajoute Nicole, de vaines spéculations, ce sont des vérités décidées par l'Écriture, car c'est l'apôtre saint Paul qui nous enseigne que toute puissance vient de Dieu : *non est potestas nisi a Deo*; qu'elles sont établies de Dieu : *quæ autem sunt, a Deo ordinatæ sunt*; que qui leur résiste, résiste à l'ordre de Dieu : *qui resistit potestati, Dei ordinationi resistit*; que ceux qui gouvernent les peuples, sont les ministres de Dieu pour récompenser le bien et punir le mal : *Dei minister est tibi in bonum, Dei minister est vindex in iram* [1]... »

1. Ces textes sont de l'*Épître aux Romains*, chap. XIII.

Il revient sur la même idée et il la rend sensible par une nouvelle comparaison. « C'est par cette doctrine qu'il est facile de comprendre qu'encore que la royauté et les autres formes de gouvernement viennent originairement du choix et du consentement des peuples, néanmoins l'autorité du roi ne vient point du peuple, mais de Dieu seul... Comme le choix de ceux qui élisent l'évêque n'est pas ce qui le fait évêque, et qu'il faut que l'autorité pastorale de Jésus-Christ lui soit communiquée par son ordination ; aussi, ce n'est pas le seul consentement des peuples qui fait les rois ; c'est la communication que Dieu leur fait de sa royauté et de sa puissance qui les établit rois légitimes, et qui leur donne un droit véritable sur leurs sujets. Et c'est pourquoi l'Apôtre n'appelle point les princes ministres du peuple, mais il les appelle « ministres « de Dieu, » parce qu'ils ne tiennent leur puissance que de Dieu seul. »

Vers la même époque, Bossuet composait pour son royal élève la *Politique tirée des propres paroles de l'Écriture sainte.* En y exposant la théorie officielle de l'Église, il fortifiait la démonstration qu'il en donnait par deux sortes de preuves, soit par des citations des livres saints, soit par des exemples historiques empruntés à l'histoire du peuple juif. Le moraliste de Port-Royal et l'évêque de Meaux ont ceci de commun, que ni l'un ni l'autre n'ont prétendu à l'originalité dans ces questions de politique ; ils ont. laissé parler des textes qui, pour le chrétien, ont la valeur de textes révélés, c'est-à-dire de textes dont l'autorité ne saurait être discutée ; en les commentant, ils n'ont eu d'autre souci que d'être l'écho fidèle de la voix de l'Église.

Pour expliquer au dauphin la nature et les propriétés de l'autorité royale, Bossuet établit que le premier des caractères essentiels de l'autorité royale est sacrée. Suivant la méthode qui donne à ce traité de droit public comme la rigueur d'un raisonnement mathématique, il décompose ce principe en plusieurs propositions, dont la première est que Dieu établit les rois comme ses ministres et règne par eux sur les peuples. Les textes, toujours les mêmes, de saint Paul ou de l'Ancien Testament, sont cités à titre de démonstration ; d'où il conclut, avec une rigueur qui, pour le croyant, est, en effet, irréfutable : « Les princes agissent donc comme ministres de Dieu et ses lieutenants sur la terre. » C'est l'expression qui revient toujours sous sa plume : « Dieu a fait les rois et les princes ses lieutenants sur la terre, » ou encore : « Les rois, comme ministres de Dieu, en exercent l'empire. » Il définit les rois, « les représentants de la majesté divine députés par sa providence à l'exécution de ses desseins. » Ces opinions et ces manières de parler n'ont en somme rien de spécial à l'auteur de la *Politique*. La rigueur de la démonstration, la simplicité mâle et forte du style lui appartiennent ; le fond des idées est la doctrine de saint Paul et de toute la tradition chrétienne.

C'est encore le même langage que Fénelon tenait au prétendant Stuart, dans les entretiens qu'il avait avec lui à Cambrai, en 1709 et en 1710, et que le chevalier de Ramsai publia, en 1721, sous le titre d'*Essai philosophique sur le gouvernement civil*. Rien n'est plus faux, disait-il au fils de Jacques II, que la conception qui fait résider originairement toute autorité dans le peuple et qui la fait découler de la cession faite par les membres de la société à quelques-uns d'entre eux ; car l'homme n'est pas né pour soi, et l'existence de la société, loin de dépendre de sa volonté, est la loi même de sa propre existence. « Il est vrai que le consentement libre ou forcé, exprès ou tacite, d'un peuple libre à la domination d'un ou de plusieurs, peut bien être un canal par où découle l'autorité suprême ; mais il n'en est pas la source. Ce consentement n'est qu'une simple déclaration de la volonté de Dieu, qui manifeste par là à qui il veut que son autorité soit confiée. » En d'autres termes, la source unique et suprême est en Dieu et non autre part.

En un mot, Nicole, Bossuet, Fénelon estimaient tous qu'il n'y a rien dans l'homme qui puisse légitimer l'autorité ; l'autorité ne mérite le respect et l'obéissance que parce qu'elle est et dans la mesure où elle est une délégation de l'autorité même de Dieu. En commentant l'*Epître aux Romains*, les publicistes chrétiens du xviie siècle n'ont songé ni à créer une théorie nouvelle ni à faire œuvre de courtisans ; ils ont exprimé, une fois de plus, une thèse qui était la loi même du christianisme depuis son origine et qui restera l'expression de la vérité politique pour les sociétés chrétiennes dans tous les temps et dans tous les lieux. La vraie doctrine chrétienne ne se préoccupe ni des régimes ni des personnes ; elle dit simplement que tout pouvoir vient de Dieu. Si ce principe était vrai sous la plume de saint Paul, il est resté vrai sous celle de Bossuet, comme sous celle de Léon XIII. Le droit divin, bien compris, non travesti par l'intérêt ou par l'ignorance, a ce caractère commun avec les principes de la Révolution française, de pouvoir s'appliquer aux hommes de tous les siècles et aux citoyens de toutes les sociétés politiques.

CHAPITRE II

L'ÉTABLISSEMENT DU POUVOIR

Comment se communique le pouvoir. — Il vient immédiatement des hommes et médiatement de Dieu. — Nécessité de l'intervention du corps social. — Différence à cet égard de la thèse catholique et de la thèse philosophique. — Bayle, adversaire de la thèse de la souveraineté absolue du peuple. — La révolution de 1688 et les théories politiques. — Pamphlets catholiques et protestants. — Théorie de Jurieu sur la souveraineté populaire, d'après les *Lettres pastorales*. — Réponse de Bossuet dans le *Cinquième Avertissement*. — Les théories démocratiques à l'époque de la Fronde. — Claude Joly ; le contrat synallagmatique. — *L'Art de régner* du P. Le Moyne. — La souveraineté populaire aux origines de l'histoire de France. — Le vrai caractère du contrat dans la thèse catholique. — Souvenir de l'élection populaire dans la cérémonie du sacre. — Comment cette cérémonie est interprétée en sens différents. — Mariage du roi avec son peuple.

L'ÉGLISE enseigne que l'origine du pouvoir civil doit être cherchée en dehors et au-dessus de l'homme ; mais elle ne prétend pas que ce pouvoir soit communiqué par Dieu, directement et sans intermédiaire, — cela est le droit divin, d'après la thèse monarchique et gallicane, — aux détenteurs de l'autorité. La presque unanimité de ses théologiens professe que le pouvoir vient de Dieu, mais qu'il en vient par l'intermédiaire des hommes. Suivant les expressions de l'école, que Suarez répétait au xviie siècle, le pouvoir vient immédiatement des hommes et médiatement de Dieu ; il vient de Dieu, disait encore Bellarmin, par le moyen d'une décision et d'une élection humaine, *mediante consilio et electione humana.* Ce qui revient à dire que, si le pouvoir appartient au droit divin par son origine, il appartient au droit des gens par son institution. C'est le choix de la société politique qui a librement déterminé la forme spéciale du gouvernement, monarchie, oligarchie, démocratie, et qui, pour chacune de ces formes, a désigné, dans des conditions spéciales, des magistrats particuliers.

La thèse orthodoxe est donc que le pouvoir vient de Dieu; que Dieu le donne à la société; que, de la société, il passe, par les moyens légitimes, aux personnes qu'elle charge de la gouverner : de telle manière que celles-ci tiennent leur mandat directement des hommes et indirectement de Dieu. Ainsi s'explique l'expression de Fénelon rapportée ci-dessus, que le consentement des peuples est le canal par où découle l'autorité suprême.

Il n'est pas inutile d'insister sur ce point, pour montrer en quoi la thèse des théologiens catholiques, auxquels on est tenté parfois d'attribuer la paternité du fameux droit divin, diffère radicalement de la thèse des publicistes gallicans, véritables défenseurs de ce système. Ce n'est pas Dieu, disent les premiers, qui établit directement les rois et les princes; il ne leur accorde pas la puissance civile, comme un privilège spécial réservé à eux et à leurs descendants. Le verset des livres saints, *In unamquamque gentem [Deus] præposuit rectorem*[1], ne doit pas être pris dans ce sens étroit et inexact. Il ne signifie pas que chaque peuple a reçu de Dieu son gouvernement particulier, mais que l'autorité humaine, exercée par le chef de chaque État, est d'origine divine.

Ce n'est pas, dira-t-on, ce qu'entendait Bossuet, quand il a énoncé cette proposition dans sa *Politique* : « C'est Dieu qui fait les rois et qui établit les maisons régnantes. » Mais, si l'on regarde les exemples de maisons régnantes

1. *Ecclesiasticus*, XVII, 14.

qu'il cite à titre de preuves, on n'en trouvera pas d'autres que ceux de Saül, de David, de Jéroboam, etc., tous empruntés à l'histoire du peuple juif. Ces exemples ne valent que pour l'histoire du régime théocratique d'Israël, qui, suivant l'Ancien Testament, a été visiblement le partage de Dieu même. En dehors de l'histoire du peuple élu, Bossuet n'a pas cité et ne pouvait citer d'exemples. D'ailleurs, on ne peut se méprendre sur sa pensée véritable quand on lit ces lignes de la *Défense de la Déclaration* : Dieu, « après avoir établi la puissance temporelle, a laissé à la volonté des hommes le choix des différentes formes de gouvernement. » Le grand polémiste reproduit ici l'enseignement commun de la théologie, que, si l'autorité vient de Dieu, c'est par le peuple qu'elle est conférée. La thèse complète réclame ces deux termes : la source et le canal, pour parler comme Fénelon, la source faisant écouler ses eaux par le canal, le canal servant de voie de transport aux eaux de la source. En fait, le droit divin, dans la théologie orthodoxe, est si peu incompatible avec le droit du peuple que le second est, au contraire, toujours supposé comme l'instrument nécessaire par lequel le premier exerce son action.

Mais, si le pouvoir temporel a pour condition nécessaire le consentement du corps social, il s'en faut de beaucoup que la théologie orthodoxe confonde ce droit populaire, dont elle reconnaît la légitimité et la nécessité, avec la souveraineté populaire conçue à la façon de la théorie du *Contrat social*; théorie, qui, niant ou négligeant l'origine divine du pouvoir, voit dans le peuple, c'est-à-dire dans la société civile, la source première et unique de l'autorité. L'encyclique *Immortale Dei* le dit en termes exprès, quand elle parle de ce droit nouveau, fruit de l'esprit novateur du xviiie siècle, et « sur plus d'un point en désaccord non seulement avec le droit chrétien, mais avec le droit naturel. » Il est facile de comprendre en quoi la thèse chrétienne et la thèse philosophique diffèrent profondément l'une de l'autre : la première fait remonter à Dieu l'origine du pouvoir comme de toute chose; la seconde organise l'état social, en dehors de toute relation de Dieu avec les hommes ou de toute obligation des hommes envers Dieu.

On sera peut-être étonné d'entendre un écrivain qui n'a jamais été un tenant de la théologie romaine et en qui on s'accorde à voir un précurseur de l'esprit du XVIIIe siècle, attaquer, de la manière la plus vive, la thèse favorable à la souveraineté absolue du peuple. « Où est donc, demande-t-il, cette prétendue souveraineté du peuple que vous prônez tant depuis quelques mois, cette chimère favorite, le plus monstrueux et en même temps le plus pernicieux dogme dont on puisse infatuer le monde?... Vous l'avez ressuscitée du tombeau de Buchanan, de Junius Brutus, de Milton, l'infâme apologiste de Cromwell... » C'est Bayle, qui apostrophait ainsi, sous le voile de l'anonyme, l'auteur des *Lettres pastorales.*

Celui-ci répondait que son adversaire avait grand tort de se cacher pour soutenir une opinion qui avait de la faveur partout. « Au contraire, ceux qui soutiennent le droit des peuples contre les usurpations des rois marchent toujours comme sur des épines; l'épée, la corde et le bourreau sont derrière eux. Ils font fort bien d'être sages, car il peut leur en coûter beaucoup de ne l'être pas. »

Ces querelles entre Bayle et Jurieu sont un écho de la grande polémique que la révolution de 1688 fit éclater entre les théologiens orthodoxes et quelques publicistes protestants. Les questions du droit divin du pouvoir et de la souveraineté nationale sortaient, à propos du détrônement de Jacques II et de l'usurpation de Guillaume d'Orange, de ces époques lointaines et de ces régions mystérieuses que les théologiens avaient jusqu'alors envisagées au berceau des sociétés; elles entraient dans le domaine des faits positifs et contemporains, qui, en quelques semaines, s'étaient accomplis sous les yeux de l'Europe étonnée. La révolution de 1688 n'avait-elle que le caractère d'un coup de force qui avait réussi? Etait-elle, au contraire, la manifestation légitime de la souveraineté nationale, maîtresse absolue des destinées d'un grand peuple?

Alors que les libelles catholiques dénonçaient « l'antichristianisme » de l'entreprise du prince d'Orange, alors que le grand Arnauld sortait de sa retraite silencieuse pour maudire « le nouvel Absalon, le nouvel Hérode, le nouveau Cromwell, le nouveau Néron, » Jurieu, qui, depuis 1681, s'était réfugié en Hollande, exposait, avec la fougue ordinaire de son tempérament de polémiste, la théorie de la souveraineté absolue de la nation. En quoi il n'était pas malaisé de le mettre en contradiction avec lui-même; car il lui était arrivé de soutenir, comme les autres écrivains protestants, la thèse gallicane du droit divin monarchique; or, rien n'était plus incompatible que le droit divin des gallicans ou des protestants et la théorie de la souveraineté du peuple. S'adressant à Louis XIV, Jurieu lui avait dit : « Il n'y a point de protestant dans le royaume qui ne vénère et, je puis dire, qui n'adore Votre Majesté comme la plus brillante image que Dieu ait posée de lui-même sur la terre. » Il appelait les princes et les magistrats, « les images et les oints de Dieu et ses lieutenants en terre. » Comment concilier l'existence de ce vicaire de Dieu, tirant immédiatement de Dieu sa toute-puissance, avec la théorie du droit populaire? L'auteur de l'*Avis aux réfugiés,* qui prend plaisir à relever les contradictions entre les *Lettres pastorales* et les écrits antérieurs de leur auteur, lui dit, non sans ironie : « Il semble que vos sentiments là-dessus — sur l'autorité des rois — sont enveloppés de ce *distinguo.* Les rois sont-ils dépendants de Dieu seul? C'est selon. S'il s'agit de diffamer les papes et les jésuites je l'affirme; s'il s'agit d'exclure du trône quelque prince désagréable aux protestants, je le nie. »

Les idées de Jurieu sur la souveraineté du peuple sont exposées dans ses dernières *Lettres pastorales adressées aux fidèles de France qui gémissent sous la captivité de Babylone,* et aussi dans l'*Examen d'un libelle,* qui est sa réponse au pamphlet de Bayle. Les lettres datées du 1er avril 1689 au

15 mai 1689 et l'*Examen*, qui est de 1691, ont été composés sous l'influence des événements d'Angleterre. Tout autant que Locke, Jurieu, qui a peut-être plus de hardiesse ou plus de netteté dans ses formules, mériterait d'être appelé le théoricien de la révolution de 1688.

Les hommes, selon Jurieu, sont naturellement libres et indépendants, en dehors de la dépendance naturelle que Dieu a mise entre les pères et les enfants, entre les maris et les femmes ; mais le péché et les passions humaines ont rendu nécessaire l'établissement de maîtres et de conducteurs, « nécessité qui ne vient que de la prudence et non de la conscience, » c'est-à-dire qui n'est pas, selon son expression, de droit naturel divin. Une fois que les peuples libres ont fait choix d'un gouvernement, ils son obligés de lui obéir, « non seulement par bienséance et par prudence, ou par la crainte des châtiments humains, mais pour l'ire et pour la conscience, comme dit saint Paul, c'est-à-dire par le droit divin. » A ce propos, Jurieu distingue ces deux propositions : l'origine des souverains est de droit divin, et l'on est obligé de droit divin d'obéir aux souverains. Il rejette la première et démontre, au contraire, la légitimité de la seconde. Voici le passage le plus caractéristique de sa thèse politique, qu'il faut citer en entier.

« Les peuples font les rois et leur donnent leur puissance. Or, la cause doit être, en quelque sorte, plus noble que l'effet ; les rois, assurément, sont au-dessus des peuples, mais aussi les peuples, à certains égards, sont au-dessus des rois... Le peuple fait les souverains et donne la souveraineté. Donc le peuple possède la souveraineté et la possède dans un degré plus éminent. Car celui qui communique doit posséder ce qu'il communique d'une manière plus parfaite. Et, quoique un peuple qui a fait un souverain ne puisse plus exercer la souveraineté par lui-même, c'est pourtant la souveraineté du peuple qui est exercée par le souverain. Il en est le bras et la tête, et le peuple est le corps. Et l'exercice de la souveraineté qui dépend d'un seul n'empêche pas que la souveraineté ne soit dans le peuple, comme dans sa source et même comme dans son premier sujet. C'est pourquoi le souverain venant à mourir et à finir, le peuple rentre dans l'exercice de la souveraineté... Il est plus clair que le jour que les peuples confèrent le pouvoir aux souverains, non pour faire plaisir aux rois et pour les rendre grands, mais pour être les conservateurs de la société. Ainsi, quand un roi ruine la société, il va contre les fins de son établissement, et tout acte qui va contre la fin par soi-même est nul de toute nullité, et on n'est pas obligé d'y avoir aucun égard...

« Enfin, si l'autorité des souverains vient des peuples, si les peuples font les souverains, il est plus clair que le jour qu'il y a un pacte mutuel entre le peuple et le souverain. Car il est contre la raison de concevoir qu'un peuple se livre, absolument, sans traité et sans· condition, à un seul homme, sans mettre sa vie, ses biens et le public en sûreté par des lois. Cela ne s'est jamais fait et même cela ne se peut faire ; et, s'il était possible qu'un homme vînt à ce degré d'aveuglement que se livrer· ainsi, sans réserve et sans pacte, à un souverain, je soutiens qu'un tel traité serait nul, parce qu'il serait contre les droits de la nature... Il y a donc pacte mutuel entre le peuple et le roi ; et, quand une des parties vient à violer ce pacte, l'autre est dégagée... »

Empruntons-lui encore les formules si nettes où il résume son système. « De tout ceci il est clair que le grand principe duquel découlent, clairement et évidemment, toutes nos conclusions, c'est celui-ci : *Le peuple est la source de l'autorité des souverains ; le peuple est le premier sujet où réside la souveraineté ; le peuple rentre en possession de la souveraineté aussitôt que la personne ou les familles à qui il l'avait donnée viennent à manquer ; le peuple enfin est celui qui fait les rois.* »

Après avoir posé dans des termes abstraits la thèse de la souveraineté nationale, le polémiste des *Lettres pastorales* invoque les preuves de l'expérience et de l'histoire.

Les Français n'ont-ils pas fait passer la couronne royale de la première race à la seconde et de celle-ci à la troisième, alors qu'il subsistait encore des héritiers mâles de l'une et de l'autre? Les peuples sont donc bien en droit de se choisir les maîtres qu'ils veulent et de leur donner la souveraineté, pour autant de temps que le salut de l'État le demande.

La conclusion pratique qu'il tire de sa thèse philosophique et historique, c'est la justification de la révolution de 1688. « Il ne me semble pas qu'après ces principes si justement posés et si bien prouvés on puisse contester le moins du monde les droits de Guillaume, roi d'Angleterre, ni condamner la conduite de la nation anglaise... »

Qu'est-ce que Bossuet a répondu à cette vigoureuse argumentation? Le *Cinquième Avertissement aux protestants sur les lettres du ministre Jurieu* porte pour sous-titre : « Le fondement des empires renversé par ce ministre, » ce qui montre dans quel esprit est conçue la réfutation de cette partie des *Lettres pastorales*. Comme l'auteur de l'*Avis aux réfugiés*, il fait le procès à l'esprit révolutionnaire de Jurieu : « on ne peut pas, plus bassement ni plus indignement, flatter la populace; » il insiste sur les conséquences dangereuses de ses dogmes, qui légitiment l'insurrection et font prévaloir le « cromwélisme; » il montre que dans son système toutes les formes de gouvernement sont également menacées. « Voilà jusqu'où M. Jurieu pousse les choses par ses séditieux raisonnements. Il renverse toutes les puissances et autant celles qu'il défend que celles qu'il attaque. » Bossuet le prend en défaut à propos de telle affirmation hasardée et déclare qu' « on ne peut pas abuser davantage de la foi publique. » « Parmi les absurdités infinies de ses vains discours, » il veut bien en relever « quatre ou cinq des plus grossières; » il l'accable de son ironie pour cette thèse, singulière en effet, que les relations entre le père et le fils, comme toutes les relations humaines, reposent sur un pacte. Cependant on ne peut dire que sur le principe fondamental de la souveraineté nationale il ait sérieusement ébranlé la théorie de son adversaire.

Le peuple, selon Bossuet, n'a jamais pu posséder la souveraineté et par suite la déléguer, puisque, avant tout gouvernement établi, on ne trouve que l'anarchie, « c'est-à-dire dans tous les hommes une liberté farouche et sauvage, où chacun peut tout prétendre et en même temps tout contester, » où il n'y a aucun droit, si ce n'est celui du plus fort. C'est cependant du fond de cette anarchie que sont sorties les puissances légitimes, non pas à la manière que Jurieu suppose, mais lorsque les particuliers, « fatigués de l'état où tout le monde est le maître et où personne ne l'est, se sont laissés persuader de renoncer à ce droit qui met tout en confusion, et à cette liberté qui fait tout craindre à tout le monde, en faveur d'un gouvernement dont on convient. » L'erreur de Jurieu est d'avoir confondu l'indépendance de chaque homme dans l'anarchie avec la souveraineté, et d'avoir posé une thèse contradictoire dans les termes ; car, « où tout est indépendant, il n'y a rien de souverain. »

A cette argumentation Jurieu aurait pu répondre, semble-t-il, que Bossuet souscrivait implicitement au droit populaire, puisque, dans le passage même où il s'élevait contre l' « absurdité » des principes politiques des *Lettres pastorales*, il reconnaissait que les gouvernements légitimes « venaient originairement de la multitude ou du peuple. » La thèse de Jurieu, malgré son exagération, différait moins, — sur ce domaine spécial des droits du peuple, — de la doctrine des théologiens orthodoxes que la thèse gallicane et monarchique du xviie siècle, qui les niait ou ne consentait à en parler qu'avec quelques formules évasives.

Il faut le reconnaître : l'auteur de la *Politique tirée de l'Écriture sainte* et du *Cinquième Avertissement* était placé entre la doctrine traditionnelle de l'Église, qui reconnaît le droit populaire, et la doctrine gallicane, dominante alors chez nous, qui faisait découler directement de Dieu, sans intermédiaire, le pouvoir des rois. Aussi n'a-t-il pas tranché, avec la précision et la vigueur ordinaires de son génie, la question de la transmission du pouvoir. Pour la question de l'origine, il est resté pleinement fidèle à la doctrine traditionnelle: tout pouvoir vient de Dieu et trouve en lui seul sa justification; mais pour la question de la transmission, c'est-à-dire du moyen par lequel le pouvoir passe de Dieu aux magistrats publics, il serait difficile, croyons-nous, de trouver une doctrine précise dans les nombreuses pages qu'il a écrites sur la politique.

Selon son magnifique langage, Bossuet avait vengé le droit des rois et de toutes les puissances souveraines, en montrant les conséquences dangereuses de l'application des idées démocratiques de Jurieu; mais ne serait-il pas permis de dire que, à propos du principe même, il avait souvent porté la discussion sur un terrain qui n'était pas vraiment celui de la question? Il disait au dauphin qu'il avait voulu lui exposer dans la *Politique* le gouvernement d'un peuple dont Dieu même avait été le législateur. De même, dans sa réponse à Jurieu, c'est encore la loi de Dieu qu'il a surtout en vue, c'est-à-dire le système politique de l'Ancien Testament. Pour réfuter la doctrine des pactes, que Jurieu place à l'origine de toute société qui s'organise, Bossuet étudie dans l'histoire sainte l'érection de deux monarchies du peuple de Dieu, à savoir l'histoire de Saül et celle de Simon Macchabée. Il avait raison d'invoquer les annales du peuple israélite pour justifier le despotisme théocratique; mais que prouvaient-elles pour les sociétés chrétiennes en général et en particulier pour cette révolution anglaise que Jurieu avait entendu justifier? Un polémiste de l'époque s'élevait avec raison contre cette idée, alors très répandue, que l'Écriture est l'arbitre des lois civiles. Il est vrai que Dieu a donné lui-même les loïs de Moïse et que toutes les autres ont été inventées par des personnes faillibles; cependant, il n'y a pas eu une nation qui se soit crue obligée de changer ses lois en celles des Juifs. Dieu a laissé aux hommes toute liberté de juger par eux-mêmes de la valeur de leurs institutions, sans les obliger à suivre les ordonnances politiques de l'Écriture.

Il serait aisé de montrer comment les théories des *Lettres pastorales* se rattachent directement aux *Vindiciæ contra tyrannos*, qui avaient paru environ un siècle auparavant. Chez Jurieu comme chez Hubert Languet, c'est le même mélange d'arguments bibliques et de raisons philosophiques; chez l'un et chez l'autre, la théorie du contrat est la base de toute association humaine, et à cet égard les deux publicistes protestants sont les précurseurs des idées de la fin du xviiie siècle. Mais il ne faudrait pas croire que ce courant démocratique n'ait été représenté, sous le règne de Louis XIV, que par les écrits de Jurieu et des défenseurs de la révolution de 1688. Les polémiques dues à la Fronde avaient fait renaître les doctrines de la Ligue sur la souveraineté populaire, avec ce caractère spécial que, dégagées des excès de langage du fanatisme religieux et ne se réclamant plus d'une thèse confessionnelle, ces doctrines se cantonnèrent de préférence sur le terrain de l'histoire et du droit naturel.

De la Puissance qu'ont les rois sur les peuples et du pouvoir des peuples sur les rois : ce titre, qui rappelle presque textuellement le titre de la traduction française des *Vindiciæ*, est celui d'un pamphlet politique publié en 1650 et regardé comme l'œuvre d'un illuminé et d'un fou mystique, François Davenne. Au milieu de ses divagations, l'auteur expose, d'une manière très nette, qu'un prince ne mérite l'obéissance que dans la mesure où il reste fidèle aux conditions qui l'ont fait choisir par le peuple; sinon, les sujets ont droit de le déposer. « Les hommes ayant élu leurs rois afin de leur administrer la justice, il est raisonnable de les ôter, quand, au lieu de [la] leur rendre, ils les molestent sous prétexte d'une injuste autorité, qu'ils ont usurpée par fraude. » Notons encore de lui cette formule concise et éloquente : « Les rois n'ont pas fait les peuples, mais les peuples les rois; les princes ne sont que ce que les hommes veulent qu'ils soient. » Dans un autre de ses écrits,

directement adressé au jeune Louis XIV alors âgé de douze
ans, il lui dit hardiment que les peuples ne doivent que
l'obéissance conditionnelle; car, si vous les opprimez,
« il est juste, naturel, divin et raisonnable... que chacun
vous rejette, cherche la sainte liberté, sorte de l'esclavage
et qu'il retourne comme Jacob dans ses tabernacles... »

L'idée politique la plus intéressante et celle qui revient
le plus fréquemment dans les mazarinades, est l'idée du
pacte primitif qui rattache les rois et les sujets, en les
obligeant les uns et les autres à des devoirs réciproques et
en leur conférant par suite des droits réciproques. Dans
le Politique du temps, Politie expose à son ami Archon que,
en dépit de la succession héréditaire qui est tenue pour
un droit, les peuples, qui sont « électeurs de leurs princes »,
peuvent les déposer, s'ils sont infidèles à leurs obligations.
« Car, en tout événement il faut considérer l'origine, la
cause et la fin des magistrats, qui ont été créés aux peuples
et non les peuples aux magistrats, comme le tuteur qui est
créé au pupille et non le pupille au tuteur, le pasteur au
troupeau et non le troupeau au pasteur. »

La *Lettre d'avis à messieurs du Parlement de Paris, écrite par
un provincial*, établit comme un axiome « constant à quiconque l'examinera de près, que dès lors qu'un roi abuse
du pouvoir que Dieu lui donne en cette qualité et qu'il
contrevient à son devoir, il cesse d'être roi et les sujets
d'être sujets. » La raison, d'ailleurs « mal goûtée par les
politiques du temps, » en est dans le serment prêté par les
rois à leur avènement; ce serment est « respectif, » c'est-
à-dire réciproque, et, comme les rois ont le droit de contraindre à l'obéissance des sujets rebelles, les sujets sont
exempts de l'obéissance envers un roi infidèle à son
serment. L'histoire de nos origines fournit des arguments
du même genre. La manière dont les Gaulois ont élu
Mérovée, chassé son fils Chilpéric, etc., prouve bien que la
France n'est pas une terre de conquête et ne peut par
conséquent être traitée en esclave. De même, l'*Instruction
royale* rappelle au jeune roi qu'il ne saurait s'exempter du

serment fait à ses sujets, et en vertu duquel il est souverain, sans les exempter en même temps de l'obéissance qu'ils lui ont promise. « Arrière d'ici, s'écrie un autre pamphlétaire, ces flatteurs ignorants, ces lâches parasites, ces bouffons impies, lorsqu'ils osent dire que l'autorité royale est indépendante, qu'elle peut tout, qu'elle n'a point de bornes et que ceux qui résistent à ses volontés, telles qu'elles puissent être, sont des rebelles et des factieux. »

Le *Manuel du bon citoyen* dit qu'il en est du pouvoir comme du Saint-Esprit, qui se communique non seulement au chef, mais encore aux moindres membres de l'Église. Les peuples ont bien donné à leurs chefs la principale fonction du pouvoir; « mais ils ne s'en sont pas privés totalement; ils n'ont pas entendu se rendre esclaves ni devenir stupides et insensibles comme des troncs de bois. » Le contrat passé à l'origine de la monarchie entre les Français et leur roi n'a jamais rien perdu de sa valeur. En effet, « de quelque date que soit l'origine d'une monarchie, elle ne peut pas prescrire la liberté de la nation qui lui a donné l'être et le commencement. C'est une maxime indubitable en droit..., que *nemo potest sibi mutare causam possessionis*. » Hugues Capet, élu par les états de France, a transmis le royaume à sa postérité à la même condition qu'il a été élu.

La théorie des droits du peuple est exposée, avec autant de précision que de simplicité, en dehors de tout fanatisme religieux ou politique, dans le *Recueil de maximes... pour l'institution du roi*. On sait que l'auteur, Claude Joly, petit-fils du jurisconsulte Loysel, lui-même ancien avocat au parlement et chanoine de Notre-Dame de Paris, n'avait rien d'un sectaire ou d'un pamphlétaire.

« Il semble à quelques-uns que les peuples ne sont faits que pour les rois, quoique au contraire il soit véritable que les rois n'ont été faits que pour les peuples. Car de tout temps, il y a eu des peuples sans rois, mais jamais il n'y eut de rois sans peuples. » Élevé dans les traditions des légistes, Claude Joly cite le texte des *Institutes* où Justinien rappelle que, par la *lex regia*, « le peuple s'était dessaisi entre les mains des empereurs et leur avait transféré tout le droit et le pouvoir qui lui appartenait. » La théorie romaine, que le prince a tiré sa puissance du peuple, n'est-elle pas inconciliable avec la théorie chrétienne, que le pouvoir est d'origine divine? Nullement, répond l'auteur, qui sait aussi bien parler la langue des théologiens gallicans que celle des juristes. « Encore que les rois tiennent originairement leur puissance des peuples, ce n'est pas à dire pour cela qu'ils ne la tiennent aussi immédiatement[1] de Dieu; car l'un ne contrevient point et n'empêche pas l'autre. Aussitôt que le contrat, par lequel le peuple se démet de son pouvoir entre les mains du prince et le prince promet de faire justice et de protéger le peuple, est passé, Dieu le ratifie et l'approuve, et lui donne toute la force nécessaire pour être exécuté; et, par conséquent, le prince tire toute son autorité de cette approbation et vertu divine, qui est comme le sceau de cet acte synallagmatique. » C'est ainsi, ajoute-t-il, que les paroles de saint Paul sont véritables : il n'y a point de puissance qui ne procède de Dieu.

L'avocat du roi au Châtelet, en requérant la condamnation du *Recueil de maximes* qui, comme on le sait, fut condamné à être brûlé, avait relevé cette proposition séditieuse, que le roi tient son autorité des peuples. Tout pouvoir vient en effet de Dieu, répondit l'auteur. « Mais Dieu, Monsieur l'Avocat, n'agit pas toujours immédiatement par soi-même, il se sert des causes secondes pour produire les effets qu'il lui plaît... Les peuples sont les auteurs et les vraies causes de toutes les formes de gouvernements qu'ils ont établis sur eux... Les deux propositions ne se choquent donc point : les rois tiennent leur autorité de Dieu, et les rois tiennent leur autorité des peuples. »

Puisque l'exercice de l'autorité royale repose toujours

---

1. Un théologien non gallican aurait dit : « médiatement. »

sur un contrat, il en résulte que le pouvoir des rois est borné et fini; les rois ne peuvent pas disposer de leurs sujets au gré de leur caprice. La flatterie des gens de cour est arrivée à un tel point d'audace et d'extravagance qu'elle prétend que les vies et les biens des sujets sont à l'entière discrétion du roi et qu'elle veut appuyer « cet insigne mensonge » de la parole de Dieu. En vérité, les rois n'ont aucun droit de lever des impôts sur leurs sujets sans leur volonté et consentement. Dieu lui-même ne réclame pas une obéissance aveugle, mais une obéissance raisonnable, *rationabile obsequium*. Aussi Gerson, qui fut en son temps « une des plus belles lumières de l'église de France, » n'a pas craint de dire que si un prince persécute de fait son peuple, manifestement, obstinément, à tort, sans cause, alors « cette loi naturelle, par laquelle il est permis de repousser la force par la force, peut avoir lieu. »

C'est abuser de certaines formules de tradition que de prétendre y trouver un argument pour le pouvoir illimité de nos rois. On veut faire de ces mots : « Car tel est notre plaisir » l'équivalent du *Sit pro ratione voluntas*, comme si la puissance du prince n'avait d'autres bornes que sa volonté; ces mots ne sont que la transcription de la formule *Quia tale est nostrum placitum*, Telle fut la résolution prise dans notre assemblée. Le dicton « Qui veut le roi, si veut la loi, » ne signifie pas que la loi n'est autre chose que la volonté du souverain; mais il faut l'entendre dans ce sens, Qui veut le roi, veut bien aussi la loi, c'est-à-dire que la volonté du souverain et la loi ne peuvent pas se distinguer l'une de l'autre. Quand nous appelons le roi notre maître, nous ne faisons qu'employer une formule oratoire de respect; « en termes propres et significatifs, » l'idée de maître est diamétralement contraire à celle de de roi. Un maître suppose des esclaves; les sujets sont si peu les esclaves du roi, que c'est le roi qui a été fait pour les sujets et non les sujets pour le roi. Les Français vivent dans une monarchie royale, dont le chef n'est pas un maître, mais un père, un tuteur, un curateur.

Le jeune Louis XIV n'a probablement jamais feuilleté les pages de Claude Joly qui renfermaient ces vérités généreuses ; mais on peut supposer que, douze ans environ plus tard, il jeta les yeux avec complaisance sur un gros traité de morale politique qui lui était dédié, et dans lequel le soleil, qui lui servait d'emblème, était devenu le thème de flatteries allégoriques : c'était *l'Art de réyner* du P. Le Moyne. Les ornements de rhétorique et les flatteries de l'auteur ne l'avaient pas empêché d'exposer, mais en la séparant de tout appareil pédantesque, comme il convenait dans un livre composé pour le roi, la thèse chrétienne du pacte primitif entre les peuples et les rois.

Les hommes, disait le P. Le Moyne, sont plus anciens que les princes, car ils sont de la nature et les princes sont de l'institution des hommes. Il est certain que les hommes, « qui étaient nés la tête libre et les mains déliées, ne se dessaisirent pas de la liberté que la nature leur avait donnée, afin qu'il y eût des hommes qui, sous prétexte d'un vain fantôme de grandeur, abattissent à leurs pieds tous les autres hommes, qui justifiassent leurs adultères et leurs incestes, leurs rapines et leurs vengeances, par le droit sacré de leur bon plaisir. » Si donc les hommes ont renoncé à la liberté, ce « bien si cher, » s'ils ont investi les rois d'une autorité « de leur propre création, » c'est dans l'intention de mieux garantir l'ordre et le bien public. « Voilà, au vrai, l'origine de la principauté et la fin de l'institution des princes. » La doctrine que le P. Le Moyne présentait à Louis XIV, c'était la doctrine des théologiens de son ordre, comme Bellarmin et Suarez, et de la grande majorité des théologiens catholiques, sur le caractère purement humain de l'organisation du pouvoir.

Quels exemples historiques alléguait-on à l'appui de la théorie sur la souveraineté populaire, en ce qui concernait l'histoire de la France ? « Personne n'a jamais douté, écrivait, en 1654, l'auteur d'un *Discours sur le sacre*, que notre monarchie ne fût élective et héréditaire, élective en Pharamond, Pépin et Capet, héréditaire en tous leurs succes-.

seurs. » Comment s'était fait le choix du premier chef appelé à régner sur nos pères ? Pour l'auteur des *Éléments de la politique*, un homme plus sage et plus intelligent que les autres s'était offert pour mettre fin au désordre, et l'on avait cru en lui; le sort aurait été trop aveugle, les suffrages de la multitude trop exposés à la corruption. Suivant un autre écrivain, c'est bien à l'élection qu'avaient eu recours les premiers Français qui étaient venus occuper les Gaules; mais ils s'étaient dessaisis de ce droit en même temps qu'ils en faisaient usage; « ce qui arrive à certaines mères, qui deviennent stériles par leur premier enfantement et sont incapables de rien produire après leur première production. » Les Français avaient fait un « transport éternel » et une « cession irrévocable; » aussi la souveraineté des rois ne dépendait plus à présent que de leur naissance et non du consentement des peuples.

On remarquera cette comparaison de la mère devenue inféconde après la naissance de son premier enfant; sous une forme, qui peut paraître singulière, elle traduit, avec assez d'exactitude, une partie de la thèse catholique sur la transmission du pouvoir. Le contrat, en effet, par lequel le peuple choisit un chef, n'est pas un contrat résiliable; une fois le chef nommé, le peuple est dessaisi de son droit au sens strict, et ne peut le recouvrer à volonté; il ne recouvre ce droit initial que dans des cas très rares, abus de pouvoir criants, tyrannie excessive, anarchie. Ainsi comprise, la théorie du contrat, bien loin d'encourager le régime révolutionnaire, restreint aux plus étroites limites le droit à l'insurrection; car l'intérêt primordial de la société, c'est sa propre sécurité, et la condition essentielle de cette sécurité, c'est la continuité du pouvoir.

Il faut parler de la cérémonie d'investiture par laquelle chaque roi de France prenait officiellement possession de la couronne. Il était difficile, en effet, de ne pas voir dans certaines formules et dans certains actes du sacre royal qui s'étaient conservés à l'époque de Louis XIV, comme ils se conservèrent jusqu'à l'époque de Charles X, la reconnaissance implicite du droit national et le souvenir du contrat originel entre le peuple et son roi.

Pour Saint-Simon, « rien n'explique mieux la nature de la monarchie française,... la liberté première qui l'accompagna si longtemps, l'esprit qui en est demeuré, » que cette cérémonie « si expressive et si significative,... la plus auguste et la plus expressive aussi qui soit peut-être restée en usage parmi les hommes. » Dans le rôle joué par les pairs au cours de la cérémonie, en particulier au moment où ils soutiennent la couronne au-dessus de la tête du roi, il voit la preuve visible de la situation qu'ils devraient avoir dans l'État; il forge les barbarismes à plaisir, « conjuger avec le roi, condécerner avec le roi, conexécuter les choses les plus importantes avec lui, constatuer, conlégislater, » pour mieux faire comprendre comment ils devraient être, d'après le cérémonial même du sacre, les collaborateurs naturels et universels du souverain.

Il y avait une autre partie de la cérémonie, le début même, qui était plus « significative » encore, du moins en ce qui concernait, non les prétentions d'une élite aristocratique, mais les droits historiques de la nation. Voici comment cette partie est décrite dans le récit officiel du sacre de Louis XIV, qui eut lieu à Reims le 7 juin 1654.

L'évêque de Soissons, qui présidait la cérémonie, demanda d'abord au roi de promettre de conserver à toutes les églises de son royaume « les privilèges canoniques, la loi due et la justice. » Le roi prononça en latin la promesse requise. Alors, les évêques de Beauvais et de Châlons « soulevèrent Sa Majesté de sa chaire, et étant debout, pour observer toutes les anciennes formalités, demandèrent aux seigneurs assistants et au peuple s'ils acceptaient Louis XIV pour leur roi; et, leur consentement reçu par un respectueux silence, l'évêque de Soissons prit encore de lui le serment du royaume... »

Si les actes et les formules ont un sens, la présentation du roi aux assistants, la sollicitation de leur consentement, la prestation du serment par le roi faite seulement après l'assentiment de l'assemblée, ce sont autant de souvenirs du droit primitif d'élection. Il y a loin sans doute entre ce consentement, qui se manifestait alors « par un respectueux silence, » et les acclamations que poussaient, aux premiers âges de la dynastie capétienne, tous ceux qui assistaient au sacre : Nous approuvons, nous louons, qu'il soit roi ; *Laudamus, volumus, fiat.* Mais, de quelque manière que les assistants manifestassent leur approbation, on continuait à la solliciter dès le début de la cérémonie, comme si elle en avait été la condition première. La liturgie avait conservé, dans ses rites immuables, le souvenir de l'exercice du droit national. L'élection populaire avait disparu ; le symbole de l'élection était demeuré.

C'est bien dans ce sens symbolique, conforme à la doctrine de la souveraineté nationale et à la vraisemblance historique, que les défenseurs du droit populaire interprétaient, même à l'époque de Louis XIV, les cérémonies du sacre. Claude Joly y voit encore « quelques vestiges » du droit d'élire, dont jadis avaient joui librement les premiers Français. « L'investiture » que reçoivent les rois de France à leur sacre par la main de justice, le sceptre et la couronne, c'est, aux yeux du P. Le Moyne, le souvenir du consentement populaire, origine des principautés. Pour l'auteur d'un traité généalogique dédié au dauphin, fils de Louis XIV, l'image de la même liberté et du même droit que sous les deux premières races est demeurée tout entière dans la cérémonie du sacre de nos rois.

La persistance de ce souvenir du droit populaire créait une objection à la thèse du droit divin monarchique ; aussi est-il curieux de voir comment les défenseurs de cette doctrine expliquaient cette partie du cérémonial. Bossuet, résumant pour le dauphin la description du sacre, se bornait à mentionner cette sorte d'adhésion demandée au peuple, sans en rien conclure ni dans un sens ni dans l'autre, mais d'autres écrivains étaient moins réservés dans leurs commentaires.

Le conseiller d'État Le Bret, dont les œuvres jouirent au xviie siècle d'un grand crédit, se moquait, dans son traité *De la Souveraineté du roi*, de ce prétendu consentement des Français. « Je dirai en passant que ceux-là sont ridicules qui ont écrit que ce royaume semblait être électif, » à propos de la présentation du roi à son sacre et du consentement de l'assistance. L'on observe cette cérémonie non pour élire le prince, mais « pour présenter au peuple celui que Dieu lui donne pour son roi, afin qu'il lui fasse l'honneur et l'hommage qu'il est obligé de lui rendre. » Domat, le célèbre auteur des *Lois civiles* et du *Droit public*, professe, comme tous les légistes, que le souverain tient directement sa puissance de Dieu; aussi quand il fait mention du sacre, il rappelle que les rois de France prennent l'épée sur l'autel, « pour marquer que c'est immédiatement de la main de Dieu que leur est donnée la puissance souveraine, dont l'épée est la principale marque. » Que signifierait l'élection populaire? demande un écrit royaliste du temps de la Fronde. Il est certain que c'est de Dieu que les rois tiennent leur sceptre et leur couronne et que les sujets ne contribuent aucunement à l'élection; quand ils reconnaissent un roi pour leur prince, « ils ne font que ce qu'ils sont obligés de faire. » Cette reconnaissance obligatoire a besoin pour se manifester d'une cérémonie extérieure : c'est là le sens du sacre et sa raison d'être. « Comme la souveraineté du prince n'était bien reconnue chez les Perses que quand il paraissait vêtu de la robe du grand Cyrus,... de même on n'a tout déféré à la majesté de nos monarques que quand on les a vus approuvés du ciel et que leurs sujets ne pouvaient plus être rebelles sans devenir sacrilèges. »

Ces paroles étaient adressées à Louis, en 1654, par un de ses aumôniers, au moment même et à l'occasion de son sacre. Si elles arrivèrent jusqu'à lui, elles ne purent que lui plaire; car elles répondaient déjà aux sentiments qu'il devait exprimer un jour. « Le sacre, a-t-il dit dans ses *Mémoires*, encore qu'il ne nous donne pas la royauté, la déclare au peuple et la rend en outre plus auguste, plus inviolable et plus simple. » Ainsi, dans la même cérémonie, les uns cherchaient les traces d'un passé non chimérique, mais bien lointain ; les autres y trouvaient une arme de plus pour l'arsenal du droit divin des rois.

Cependant, la force de la vérité est, malgré tout, si grande que les adversaires de la thèse du droit populaire, tout en écartant du sacre le souvenir importun d'un contrat politique, y reconnaissaient la preuve d'une sorte de contrat matrimonial entre le roi et la nation. Ils ne pensaient pas que l'adhésion de l'épouse fût nécessaire pour la validité de cette union, mais ils estimaient qu'il n'était pas inutile de rappeler, même à un maître tout-puissant, ses devoirs d'époux ; et cette conception des rapports du roi avec la France les conduisait à des conséquences très intéressantes au sujet du caractère inaliénable des biens de la couronne, considérés comme la dot de l'épouse et l'usufruit de l'époux. « On dit que le roi est le mari de l'État... C'est un mariage moral et politique, comme le mariage spirituel qui se contracte entre l'église et l'évêque. » Ce sont les expressions d'un jurisconsulte du XVI° siècle. Fortin de la Hoguette disait de même : « Le mariage d'un roi avec son peuple n'est pas moins sacré que celui d'un mari avec sa femme. »

Un attribut du sacre symbolisait ce mariage mystique ; on le rappelait au jeune Louis en 1652. « Nos rois reçoivent en leur sacre un anneau que l'archevêque de Reims leur met au doigt, pour témoigner l'étroite alliance qu'ils contractent avec l'État, et comme un époux n'a des passions que pour son épouse, de même nos monarques protestent qu'ils chériront leurs sujets et les favoriseront de leur protection. » Le compte des dépenses d'orfèvrerie faites pour le sacre de Louis XIV mentionne, en ces propres termes, le « diamant pour épouser la France ; » il avait été emprunté pour la circonstance à Anne d'Autriche et il lui fut rendu après la cérémonie.

CHAPITRE III

ORIGINES HISTORIQUES DE LA THÉORIE
DU DROIT DIVIN DES ROIS

L'empire, comme la papauté, vient immédiatement de Dieu. —
Conséquences de cette proposition. — Henri IV et Grégoire VII.
— Philippe le Bel pose les deux thèses essentielles du droit divin
des rois. — Influence de l'antiquité romaine sur les légistes. — « Le
roi ne tient que de Dieu. » — Loyseau et le *Droit des offices*. — La
théorie du droit divin des rois adoptée par la Réforme. — Témoignages d'écrivains réformés : Fétizon, Calvin, Jean de la Taille,
Du Plessis-Mornay, Du Moulin, Saumaise, Bochart, Amyraut, Bayle,
Merlat. — Déclaration du synode de Vitré. — Les idées sur le droit
populaire au temps de la Ligue. — Les esprits en France après la
mort de Henri IV. — La souveraineté absolue des rois aux états
de 1614. — Jacques Iᵉʳ d'Angleterre défend la théorie du tiers état
français. — Déclaration du parlement de Paris en 1615. — Progrès des idées gallicanes sous Richelieu. — Cassan et Le Bret.

« L ES puissances qui sont, ont été disposées par Dieu, »
Quæ autem sunt, a Deo ordinatæ sunt[1]. Puisque ces
paroles de l'Apôtre s'appliquent aux deux puissances qui
se partagent la société humaine, à savoir la puissance spirituelle, chargée du salut des âmes, et la puissance temporelle, chargée des intérêts matériels, ce qui est vrai du
mode d'établissement de l'une doit être vrai du mode d'établissement de l'autre. Or, l'Église dérive immédiatement

---

1. *Ad Romanos*, XIII, 1.

de Dieu; car Jésus-Christ lui-même a conféré directement
l'autorité spirituelle à saint Pierre et à ses successeurs.
Par suite, l'autre société, qui est aussi d'origine divine, se
rattache à cette origine divine par des liens de même
nature, et ses chefs sont aussi bien d'institution divine,
sans qu'aucune intervention humaine se soit interposée
entre Dieu et eux. Tels sont les termes auxquels on peut
ramener la thèse fondamentale du droit divin monarchique. Les papes sont les vicaires de Dieu, on ne peut le
nier sans tomber dans l'hérésie; mais les princes sont de
même les vicaires de Dieu, puisque tout pouvoir vient de
Dieu. Le droit divin des rois ne nie pas la mission divine,
des papes, mais il proclame la mission divine des princes
dans le domaine temporel. Il met sur le pied d'égalité, en
ce qui concerne l'origine de l'autorité, la puissance ecclésiastique et la puissance civile, les chefs de l'une et les
chefs de l'autre. A cet égard, sa doctrine est comme
résumée dans cette proposition d'un érudit français du
commencement du xviie siècle : *a Deo sunt immediate papatus
et imperium*, de Dieu viennent immédiatement la papauté et
l'empire; ou bien encore, dans ces lignes de Domat : tous
les États où l'on professe la véritable religion sont gouvernés par la puissance spirituelle et par la puissance
temporelle, Dieu les a établies, « elles tiennent immédiatement de Dieu leur autorité. »

On voit à quelles conséquences conduit aussitôt cette
affirmation. D'une part, c'est l'indépendance complète du
temporel à l'égard du spirituel, puisque les deux puissances sont d'origine identique, d'institution identique,
et que la spirituelle ne peut légitimement prétendre à
aucune primauté sur la temporelle. D'autre part, c'est la
négation complète de la souveraineté populaire, puisque
il ne saurait y avoir d'intermédiaire entre Dieu et le prince.
La thèse devait donc être doublement chère aux chefs de
la société civile : elle les débarrassait des prétentions de la
théocratie et des revendications de la démocratie. Il n'y a
pas à s'étonner que la plupart l'aient acceptée avec empres-

sement et que Louis XIV, en particulier, en ait fait le dogme essentiel de son système politique.

C'est à l'époque où le système théocratique affirma ses prétentions à un droit de surveillance sur la société civile, que les chefs de l'autorité civile, pour défendre leur indépendance, affirmèrent que leur pouvoir était d'origine divine au même titre que le pouvoir pontifical. Aux théories de Grégoire VII, Henri IV de Franconie, que les événements élevaient, malgré la médiocrité de sa personne, au rôle de champion du pouvoir civil, avait répondu en invoquant le droit divin du pouvoir séculier. Soutenu par de nombreux polémistes, qui examinèrent à cette occasion la question de la nature et des rapports des deux puissances, il déclara hautement que c'était Dieu même qui lui avait donné son pouvoir, que c'était Dieu qui l'avait établi, *me constitutum ejus.* Ce n'est pas ici le lieu de suivre la fortune de cette affirmation dans les difficultés sans cesse renaissantes entre les papes et les empereurs du moyen âge ; il importe davantage pour notre sujet de marquer les étapes par lesquelles est passée dans notre pays la thèse du pouvoir divin des rois.

Elle était admise en principe par les évêques de France contemporains de Philippe Ier, qui, réunis à Paris, rejetaient les décrets de Grégoire VII comme « absurdes et intolérables ; » ils posaient ainsi les bases de cette union entre le gallicanisme épiscopal, — subordination du pape au corps entier de l'Église, — et le gallicanisme royal, — origine divine du pouvoir des rois, — qui devait trouver son expression la plus parfaite dans les articles de 1682. La formule que Pépin le Bref avait employée le premier, *Dei gratia Francorum rex,* n'était peut-être à l'origine que l'expression d'un sentiment de reconnaissance et de dévotion à l'égard de Dieu ; mais elle pouvait signifier aussi que le roi de France n'était redevable de sa couronne qu'à Dieu seul. C'est bien en ce sens que Philippe Auguste l'employait quand il mettait sur le même rang, dans une lettre à Innocent III, les deux lieutenants de Dieu, son vicaire temporel et son vicaire spirituel :... *Innocentio, Dei gratia sanctæ romanæ ecclesiæ summo et universali pontifici, Philippus eadem gratia Francorum rex.*

Un siècle plus tard, le débat des deux puissances faisait éclater entre Boniface VIII et Philippe le Bel une querelle tragique. On sait avec quelle habileté et quelle hardiesse le roi porta le débat sur le terrain de l'indépendance nationale; il affirma devant les trois états de la France, réunis pour la première fois ensemble, à Notre-Dame de Paris, le 10 avril 1302, que les rois ses prédécesseurs n'avaient jamais tenu leur royaume que de Dieu seul, et qu'il était prêt à s'exposer aux plus grands périls pour conserver libre de toute atteinte l'indépendance du royaume. Il semblait que le roi ne faisait que défendre les droits de la nation en défendant ses propres droits. Au fond, sans que l'assemblée qui s'associa à ses paroles s'en soit rendu compte, Philippe le Bel venait de poser officiellement, devant la France et devant la papauté, les deux fondements de la théorie du droit divin : investiture directe du pouvoir royal donnée par Dieu aux princes, négation du droit populaire. Pour défendre son autorité contre l'ambition du Saint-Siège, le roi de France s'affirmait l'égal du pape. Pour lui comme pour le pape, Dieu avait été à la fois la source du pouvoir et le canal par lequel ce pouvoir était arrivé directement jusqu'à lui; il avait, en effet, reçu le pouvoir des mains de ses prédécesseurs par la volonté de Dieu et ceux-ci le tenaient de Dieu seul. Il n'y a plus ici ni contrat originel ni délégation populaire. Dieu et l'hérédité dynastique : voilà les termes très simples auxquels Philippe le Bel avait ramené, dès l'année 1302, le problème de l'origine du pouvoir. Ses successeurs pourront varier les formules de la théorie, ils n'y apporteront pas plus de netteté et de précision.

A ce propos, n'y a-t-il pas quelque chose de piquant à constater que cette antique assemblée de 1302, que l'on a la tentation de regarder comme la plus ancienne image, quelque imparfaite qu'elle soit, de la souveraineté nationale dans notre pays, n'ait été convoquée que pour entendre cette thèse tomber des lèvres d'un roi tout-puissant, que la souveraineté nationale n'existait pas? Car il n'y avait pas d'intermédiaire entre Dieu et le roi, il n'y en avait jamais eu, il ne pouvait pas y en avoir, et cela au nom même de l'indépendance nationale; en admettre un, ce serait reconnaître l'infériorité du roi par rapport au pape, c'est-à-dire la soumission de la France au Saint-Siège.

Si la nécessité de résister aux prétentions des papes contraignait les rois à nier, d'une manière indirecte, mais formelle, le droit populaire, l'étude du droit conduisait les légistes à peu près à la même conclusion, bien que par une voie différente. Habitués à étudier l'antiquité romaine dans les textes juridiques, où l'image d'un empereur, maître absolu de l'État, n'ayant de compte à rendre à personne, invoquant à son gré le salut du peuple pour sa loi suprême, se détache avec un relief et une force qu'on ne retrouve pas autre part, les légistes du temps de Philippe le Bel, comme plus tard les professeurs des universités de la Renaissance, avaient conçu l'idée d'un pouvoir souverain, qui avait en lui-même et en lui seul sa raison d'être, qui ne connaissait que les conditions auxquelles il voulait librement se soumettre dans l'intérêt général. Cet être de raison, entrevu par eux à travers les lignes des *Institutes* ou du *Digeste*, ils voulurent en faire un être de réalité, et pour cela donner à leur maître, le roi de France, la puissance illimitée du césar de Rome ou de l'autocrator de Byzance; dès lors, ils furent au premier rang des champions des prérogatives royales. Le cardinal Du Perron ne se trompait pas, quand, parlant des magistrats de son temps, aussi ardents comme défenseurs des droits du roi que comme adversaires des ultramontains, il les appelait de « ces froids et irréligieux catholiques qui n'ont d'autre loi, comme dit Grégoire de Nazianze, que la volonté de l'empereur. »

Si on leur avait objecté que cette puissance absolue, l'empereur la tenait, aux termes mêmes des *Institutes*, de la délégation du peuple et qu'elle avait, par conséquent, pour condition première l'existence, au moins nominale, de la souveraineté populaire, ils auraient été tentés peut-être de faire au profit de leur thèse la réponse que Bossuet devait adresser un jour à Jurieu sur l'origine du pouvoir : si le peuple a donné la souveraineté, c'est qu'il s'en est dessaisi; il n'y a donc plus de droit populaire, il ne reste que le droit du roi.

Ce qui est certain, c'est que dans ces formules tranchantes, posées comme autant d'axiomes ou d'articles de foi, dans lesquelles les jurisconsultes français ont défini ce qu'ils appelaient les *regalia Franciæ*, c'est-à-dire les pouvoirs de nos rois, on ne voit jamais apparaître la trace des droits de la nation. Préoccupés avant tout de fortifier l'autorité royale, de lui fournir des armes contre ses ennemis du dedans ou du dehors, l'excès de leur zèle monarchique, joint aux souvenirs de leur éducation classique, fait qu'ils ne parlent jamais de ce qui pourrait devenir une objection ou une limite aux pouvoirs de la royauté.

« Le roi ne tient que de Dieu et de l'épée. » C'est la deuxième règle du livre premier des *Institutes coutumières* de Loysel. Formule très claire et très expressive, d'après laquelle le roi ne reconnaît d'autre supérieur que Dieu, c'est-à-dire rejette toute prétention étrangère, d'où qu'elle vienne, de même que, suivant une autre formule de légiste, il est « empereur en son royaume, » c'est-à-dire maître souverain, sans aucun rapport de dépendance envers ses sujets, car il ne connaît que Dieu seul au-dessus de lui. Comme le dit un commentateur de Loysel, « c'est de Dieu seul que relève le sceptre qu'il porte; son royaume n'est ni fief ni emphytéose. »

Un bail, en effet, de quelque nature qu'il soit, est toujours un contrat entre deux parties, avec des obligations réciproques; comment en supposer l'existence à l'égard du roi de France, puisque, s'il dépend de quelqu'un, c'est de Dieu seul et de nul autre? Donc, pas de droit national ni d'intervention populaire sous aucune forme. Une délégation directe du pouvoir de Dieu au roi : voilà le droit divin, tel que le professent les légistes. Le roi est un lieutenant de Dieu dans la pleine et entière acception du mot, sans autres rapports que ceux qui le rattachent à Dieu.

Le juriste Loyseau, dans son traité du *Droit des offices*, expose cette théorie en quelques lignes caractéristiques. « Le roi est parfaitement officier, ayant le parfait exercice de toute puissance politique, et est aussi parfaitement seigneur, ayant en perfection la propriété de toute puissance publique. Mais je dis qu'il est officier et feudataire tout ensemble, et à l'égard de Dieu et à l'égard du peuple. Premièrement, il est officier de Dieu, en tant qu'il est son lieutenant qui le représente en tout ce qui est de la puissance temporelle :

> *Regum timendorum in proprios greges,*
> *Reges in ipsos imperium est Jovis*
> *Cuncta supercilio moventis.*

« Et c'est à la vérité que comme la puissance des officiers n'est qu'un rayon et éclat de la puissance du prince, aussi celle d'un prince n'est qu'un rayon et éclat de la toute-puissance de Dieu. C'est pourquoi saint Paul dit que les rois sont ministres, c'est-à-dire officiers de Dieu, et le païen Marc-Aurèle a dit fort chrétiennement que les magistrats sont juges des particuliers, les princes des magistrats et Dieu des princes ; et un de nos anciens écrivains français, Me Alain Chartier, dit, en son *Curial*, que les royaumes ne sont pas même offices, mais sont simples commissions, révocables au plaisir de Dieu, qui les transfère de nation en nation ; aussi est-ce lui seul, auquel ces suprêmes officiers sont comptables et responsables de leurs actions.

« Pareillement, ils sont vassaux et feudataires de Dieu ; c'est pourquoi ils sont intitulés rois par la grâce de Dieu, et sont dits tenir de Dieu et de l'épée, qui est la raison

pour laquelle saint Clément, au livre des *Constitutions apos-
toliques*, appelle le roi le féal et l'homme de Dieu, τὸν πιστὸν
καὶ ἄνθρωπον τοῦ Θεοῦ. »

Rois voulant se placer sur le pied d'égalité en face des
papes ; évêques songeant à une sorte d'indépendance spirituelle dans leurs rapports avec la cour de Rome ; juristes
rêvant de ressusciter l'absolutisme des césars : tels étaient
en France les principaux tenants de la théorie du droit
divin monarchique, quand la Réforme vint fournir à cette
théorie le contingent de ses théologiens et de ses polémistes. Voici à ce sujet un témoignage que l'on ne peut
contester ; c'est celui de Fétizon, ministre calviniste de
Sedan, correspondant de Bayle, auteur d'une *Apologie pour
les réfugiés*, publiée en 1683.

Pour écarter le danger imminent de la révocation de
l'édit de Nantes, l'auteur s'efforçait de justifier ses coreligionnaires du reproche de l'esprit de faction : loin d'avoir
des sentiments opposés à l'autorité souveraine des rois,
ils avaient toujours été les champions de l'indépendance
des princes, tandis que c'étaient leurs adversaires, les
catholiques romains, qui voulaient faire dépendre cette
autorité du peuple ou du pape. « Oh ! que vous êtes mal
instruit de nos sentiments sur la puissance des rois !
Où est-ce qu'on enseigne communément que les rois ne
dépendent que de Dieu même et qu'ils ont un pouvoir
divin, que nulle personne ecclésiastique, nulle communauté de peuples ne leur peut ôter ? N'est-ce pas dans
la religion protestante ? Où est-ce qu'il est au moins
permis de croire que la royauté n'est qu'une autorité
humaine, qui demeure toujours soumise aux peuples qui
l'ont donnée ou à l'Église qui la peut ravir ? N'est-ce pas
dans l'église romaine que ces sentiments sont bien
reçus et qu'ils ont l'approbation de tous les oracles ? »

Cette affirmation pourrait paraître paradoxale au premier abord, avec l'esprit factieux qu'il semble naturel
d'attribuer aux églises protestantes ; elle est rigoureusement exacte. C'est dans les rangs des théologiens ortho-

doxes que l'on trouvait au xviie siècle, comme de tout temps, les défenseurs de la thèse du droit national, s'inters posant entre Dieu et les princes ; c'est dans les rangs des théologiens calvinistes que l'on trouvait les défenseurs de la thèse du droit divin, entendu à la façon gallicane. Qu'on laisse, en effet, de côté Jurieu qui, à cet égard, s'est séparé de ses coreligionnaires et qui n'a pas assez de sarcasmes pour la thèse qu'il combat. « Franchement ceux qui disent que la puissance du souverain émane immédiatement de Dieu ne savent ce qu'ils disent. Il faudrait qu'ils nous fissent voir Dieu descendant des cieux dans l'érection de chaque monarchie... Je ne comprendrai jamais ce que veut dire ce petit galimatias : la puissance des rois vient immédiatement de Dieu. » En dehors du publiciste des *Lettres pastorales*, la grande majorité des écrivains protestants a accepté sans répugnance et même a défendu avec opiniâtreté la doctrine du droit divin des rois. Est-ce une conséquence de la philosophie calviniste, peu favorable à la liberté individuelle ? Est-ce une machine de guerre contre l'autorité pontificale et un moyen de plus de la battre en brèche que de lui opposer dans l'autorité civile des princes une autorité de même origine, émanée directement de Dieu comme elle-même ? Quelle qu'en ait été la cause, les témoignages surabondent, au xvie et au xviie siècle, dans le sens de l'affirmation de Fétizon.

C'est Calvin qui écrit dans l'*Institution chrétienne* : « Les magistrats ont commandements de Dieu, sont autorisés de lui, et du tout ils représentent sa personne, étant au demeurant ses vicaires... » — C'est Jean de la Taille qui insère ce quatrain dans l'*Histoire des singeries de la Ligue*, pour mettre les droits du Béarnais au-dessus des thèses des Ligueurs :

> Les rois, enfants du ciel, sont de Dieu les images ;
> Jupiter en prend cure et les garde d'outrages ;
> Il les fait révérer, réputant les honneurs,
> Être à lui-même faits, qu'on rend à ses seigneurs.

— C'est Du Plessis-Mornay, *calvinistarum in Gallia archi-synagogus*, qui compose le *Mystère d'iniquité*, autant, d'après le titre, pour écrire « l'histoire de la papauté » que pour défendre « les droits des empereurs, rois et princes chrétiens contre les assertions de Bellarmin et de Baronius. » — C'est Pierre du Moulin, autre nom non moins célèbre du protestantisme français, qui prête sa plume à Jacques Ier d'Angleterre, dans la polémique que celui-ci soutint contre le cardinal Du Perron « pour le droit des rois et indépendance de leurs couronnes, » ou qui compose le *Bouclier de la foi ou Défense de la confession de foi des églises réformées du royaume de France contre les objections du sieur Arnoux, jésuite.* — C'est Saumaise qui, au lendemain de la tragédie de Whitehall, publie sa *Defensio regia pro Carolo I*, la traduit lui-même en français, et dont les théories politiques, extraites de cette *Apologie* plus de trente ans après sa mort, lors de l'attentat de 1688, étaient dédiées à Louis XIV par un abréviateur anonyme. — C'est Samuel Bochart, neveu par sa mère de Pierre du Moulin et déjà connu à cette époque par sa *Geographia sacra*, qui, à l'occasion de la mort de la victime de Cromwell, prend la plume pour la défense des calvinistes français. Des anglicans leur avaient reproché de professer, comme les presbytériens, que les sujets peuvent prendre les armes contre leur roi, lui faire son procès et même lui ôter la vie par la main du bourreau : c'était méconnaître entièrement la vérité. Les adversaires des protestants ne les accusent-ils pas de « passer mesure, » quand les protestants parlent des droits de la monarchie? Bellarmin ne leur reproche-t-il pas de flatter les rois « en leur faisant trop accroire? » Le cardinal Stapleton ne leur impute-t-il pas de « donner à César non seulement ce qui lui appartient, mais ce qui appartient à Dieu? » Ils maintiennent, en effet, que les rois sont absolus et ne dépendent que de Dieu seul; ils s'appuient sur quantité d'exemples tirés de la parole de Dieu : *Nolite tangere christos meos* etc. « Je dis que c'est Dieu qui leur donne [aux rois] le premier et principal droit. Posé donc que les peuples puissent ôter aux rois ce qu'ils leur ont donné, si est-ce que les rois sont établis par un autre droit, qui ne dépend pas du tout du peuple, à savoir par le droit divin, *nempe jure divino*. Et puisque c'est Dieu seul qui le donne, aussi n'y a-t-il que lui qui l'ôte. » — C'est Moïse Amyraut, l'un des plus éminents parmi les professeurs de l'académie de Saumur, à qui l'exécution de Charles Ier inspire comme à Saumaise et à Bochart, un *Discours de la souveraineté des rois*, dirigé contre les théories politiques des Indépendants, et qui commente aussi le texte biblique : Ne touchez point à mes oints et ne faites point de mal à mes prophètes. « Nous aimons et vénérons nos princes plus que ne font les autres nations, comme reconnaissant en eux l'image expresse de la divinité, de qui seule nous sommes persuadés qu'ils ont reçu leur puissance. » — C'est Bayle, pour qui « cette prétendue souveraineté du peuple, » traduite par la théorie des contrats, chère à Jurieu, n'est pas autre chose que « le plus monstrueux et le plus pernicieux dogme dont on puisse infatuer le monde. » — C'est Élie Merlat, ancien ministre à Saintes, réfugié à Lausanne à la suite d'une sentence de bannissement du parlement de Guienne, professeur de théologie dans cette ville, qui, en 1685, au moment même de la Révocation, publie, sous le nom de *Traité du pouvoir absolu du souverain*, le code du despotisme et du droit divin des rois, poussé jusqu'aux dernières limites de la superstition politique et religieuse.

Que conclure de tous ces témoignages recueillis seulement chez les calvinistes de langue française, sinon que la thèse de l'immédiateté du pouvoir royal était comme un dogme chez les réformés français? Le parti tout entier, officiellement, par la voix de ses délégués, faisait adhésion à la doctrine du droit divin des souverains. Voici, en effet, la déclaration solennelle que le synode national de Vitré en Bretagne adressait, en 1617, à Louis XIII : «... Nous ne reconnaissons après Dieu autre souverain que Votre Majesté. Notre véritable créance est que, entre Dieu et le roi, il n'y a point d'entre-deux ni de milieu. Révoquer en doute cette vérité parmi nous est une hérésie; et en faire une question problématique, un crime capital. C'est la leçon, Sire, que nous avons apprise de nos prédécesseurs, et que nous croyons et publions tout partout, et de vive voix et par écrit, et que nous laisserons, et par enseignement et par exemple, à ceux qui viendront après nous. »

Cette déclaration est un écho de la célèbre discussion qui avait retenti aux états de 1614, et qui fut comme la crise déterminante d'où devait sortir le triomphe incontesté de la théorie du droit divin des rois. La déclaration de 1682 n'est guère que le complet épanouissement des germes contenus dans les cahiers du tiers en 1614. La différence essentielle entre 1614 et 1682 est que le sentiment d'une minorité de parlementaires et de bourgeois, âprement combattu en 1614 et comme officiellement proscrit, devint en 1682 le sentiment de la majorité, sinon de l'unanimité des Français, et que le clergé en arriva, sous la pression de l'opinion publique et des nécessités de la politique royale, à brûler ce qu'il avait adoré et à adorer ce qu'il avait brûlé. A deux tiers de siècle de distance, ce sont deux étapes décisives dans l'histoire du gallicanisme monarchique. Les générations de 1614 n'avaient pu que provoquer un grand débat et susciter un puissant mouvement d'opinion; du moins, elles avaient frayé la voie. Les générations de 1682 assistèrent à la consécration définitive d'un dogme politique, formulé avec la rigueur d'un article de foi et accompagné de toutes ses conséquences, végétations parasites qui, peu à peu, avaient fait corps avec le tronc et qui ne pouvaient plus s'en détacher.

La fin du xvi⁰ siècle, si féconde en événements dramatiques, avait été marquée, dans le domaine de la spéculation politique, par une fermentation d'idées dont l'intensité et la hardiesse n'ont pas été souvent égalées dans l'histoire. Au milieu des guerres de religion, les fanatiques des deux partis extrêmes s'étaient rencontrés dans l'audace de leurs thèses révolutionnaires. C'était, dans un camp, François Hotman avec son *Franco-Gallia*, et surtout Junius Brutus, c'est-à-dire Hubert Languet, avec ses *Vindiciæ contra tyrannos*; c'étaient, dans le camp opposé, les pamphlétaires de la Ligue, comme Boucher, auteur du *De justa Henrici III Abdicatione*, Rose, auteur du *De justa reipublicæ christianæ in reges impios et hæreticos Authoritate*, Pigenat, auteur de l'*Aveuglement... des Politiques*; c'était encore, au delà des Pyrénées, le jésuite espagnol Mariana qui, dans son traité *De Rege et regis institutione*, dédié d'ailleurs à Philippe III et publié avec privilège et approbation, examinait la thèse *an tyrannum opprimere fas sit*, et qui, poussant jusqu'à ses dernières conséquences la théorie de la souveraineté populaire, concluait par le droit au tyrannicide. Que d'exemples étaient venus ajouter leur autorité à ces théories faites de passions démagogiques ou de fanatisme religieux : les revendications de la maison de Lorraine s'appuyant sur le droit national, l'excommunication de Henri IV prononcée par le Saint-Siège, son exhérédation votée par la faculté de théologie de Paris, l'assassinat de Henri III, la convocation des états de la Ligue où la nation était appelée à nommer un roi de son choix, enfin l'assassinat de Henri IV.

Après ce dernier crime, la douleur patriotique de la France se traduisit par un mouvement de réprobation énergique contre les théories qui paraissaient avoir armé le bras des assassins. C'est seulement, en effet, trois semaines après la mort de Henri IV, et, remarquons-le onze ans après la première édition, que le *De Rege* de Mariana fut brûlé par la main du bourreau sur un arrêt du parlement de Paris, le 8 juin 1610.

S'il y avait une catégorie de Français à qui la doctrine du droit populaire ou celle de la supériorité du pouvoir spirituel sur le pouvoir temporel inspiraient une répulsion particulière, c'était certainement cette élite de la bourgeoisie où se recrutaient les légistes, les parlementaires et, d'une manière générale, les gens de robe. Les nobles, tout occupés des choses de la guerre ou des intrigues de cour, se désintéressaient aisément de ces questions d'ordre spéculatif. Jean Savaron, lieutenant général en la sénéchaussée d'Auvergne, et lui-même membre du tiers aux états de 1614, dédiait « à messieurs les députés de la noblesse » son *Traité de la souveraineté du roi et de son royaume*; pour enrôler la noblesse dans le grand combat que les légistes de la chambre du tiers soutenaient contre les théologiens de la chambre du clergé, il lui rappelait le rôle que, de tout temps, et surtout à l'époque de Philippe le Bel, les « barons de France » avaient joué dans les démêlés entre les deux puissances. Les temps étaient changés sans doute, car on ne voit pas que les nobles de cette époque se soient jamais souciés de reprendre ce rôle militant. Quant aux membres du clergé, certes leur fidélité au roi n'était pas en jeu, mais ils pouvaient hésiter entre la thèse du droit divin des princes et l'enseignement officiel de l'Église qui, alors comme à toutes les époques, professait l'existence nécessaire d'un intermédiaire entre le pouvoir de Dieu et le pouvoir des chefs d'État.

Il faut se rendre compte de ces circonstances historiques et de cet état des esprits pour comprendre les débats passionnés dont retentirent les états généraux de 1614-1615, à propos de la nouvelle formule du gallicanisme politique dont les membres du tiers voulaient faire une loi fondamentale du royaume. Savaron disait de cette formule qu'elle était la « créance vraiment chrétienne, catholique et française. » En voici le passage essentiel : « Pour arrêter le cours de la pernicieuse doctrine qui s'introduit depuis quelques années contre les rois et puissances souveraines établies de Dieu, par des esprits séditieux, qui ne tendent qu'à les troubler et subvertir, le roi sera supplié de faire arrêter, en l'assemblée de ses états, pour loi fondamentale du royaume, qu'il soit inviolable et notoire à tous, que, comme il est reconnu souverain en son État, ne tenant sa couronne que de Dieu seul, il n'y a puissance en terre, quelle qu'elle soit, spirituelle ou temporelle, qui ait aucun

droit sur son royaume, pour en priver les personnes sacrées
de nos rois, ni dispenser ou absoudre leurs sujets de la
fidélité et obéissance qu'ils lui doivent, pour quelque cause
ou prétexte que ce soit. Que tous les sujets, de quelque
qualité et condition qu'ils soient, tiendront cette loi pour
sainte et véritable, comme conforme à la parole de Dieu,
sans distinction, équivoque, ou limitation quelconque. »

Le cardinal Du Perron prononça deux discours énergiques, l'un devant la noblesse, l'autre devant le tiers, pour
faire rayer cet article du cahier du tiers. L'article, disait-
il dans le second de ces discours, a été dressé « par mauvaises gens, ennemis de la religion et de l'État, pour
introduire Calvin et sa doctrine; » ce qui était vrai en ce
sens que le gallicanisme et le calvinisme n'étaient pas sans
quelques points de contact : l'un traitait la papauté en
puissance suspecte, l'autre en puissance ennemie, et tout
deux aboutissaient à la négation du droit populaire, pour
grandir le pouvoir royal et le faire marcher de pair avec le
pouvoir pontifical. Au fond, la thèse du tiers état était la
thèse de la monarchie absolue. Si la royauté était affranchit
au dehors de la surveillance ou simplement de l'ingérence
de la papauté, si elle n'avait pas à compter en dedans avec
la souveraineté nationale, quelles limites pourraient désormais s'opposer à sa toute-puissance?

Aussi peut-il paraître singulier de la voir repousser
elle-même cette autorité souveraine que les membres du
tiers lui offrent ou plutôt veulent lui imposer. Fut-elle
ébranlée par les thèses du cardinal Du Perron? Fut-elle
inquiète de ces querelles entre les ordres? Jugea-t-elle,
comme devait le dire plus tard de Retz, que le droit des
peuples et le droit des rois ne s'accordent jamais mieux
que dans le silence, et que le plus prudent était de ne
parler ni de l'un ni de l'autre? Pensa-t-elle qu'il ne fallait
pas détacher brusquement de l'arbre un fruit qui n'était
pas encore arrivé à la maturité complète et savoir attendre
le jour où il tomberait de lui-même, pour n'avoir plus
qu'à tendre les mains et à le cueillir? Un arrêt du conseil

évoqua à la personne du roi le différend qui s'était élevé entre les ordres et leur fit défense expresse de délibérer sur cette matière. C'était la victoire de Du Perron et la défaite du tiers état.

La théorie du droit divin des princes paraissait destinée à périr, puisqu'elle était désavouée par le jeune Louis XIII et par son entourage immédiat; mais la querelle des ordres avait retenti en dehors de l'enceinte des états, et l'arrêt du conseil qui ferma la bouche au clergé et au tiers ne put imposer silence ni au roi d'Angleterre ni aux parlementaires français.

Avec ses prétentions au pouvoir absolu et avec son esprit de controverse théologique, Jacques Ier avait essayé de répondre aux assertions de Bellarmin et d'établir que le pouvoir des rois vient immédiatement de Dieu. Suarez avait pris la plume à son tour pour soutenir Bellarmin; sa *Defensio fidei catholicæ et apostolicæ adversus anglicanæ sectæ errores* avait eu pour but de mettre en lumière « l'admirable axiome de la théologie, » à savoir que le pouvoir politique dérive de Dieu, mais toujours par l'intermédiaire d'une institution humaine. Après le livre de Suarez et les controverses de Du Perron, Jacques Ier se fit de nouveau le champion du droit divin monarchique; il prit, comme il le dit, « la défense de l'honneur de Dieu qui était vilipendé en ses lieutenants. » Pendant plusieurs siècles, Dieu avait frappé les rois de l'esprit d'étourdissement; ils avaient été sans instruction, et on avait profité de leur ignorance pour asservir misérablement leurs couronnes. Mais voici que Dieu les réveillait de leur profond sommeil. Il était prêt, quant à lui, à maintenir que ses frères et lui-même, élevés par Dieu sur le trône, ne tenaient la dignité royale que de sa seule majesté divine. Dieu mettant directement les rois sur le trône, Dieu conférant aux rois l'autorité suprême sans aucun intermédiaire : telle était, en 1615, la thèse jacobite du droit divin, qui devait être, dans la seconde moitié du siècle, la thèse de Louis XIV et de la plupart des théologiens gallicans, et qui était dès lors la thèse des parlementaires français.

Au moment, en effet, où Louis XIII désavouait cette souveraineté d'origine divine qu'on voulait solennellement lui reconnaître, les écrits et les déclarations officielles se multipliaient dans le monde des gens de robe pour approuver, défendre, expliquer l'article projeté par le tiers état. Sans rappeler les traités publiés à cette occasion, relevons seulement, dans les remontrances présentées au roi par le parlement de Paris le 22 mai 1615 et qui furent d'ailleurs cassées par un arrêt du conseil, cette phrase, où le loyalisme monarchique se traduit par des expressions touchantes dans leur naïveté. « Le plus grand regret de votre parlement, Sire, et qui le touche plus sensiblement, est d'avoir vu, dans la ville capitale de France, à la face des états, en présence de Votre Majesté, de la reine votre mère, des princes et seigneurs, qu'on a voulu rendre votre puissance souveraine douteuse et problématique, et renverser la loi fondamentale de votre royaume; c'est pourquoi, pour arrêter le cours de telles maximes, votre parlement supplie Votre Majesté de ne permettre que sa souveraineté soit déclarée nulle, cette maxime étant contraire aux lois fondamentales du royaume. »

Que Richelieu, une fois au pouvoir, ait professé une doctrine si convenable à l'attitude, souvent hautaine, qu'il eut avec la cour de Rome et à ce devoir de l'obéissance passive dans lequel il voulait « réduire » tous les sujets du roi, rien n'était plus naturel. « Il faudrait être fort mauvais théologien, disait-il, pour ne connaître pas que le roi ne relève sa couronne et le temporel de son État que de Dieu seul. » Sous son ministère, la publication de différents traités dus à des théologiens de la Compagnie de Jésus provoqua les censures retentissantes de la faculté de théologie de Paris. Cependant, le parlement, gardien vigilant des doctrines gallicanes, avait rendu un arrêt (13 mars 1626) contre le livre du jésuite Sanctarel; il avait cité à la barre de la cour le provincial de l'ordre, qui était le célèbre père

Cotton, et plusieurs pères, pour obtenir de leur part un désaveu formel de la doctrine de leur confrère. Le P. Cotton et, avec lui, quinze autres pères signèrent, en effet, cette déclaration (16 mars 1626) : « Nous reconnaissons que Leurs Majestés relèvent indépendamment de Dieu, sommes prêts d'épandre notre sang et exposer notre vie en toutes occasions pour la confirmation de cette vérité. » Reconnaître que le roi relève de Dieu d'une manière indépendante, n'était-ce pas souscrire implicitement au texte officiel arrêté en parlement : « Que le roi ne tient son État que de Dieu et de son épée; que le roi ne reconnaît aucun supérieur en son royaume que Dieu seul? » Du moins, c'est ainsi que le parlement voulut l'entendre; car son gallicanisme se tint pour satisfait de cette déclaration.

Dès lors, sous toutes les formes et en toute occasion, on voit apparaître les doctrines régaliennes. L'assemblée du clergé publie (12 décembre 1625) une déclaration qui poussait à ses dernières conséquences la thèse gallicane du pouvoir royal. Aussi le parlement y reconnaissait « une saine et ample doctrine, conforme aux saints décrets et constitutions canoniques et aux lois de l'État. » Or, dans cette déclaration, due à l'évêque de Chartres, le roi n'était pas seulement un délégué direct de Dieu, il était dieu lui-même; qu'on en juge par cet extrait : « Il est à savoir qu'outre l'universel consentement des peuples et des nations, les prophètes annoncent, les apôtres confirment et les martyrs confessent que les rois sont ordonnés de Dieu; et non pas seulement cela, mais qu'eux-mêmes sont dieux, chose qu'on ne peut pas dire avoir été inventée par la servile flatterie et complaisance des païens. Mais la vérité même le montre si clairement en l'Écriture sainte que personne ne peut le nier sans blasphème ni en douter sans sacrilège... »

Ce n'était pas la première fois que le césarisme gallican commettait ces abus de langage et de doctrine. Dans un livre dédié, en 1609, au futur Louis XIII, André Duchesne ne trouvait pas d'expressions assez hyperboliques pour célébrer la grandeur de nos rois. « Les rois de France sont rois élus et choisis de Dieu, rois selon son cœur, rois qui, par le divin caractère que son doigt imprime sur leur face, ont l'honneur d'être à la tête des rois de toute la chrétienté... Il les a choisis pour être ses lieutenants en terre... Quiconque a dit qu'ils [les monarques] étaient des dieux en terre et les enfants du Père très haut, il a dit la vérité... » L'auteur des *Politiques chrétiennes* exposait que Dieu fait choix de certaines familles pour gouverner les hommes et qu'il confère à leurs membres un caractère qui les met naturellement au-dessus des autres hommes. « Je dis que ceux qui descendent de telles maisons portent du ventre de leur mère, non comme ceux de nos vieux romans la marque d'une ardente épée empreinte sur la cuisse, mais l'autorité d'un crédit héréditaire gravé dessus leur nom... » Le langage que l'évêque de Chartres avait tenu en 1625, au nom de l'assemblée du clergé, n'était donc pas nouveau en lui-même ; ce qui était nouveau et caractéristique dans cette déclaration, c'était de voir le clergé de France admettre et proclamer la proposition du tiers état, neuf ans seulement après que la chambre ecclésiastique des états de 1614 avait mis tous ses efforts à la repousser.

De leur côté, les juristes restaient toujours fidèles à leur tradition ; ils plaçaient toujours le roi de France au-dessus de tous les hommes, immédiatement après Dieu, sans intermédiaire entre Dieu et lui. Cassan invoquait le grand nom de Balde pour répéter, après lui, que le roi de France est « le pôle arctique, ne reconnaissant quant au tempore aucun plus grand que lui ; » il ajoutait que rien ne faisait ombre à la couronne des rois de France, car ils ne tiennent leur royaume que de Dieu et de leur épée. Le Bret reconnaissait à nos rois le caractère d'une souveraineté « parfaite et accomplie, » parce qu'ils ne dépendaient que de Dieu seul et qu'ils se titraient rois par la grâce de Dieu. « Tenons pour chose très constante que nos rois ne reconnaissent aucun supérieur que la majesté divine et qu'ainsi on doit dire qu'ils sont pleinement souverains. »

Ainsi dès la première moitié du xviie siècle, bien que les auteurs du fameux article de 1614 eussent été officiellement réduits au silence, le principe qu'ils avaient voulu ériger en loi fondamentale du royaume était devenu, presque au lendemain de leur défaite apparente, la loi fondamentale des opinions françaises. Parlementaires, légistes, ministres protestants, théologiens catholiques, que tant de questions divisaient et qui, à la première occasion, devaient se retrouver ennemis, professaient alors les mêmes théories, presque dans les mêmes termes, sur l'origine du pouvoir des rois.

Il y avait au fond de cette grave question comme une équivoque cachée, dont il semble que personne ne se soit préoccupé. Le patriotisme français ne songeait qu'à une chose, protéger le chef du pays contre toutes les entreprises venues du dehors et spécialement contre l'ingérence pontificale. Pour cela, il fortifiait son pouvoir, il lui accordait tous les droits, il le mettait au-dessus de toutes les conditions; mais personne ne prenait garde que le gallicanisme ainsi compris, c'était la négation radicale du droit populaire. Le roi ne pouvait être, en théorie, l'égal du pape qu'à condition d'être directement aussi le lieutenant de Dieu. Tous les Français lui décernèrent ce titre à l'envi, sans faire attention, dans l'exaltation de leur foi monarchique, qu'ils faisaient ainsi à leur maître le sacrifice de propre souveraineté. L'auteur du *Siècle de Louis XIV* a écrit, à propos de la déclaration de 1614, que la cause qui succomba était la cause de tous les rois. Cela est parfaitement vrai; car l'article du tiers était la consécration même de la toute-puissance royale ou, pour mieux dire, du despotisme. Mais, quand il ajoutait : « C'était aussi la cause des peuples, dont le repos exige que leurs souverains ne dépendent pas d'une puissance étrangère, » il était encore dans le même état d'esprit que les générations du xviie siècle, qui, pour défendre leur repos, ne trouvèrent d'autre moyen que d'immoler complètement la « cause des peuples » à la cause de l'indépendance temporelle du pouvoir royal.

CHAPITRE IV

LA THÉORIE DU DROIT DIVIN DES ROIS EN FRANCE SOUS LE RÈGNE DE LOUIS XIV

Cette théorie est sans cesse rappelée à Louis XIV. — Le *De Concordia* de Marca. — Carrière de Marca. Il publie son livre sur le désir de Richelieu. — Démêlés que son livre suscite à Rome. — Nombreuses éditions du *De Concordia*. — L'identité d'origine des deux pouvoirs, d'après Marca. — Silhon, conciliateur d'Aristote et de Marca. — Charlas combat les théories de Marca. — Les idées gallicanes à la faculté de théologie de Paris. — Les décrets du temps de la Ligue et de la déclaration de 1717. — La faculté de théologie et le serment d'allégeance. — Un chapitre à ajouter à l'*Histoire des Variations.*

LE 18 mai 1643, quatre jours après la mort de son père, Louis XIV tenait au parlement de Paris son premier lit de justice. Voici les premières paroles officielles qui furent adressées à cet enfant de quatre ans et demi par l'avocat général Omer Talon : « Le siège de Votre Majesté nous représente le trône du Dieu vivant... » Les ordres du royaume vous rendent honneur et respect « comme à une divinité visible... » Dès que le jeune roi sut lire, il put voir, dans un recueil de moralités historiques composé à son usage, que Charlemagne payait tous les ans une certaine somme d'argent à saint Denis pour montrer qu'il tenait sa couronne de Dieu seul; et que, quand il associa son fils à l'empire, il lui commanda « d'aller la quérir lui-même sur l'autel sans permettre qu'aucun autre y touchât, ne la tenant que de Celui par lequel les rois règnent, l'ayant prise sur l'autel comme de la main de Dieu même ». Péréfixe lui apprenait encore que tout ce qu'il avait d'autorité sur ses sujets dépendait de la volonté de Dieu; car il n'y a pas de pouvoir qui ne vienne de Dieu, et Dieu a établi les princes « comme ses vice-rois et ses ministres, » *tanquam suos proreges ac ministros.*

Que de fois Louis XIV eut l'occasion d'entendre ces expressions ou d'autres analogues! Fortin de la Hoguette lui disait, dans le *Catéchisme royal*, qu'il était l'image visible de Dieu dans toute son étendue, qu'il était à la fois homme et « vice-dieu. » *L'Image du souverain* lui apprenait, quand il avait onze ans, que les rois peuvent sans injustice se qualifier lieutenants d'une puissance très adorable et très infinie. Écoutons le P. Senault, de l'Oratoire, dans son traité *le Monarque ou les Devoirs du souverain* : « L'Église et les Pères ne laissent pas de reconnaître que les monarques sont les images de Dieu et que c'est attenter contre lui que d'entreprendre contre eux... Les princes représentent la majesté de Dieu à leurs sujets; ils tiennent sa place dans leur État; ils parlent en son nom par leurs édits, et il semble que Dieu se rende visible en leur personne sacrée. » Une sentence, arrangée d'après un texte de Tertullien, passa de ce traité dans *l'État de la France* pour définir la condition exceptionnelle des rois : *omni homine major, solo Deo minor,* c'est-à-dire qu'ils n'avaient qu'avec Dieu seul des rapports de dépendance.

Le P. Le Moyne a trouvé maintes expressions, au cours de son volumineux traité sur *l'Art de régner*, pour traduire cette idée, toujours la même, que le prince dans l'exercice de son pouvoir est un délégué d'en haut. Le prince est « l'image et le lieutenant de Dieu dans son État; » il est au-dessus des hommes « par la députation de Celui qui a fait les hommes; » il ne règne que « par la commission de Celui qui tire les rois de la poussière; » il est seulement « le substitut de Dieu; » il agit « immédiatement sous Dieu et comme en sa place; » il n'a pas de puissance de son chef, mais simplement « par subdélégation; » il n'est que

« prince commis et ministre d'un plus grand prince; » la royauté est « une divinité visible revêtue des dehors et des apparences de l'invisible. » Impossible d'ouvrir un livre touchant à la politique sans y trouver ces expressions, image de Dieu, lieutenant de Dieu ou autres analogues; c'est « leur jargon et leur chanson ordinaire, » dit un Frondeur qui a son franc-parler.

Il est plus intéressant de rencontrer, à l'époque même où Louis XIV montait sur le trône, un exposé méthodique et raisonné de la doctrine gallicane du droit divin des rois, fait par un écrivain qui réunissait en lui le triple caractère du légiste, de l'homme d'église et du théologien officiel. Balzac louait l'auteur d'avoir « entrepris le plus grand accommodement dont on ait ouï parler, depuis qu'il y a des querelles sur la terre; et, bien que la prêtrise et la royauté soient deux puissances naturellement amies, deux filles d'un même père, elles sont si souvent brouillées ensemble par les intérêts de leurs domestiques, qu'il serait difficile à l'équité même de réussir en cette réconciliation...; qu'il y faut éviter la chaleur française et surtout le faste romain. »

L'écrivain habile qui, au dire de Balzac, avait trouvé un terrain commun entre la royauté et la papauté et réconcilié les deux sœurs ennemies, tout en restant fidèle à la vérité, était Pierre de Marca, auteur du *De Concordia sacerdotii et imperii, seu de libertatibus ecclesiæ gallicanæ.* Gui Patin l'appelle un étrange compagnon et un dangereux garçon, qui, « pour faire fortune, » avait joué divers personnages; sa carrière fut, en effet, fertile en évolutions de tout genre, d'après le tableau qu'en a tracé le caustique médecin. Né dans la religion réformée et ministre de cette religion, il entra dans la Compagnie de Jésus; il en sortit pour se marier et devenir conseiller et président au parlement de Pau; la faveur de Séguier lui valut une charge de conseiller d'État et ensuite l'intendance de la Catalogne; commissaire dans le procès de Cinq-Mars et de Thou, il conclut pour la mort des deux accusés. C'est

peu avant cette cause célèbre qu'il avait fait paraître son
De Concordia, pour répondre à un désir de Richelieu.

La publication, en 1639, des *Traités des droits et libertés de
l'église gallicane* de Pierre Dupuy avait provoqué une vive
agitation au sein du clergé français, qui ne comprenait
pas ses droits et ses libertés au sens où les entendaient
les légistes. A Rome, la compilation de Dupuy était mise à
l'index; en France, l'assemblée du clergé de 1639 la frappait d'une condamnation sévère. Un docteur de Sorbonne,
au tempérament agressif, publiait, sous le pseudonyme
d'Optatus Gallus, un pamphlet intitulé *De cavendo Schis-
mate* : il y attaquait le livre de Dupuy et dénonçait les
projets de Richelieu, à qui l'on prêtait l'intention de se
faire nommer patriarche de l'église gallicane. Le libelle
fit du bruit; un arrêt du parlement, du 23 mars 1640, le
condamna à être lacéré et brûlé, et Richelieu demanda à
Marca d'y faire une réponse. C'est dans ces conditions que
parut, en 1641, le *De Concordia*, recueil de dissertations
théologico-politiques en quatre livres, avec une épître
dédicatoire de l'auteur au cardinal ministre.

Sur ces entrefaites, Pierre de Marca, qui était rentré
dans les ordres après la mort de sa femme, fut nommé
évêque du Conserans; le pape alors régnant, Urbain VIII,
lui tint rigueur pour les thèses de son livre, et ce fut seulement le pape suivant, Innocent X, qui lui accorda ses
bulles; il faut ajouter que, dans l'intervalle, Marca avait
signé une rétractation formelle. Promu à l'archevêché de
Toulouse en 1652, il fut transféré par Louis XIV à l'archevêché de Paris en 1662, après la démission du cardinal de
Retz; mais il mourut la même année, sans avoir pris possession de son nouveau siège, où Péréfixe le remplaça.

Quant au traité qui l'avait à un moment brouillé avec
Rome, il fut encore, après sa mort, l'occasion de difficultés
nouvelles. Ét. Baluze, qui avait été le secrétaire de Marca
et à qui celui-ci avait légué ses manuscrits, fit paraître
en 1663, une seconde édition du *De Concordia*, augmentée
de quatre nouveaux livres; elle était dédiée au chancelier

Séguier, à qui le nouvel éditeur donnait le titre de *liber-
tatis sacerdos.* En sa qualité de laïque et d'érudit, Baluze
n'avait pas les mêmes raisons de prudence que l'ancien
archevêque de Toulouse. Aussi ne s'était-il pas cru « obligé
d'épargner la délicatesse de Rome, dans une matière si
importante à l'État et à la religion; » et, soit dans les
quatre nouveaux livres rédigés d'après les papiers du
prélat, soit dans quelques notes et additions, il avait
accentué le caractère gallican de tout l'ouvrage. La cour
de Rome fit aussitôt mettre à l'index les deux volumes de
la nouvelle édition; mais la censure pontificale n'arrêta
pas le succès d'un traité avec lequel concordait de plus en
plus l'opinion moyenne des gallicans. Baluze fit encore
paraître une autre édition de ses deux in-folio en 1669;
elle fut de nouveau censurée à Rome. Enfin, le *De Concordia* était encore édité en 1704. Ainsi, quatre éditions
dans l'espace de soixante ans, de 1641 à 1704, d'un gros
recueil de dissertations latines sur les rapports de l'Église
et de l'État, et cela malgré les censures du Saint-Siège :
tel fut le succès significatif d'un traité qui eut comme les
caractères d'une publication officielle; écrit sur le désir
de Richelieu, il avait valu à son auteur l'évêché du Conserans et les archevêchés de Toulouse et de Paris.

Empruntons aux dissertations de Marca le passage
essentiel pour la thèse qui nous occupe, à savoir celui où
est posé le principe de l'identité d'origine du pouvoir
temporel et du pouvoir spirituel. Car c'est bien là le fondement véritable de la thèse gallicane du droit divin des
rois; si l'État a la même origine que l'Église, il a droit à
la même souveraineté et à la même indépendance.

Il résulte clairement de la comparaison des deux puissances que la puissance royale a été instituée par Dieu
aussi bien que la puissance spirituelle, *regiam æque a Deo
institutam fuisse ac spiritualem*, et que l'administration
entière des choses humaines, c'est-à-dire des choses autres
que les spirituelles, lui a été confiée. Marca écarte d'un
mot une opinion, qui cependant, comme il l'avoue, est très

répandue, — c'était, en effet, l'opinion de la presque totalité des théologiens catholiques, — que le pouvoir politique vient de Dieu sans doute, mais qu'il a été accordé d'abord à la société, dont les membres l'ont transmis ensuite aux rois par leurs suffrages, de telle manière que les rois doivent leur plein pouvoir et à Dieu et aux peuples. Cette opinion diminue la liberté des rois par l'existence d'une sorte de pacte, elle viole leur dignité, elle encourage les factions, et bien plus elle pèche contre les saintes Écritures, — Marca renvoie au sixième chapitre de la *Sagesse* et au treizième de l'*Épître aux Romains*, — qui rapportent à Dieu le pouvoir de chaque prince. Sans doute, on ne peut nier que la personne du roi ne soit spécialement désignée par le suffrage populaire ou par le droit héréditaire; mais, outre que Dieu inspire aux électeurs leur choix, « il doit être certain et très constant pour les pieux et fidèles partisans de la royauté que le pouvoir royal est conféré par Dieu *immédiatement* à chacun des rois. »

Après avoir posé cette affirmation comme une sorte d'article de foi et sans l'avoir d'ailleurs autrement démontrée, Marca passe au texte d'Ulpien, qu'il connaît bien en sa qualité de légiste : le peuple romain a transmis à Auguste, par le fait de la *lex regia*, tout son propre droit et son propre pouvoir. Comme ce texte, cher à l'école de la souveraineté populaire, gêne sa théorie, il l'écarte aussitôt; car il s'agit, dit-il, de chercher la vérité grâce aux paroles de saint Paul plutôt qu'aux paroles des jurisconsultes et des philosophes. Une citation de saint Augustin, qu'il interprète dans son sens, lui permet de conclure à l'identité de l'origine des deux pouvoirs. « On doit donc, de ce chef, un égal respect à l'un et à l'autre, bien que le pouvoir spirituel l'emporte en dignité; car l'autorité découle de Dieu immédiatement, aussi bien pour chaque roi que pour les évêques, » *quia perinde in reges singulos ac in episcopos hæc auctoritas a Deo immediate derivatur.*

L'année même où Louis XIV inaugurait son règne personnel, l'auteur du *Ministre d'État*, l'un des quarante fondateurs de l'Académie française, secrétaire de Mazarin de 1642 à 1661, Jean de Silhon, dédiait au roi un ouvrage de morale et de politique, dont le dessein, disait-il, avait été approuvé par le grand ministre. Amené à se demander d'où avait procédé l'institution des souverains, il relevait l'opinion d'un « grand personnage de ce siècle, » l'auteur même du *De Concordia*, parce que cette opinion contredisait le sentiment d'Aristote, d'après lequel les peuples ont transporté aux rois l'autorité qu'ils ont sur eux. Silhon admettait bien pour le peuple juif l'établissement d'une royauté émanée immédiatement de Dieu et consacrée par son autorité visible, mais pour le peuple juif seulement. En dehors de l'histoire du peuple élu, on ne peut nier, selon lui, que la fondation de tous les États a une origine plus prochaine et plus immédiate que l'origine divine, à savoir le consentement des peuples. Il restait donc à mettre d'accord Aristote et l'archevêque de Toulouse. Silhon y arrivait sans beaucoup de peine; il déclarait qu'il n'y a point de police dans le monde dont Dieu ne soit le principe éloigné, et que Dieu, en inspirant aux hommes l'instinct de la société, se trouve être aussi l'auteur de l'établissement de la royauté. Le raisonnement de Silhon ne pouvait pas concilier ce qui était inconciliable : avec Aristote, l'affirmation, avec Marca, la négation de la souveraineté populaire. Le gallicanisme monarchique devait en prendre son parti : il ne pouvait pas se réclamer du grand nom du Stagirite.

Les théories de Marca devaient être officiellement consacrées, vingt ans après la mort de leur auteur, par la déclaration de 1682. Aussi, quand éclata, entre gallicans et ultramontains, la polémique si vive suscitée par cet acte, les adversaires de la déclaration s'en prirent directement au livre de Marca, et parmi eux un docteur en théologie, Antoine Charlas; son traité, regardé à Rome comme un chef-d'œuvre, provoqua la réfutation de Bossuet dans sa *Gallia orthodoxa*. Charlas argumentait avec beaucoup de force contre cette identité d'origine du pouvoir temporel et du pouvoir spirituel, qui était le fond de la doctrine de l'archevêque de Toulouse et des gallicans. Après avoir rappelé le passage du *De Concordia* analysé ci-dessus, il raisonnait ainsi.

On ne peut dire d'une chose qu'elle vient immédiatement de Dieu qu'à l'une ou à l'autre de ces deux conditions : ou que nul autre que Dieu ne puisse la donner, ou que, si un autre que Dieu la communique, ce soit Dieu seul en réalité qui la donne. Ainsi cette seconde condition s'applique au pouvoir que possède le prêtre de sacrifier à la messe le corps de Jésus-Crhist ou de remettre les péchés. On dira que ce pouvoir, il le reçoit par l'imposition des mains de l'évêque; mais il est bien certain qu'il le tient directement de Dieu même, car Dieu seul et nul autre peut remettre les péchés et sacrifier le corps du Seigneur. D'autre part, se soumettre à un prince, s'obliger à lui obéir, lui engager sa foi, n'importe qui peut le faire; il n'y a pas à recourir au pouvoir de Dieu pour des choses de cette nature, qui dépendent de la volonté ou de l'intérêt des hommes. Il n'y a qu'un cas seulement où un roi tiendrait immédiatement son pouvoir de Dieu : ce serait si Dieu l'avait placé à la tête de ses sujets, sans aucun consentement ni sans aucune intervention de leur part; ainsi fit-il pour Saül et pour David, et encore les docteurs ne sont pas du même sentiment sur cette investiture divine. Mais qui a jamais rêvé (*somniavit*) que les rois de France aient été établis dans des conditions pareilles, alors que les changements qui se sont produits dans leur succession montrent assez qu'ils ne procèdent pas immédiatement de Dieu, mais bien du consentement des peuples? Quelle raison divine réclamait qu'ils fussent d'abord de la famille de Clovis, puis de celle de Pépin, enfin de celle de Hugues Capet, que les uns fussent élus, les autres héréditaires, que les héritiers illégitimes aient d'abord régné, puis seulement les légitimes, et parmi ceux-ci les mâles? La conclusion est que le pouvoir des rois, comme tout pouvoir, vient de Dieu, mais que Dieu ne le leur confère pas immédiatement, comme il confère aux membres de l'Église le pouvoir ecclésiastique.

Saint Paul, Tertullien, saint Augustin, saint Jean Chrysostome, sont cités et commentés à l'appui de cette thèse, qui est, comme on le sait, la thèse véritable de l'Église catholique. Puis, c'est le passage du *Digeste* sur la *lex regia*, que Marca avait écarté d'un mot; Charlas y voit la preuve que l'autorité royale sort immédiatement du consentement des peuples, tout en venant de Dieu comme de sa source première. Si l'on veut soutenir que c'est Dieu qui confère immédiatement à chaque roi son pouvoir, que signifie alors le sacre où on lui remet ce pouvoir? Où a-t-il été institué? Par qui? Quand? Comment?

Malgré la force de ce raisonnement, il est facile de comprendre que les arguments d'un théologien inconnu, publiés en pays étranger, à Liége d'abord et à Rome ensuite, ne pouvaient prévaloir en France contre la doctrine d'un prélat qui avait eu la confiance de Richelieu et de Mazarin et que Louis XIV avait appelé à la première dignité ecclésiastique du royaume. Dès lors, il fallut distinguer, parmi les théologiens, les théologiens ultramontains, restés fidèles à l'enseignement traditionnel de l'Église, et les théologiens gallicans, qui se faisaient les champions d'un droit politique nouveau.

Ce n'est pas le lieu d'exposer en ce moment l'histoire des déclarations de 1663 et de 1682; elle se trouvera à sa place à côté des idées personnelles de Louis XIV, dont elles furent comme la transcription publique et officielle. Bornons-nous à constater les sentiments qui tendaient de plus en plus à prévaloir au XVIIe siècle parmi les membres de la faculté de théologie de Paris. Une publication anonyme, mais de caractère officiel, ne laisse aucun doute à cet égard; il s'agit des *Censures et Conclusions de la sacrée faculté de théologie de Paris, touchant la souveraineté des rois, la fidélité que leur doivent leurs sujets, la sûreté de leurs personnes et la tranquillité de l'État.*

Une déclaration de Louis XIV, du 4 août 1663, appelle la faculté de théologie « le plus ferme appui de la religion et de la saine doctrine dans son royaume. » Cependant, la faculté n'avait pas échappé, vers la fin du règne de Henri III et le début du règne de Henri IV, aux influences dominantes à cette époque; elle s'était faite l'écho de la thèse de la souveraineté populaire, qui se posait alors avec tant de hardiesse. Les déclarations de ses docteurs, le 7 janvier 1589 contre le dernier Valois, le 7 mai 1590 contre le premier Bourbon, reposaient implicitement sur la doctrine du droit national des Français et du pacte originel entre eux et leur souverain. Bien que la réaction royaliste venue après la Ligue et le triomphe de la monarchie absolue au xvıı⁰ siècle eussent amené la faculté à multiplier des déclarations dans un sens nettement monarchique et gallican, le souvenir des actes révolutionnaires du temps de la Ligue subsistait toujours, et les adversaires du gallicanisme s'en servirent un jour pour mettre la faculté en contradiction avec elle-même, en l'accusant « d'avoir manqué à l'obéissance due à ses souverains. »

Atteinte, pour ainsi dire, dans son honneur par ces attaques, la faculté en corps rendit une conclusion, le 1ᵉʳ février 1717, où elle déclarait nuls et supposés, *nulla et non sua*, les décrets séditieux publiés vers la fin du règne de Henri III et au commencement de celui de Henri IV. Le syndic de la faculté, qui avait fait voter cette conclusion, s'était efforcé d'établir le caractère illégal de décrets rendus dans des temps de troubles par une minorité factieuse, étrangère à l'esprit véritable de la faculté; ce n'était point dans ses écoles que les auteurs de ces décrets avaient appris la détestable doctrine qui y était soutenue, mais bien dans des écoles de docteurs étrangers, nouvellement introduits en France, qui soutenaient et enseignaient publiquement des maximes pernicieuses, entièrement opposées à la doctrine de la faculté. Ces mots visaient, d'une manière bien claire, les théologiens de la Compagnie de Jésus; mais, quand le syndic louait la faculté de s'être préservée d'une contagion « qui avait infecté toutes les autres écoles de l'Europe et même de la France, » il reconnaissait, en fait, que les théories des jésuites sur l'origine du pouvoir et la souveraineté nationale — la question spéciale du régicide laissée de côté — étaient au fond les théories mêmes de toute l'église catholique, sauf des théologiens gallicans. Quoi qu'il en fût, la faculté, voulant couper court à une « calomnieuse accusation, » avait décidé de faire imprimer un recueil de tous les actes qu'elle avait pu rendre concernant l'autorité souveraine des rois; ce recueil n'est autre que les *Censures et Conclusions.* On remarquera que cet arsenal de preuves s'ouvre par quelques pièces relatives au différend entre Philippe le Bel et Boniface VIII; n'était-ce pas, en effet, comme la préface historique de la solution donnée sous le règne de Louis XIV au problème des rapports de l'Église et de l'État? On sait à ce propos qu'il y a eu, à l'époque de Louis XIII et de Louis XIV, une abondance toute particulière de traités historiques sur les démêlés des rois de France avec l'église de Rome; les plus connus sont ceux de Vigor, de Pierre Dupuy, de Baluze et de Baillet.

Les docteurs de la Sorbonne se vantaient, à juste titre, d'être les plus fermes défenseurs de l'orthodoxie en matière de foi. Sur le terrain politique, ils n'hésitaient pas, comme on l'a vu, à se séparer des théologiens ultramontains; et même, ce qui est plus caractéristique, à se joindre aux théologiens schismatiques. On veut parler d'une intéressante consultation, rendue, sous le règne de Louis XIV, par quelques-uns d'entre eux sur l'affaire dite du serment d'Angleterre.

Jacques Ier d'Angleterre ayant voulu exiger de ses sujets catholiques un serment d'allégeance, c'est-à-dire de fidélité, plusieurs théologiens romains et la cour de Rome avaient protesté contre un engagement de ce genre; car le caractère schismatique du roi d'Angleterre semblait frapper de caducité, d'après la théorie chrétienne de la souveraineté nationale, le contrat primitif qui avait été passé ou qui

était supposé l'avoir été entre les Anglais catholiques et
le roi d'Angleterre catholique. Venant après la révolution
de 1648, qui avait fait une terrible application de la doctrine
des droits du peuple, le gouvernement de la Restauration
voulut exiger, de nouveau, des catholiques habitant les
trois royaumes, la signature du serment d'allégeance;
nouveau bref d'Alexandre VII, qui s'ajoute au bref de
Paul V et au décret d'une congrégation réunie pour l'examen de cette affaire par Innocent X. Placés dans cette
alternative ou de désobéir au roi et d'être suspects de
« cromwélisme » en ne prêtant pas le serment, ou de désobéir
au pape et d'être suspects de schisme en le prêtant, des
catholiques anglais eurent l'idée de s'adresser à la faculté
de théologie de Paris, pour savoir s'ils pouvaient, « sans
intéresser la foi et la conscience, » *salva fide et tuta con-
scientia*, prêter le serment en question : le roi Charles est
le légitime et véritable roi de ce royaume, ni le pape ni
aucune autre personne n'a aucun droit sur lui. Cin-
quante-huit docteurs répondirent, par la délibération du
16 août 1680, que le serment pouvait être prêté. Un an
plus tard, le 9 août 1681, le chancelier de l'Université, le
docteur Cocquelin, ajouta son approbation expresse, en
disant qu'il n'y avait rien dans le texte du serment qui
fût « contraire à la parole de Dieu et à la foi catholique et
apostolique, » et même que la religion faisait un devoir
aux catholiques anglais de le prêter et de l'exécuter.

On ne trouve pas dans le texte du serment d'allégeance
la formule de l'article du tiers état de 1614, qui devint
celle de nos théologiens, après avoir été celle de nos légistes : le roi ne dépend que de Dieu seul. Mais il est bien
certain qu'elle y est sous-entendue : si non, l'acte lui-même
n'aurait pas de sens. Il n'y avait pas de doute à cet égard
dans l'esprit des cinquante-neuf docteurs de Sorbonne
signataires de la consultation. C'est pour cette raison même
que l'on fit insérer cette pièce dans le recueil des *Censures
et Conclusions*, bien qu'elle n'eût pas, à proprement parler,
le caractère officiel d'un acte de la faculté assemblée en

corps; mais elle était une manifestation de plus de l'opinion régnante.

A cette date, c'est-à-dire avant la révolution de 1688, gallicans et anglicans professaient la même doctrine sur l'origine du pouvoir des rois; la différence des formes religieuses n'empêchait pas les dogmes politiques de se ressembler beaucoup des deux côtés de la Manche et de se prêter un mutuel appui. Mais quelques années seulement plus tard, après l'avènement de Guillaume d'Orange, l'accord était rompu entre les deux écoles. Les gallicans étaient restés fidèles à leurs théories politiques, tandis que les anglicans, en se ralliant à peu près tous à la cause du gendre de Jacques II, avaient reconnu par cette adhésion la cause du droit national et en professaient la légitimité dans leurs écrits. Bossuet raillait alors, avec son ironie superbe, l'évolution politique de l'église anglicane; c'était, disait-il, un grand article et un grand exemple qui venaient enrichir l'*Histoire des Variations*. Pasquin et Marforio exprimaient la même idée à leur manière, quand ils définissaient la fusion qui venait de s'opérer entre l'église anglicane et l'église calviniste, « un pot-pourri de deux hérésies qui avaient été jusqu'ici non seulement incompatibles, mais ennemies jurées. »

CHAPITRE V

LES ÉCOLES PHILOSOPHIQUES

La monarchie absolue, idée dominante des écrivains politiques. — Grotius dédie à Louis XIII son *De Jure belli ac pacis*. — Traduction de ce traité par Ant. de Courtin, dédiée à Louis XIV. — Grotius combat la théorie de la souveraineté du peuple. — Traduction française du *Tractatus theologico-politicus* de Spinoza. — Idées de Spinoza sur la souveraineté de l'État. — Jugement des Français du temps sur la philosophie de Hobbes. — Traduction de Sorbière. — Traduction de Du Verdus, dédiée à Louis XIV. — Idée d'un enseignement officiel de la politique de Hobbes en France. — Influence des idées de Hobbes : Merlat, les *Essais de morale et de politique*. — Résumé des idées de Hobbes. — Comparaison avec le gallicanisme. — Opinion de Locke.

Si, après les théologiens, on interroge les philosophes et les écrivains politiques du temps, on verra qu'il y avait chez la plupart d'entre eux, du moins chez ceux qui ont pu exercer une influence sur les idées politiques des Français, un sentiment de faveur très marqué pour le régime de la monarchie absolue. Non pas qu'ils se soient faits, après l'éclat de la première partie du règne de Louis XIV, les théoriciens et les apologistes d'un régime qui avait alors pour lui la gloire et le succès; mais à l'avance, ils avaient indiqué un gouvernement de ce genre comme celui qui répondait le mieux aux véritables besoins d'une société politique.

Lorsque Grotius fit paraître, en 1625, son *De Jure belli ac pacis*, il le dédia à Louis XIII, qui avait accueilli avec la plus grande faveur l'illustre réfugié; il le fit précéder d'une longue épître au roi Très Chrétien, qu'il terminait par une prière au Dieu de paix et de justice, pour attirer ses bénédictions « sur Sa Majesté royale toute voisine de la majesté divine, » *Tuam Suæ proximam majestatem.* Un livre qui se présentait sous un aussi haut patronage pouvait être offert de nouveau au fils de Louis le Juste. Ce fut la pensée d'Antoine de Courtin, ancien résident général pour le roi près les couronnes et princes du Nord, qui occupa la fin de sa carrière de diplomate par la composition de divers ouvrages de morale et de théologie et par la traduction du traité de Grotius. En présentant, en 1687, cette traduction à Louis XIV, le neveu du traducteur — Courtin était mort en 1685 — rappelait ou plutôt apprenait au grand roi les idées qui avaient guidé le jurisconsulte hollandais dans la composition de son célèbre traité. L'auteur avait entrepris d'y donner des règles pour tout ce qui peut arriver de plus important dans le gouvernement d'un État; ces règles se réduisant aux règles mêmes de la nature, mais de la nature éclairée par la foi et par la vérité du christianisme, il ne faisait au fond qu'avertir les princes d'être attentifs aux lois que Dieu a gravées dans le cœur de tous les hommes. Or, parmi ces vérités naturelles, que chaque homme peut découvrir en soi, il y avait celle-ci, que la souveraineté ne réside pas dans le peuple.

« Il faut avant toutes choses, disait Grotius, réfuter l'opinion de ceux qui croient que la souveraineté réside en tout et partout, sans aucune exception, dans le peuple, en sorte qu'il ait droit de réprimer et de punir les rois, lorsqu'ils usent mal de leur autorité. Il n'y a point de personne sage qui ne voie combien cette opinion a causé de maux et combien elle serait encore capable d'en produire... De notre part, nous nous servons des raisons suivantes pour y répondre... Il est permis à quelque homme que ce soit de se faire esclave de qui il veut, comme il paraît par les lois hébraïques et romaines; et cela étant, pourquoi ne serait-il pas permis à un peuple qui est libre de s'engager, de la même manière, à un ou à plusieurs, en leur transportant, à pur et à plein, sans aucune réserve, le droit de le gouverner? »

Il n'y a pas à discuter ce singulier argument et à montrer, avec l'école de Rousseau, que les droits naturels de l'homme sont inaliénables, que l'homme ne peut, par aucun contrat d'aucun genre, ni s'en dépouiller lui-même ni en dépouiller sa postérité; en admettant même qu'il ait jamais eu la faculté de les aliéner, il resterait toujours, suivant l'expression de Jurieu, que celui qui donne la souveraineté la possède dans un degré plus éminent que celui qui la reçoit, et que, par suite, il est au fond le véritable souverain. Il nous suffit ici de constater que, pour Grotius, la souveraineté ne réside pas dans le peuple, et que le roi, en conséquence, n'est pas un commis soumis à l'obligation de rendre des comptes.

Examinant ensuite la question si des sujets peuvent faire la guerre à leur souverain, Grotius établit que cette sorte de guerre est interdite par les lois de la nature, par les lois de l'Ancien Testament, qu'elle est encore moins permise par la loi de l'Évangile; les textes sacrés et les exemples des premiers chrétiens sont cités à titre d'arguments. Cependant, par une exception assez singulière, qui fait dire à un logicien comme Jurieu que le système de Grotius est « contradiction, » l'auteur admet deux cas, l'aliénation de l'État par le prince et le droit de conservation des sujets, où les peuples peuvent faire la guerre à leur souverain.

Le terrible Jurieu a discuté avec assez de calme les théories politiques de Grotius, probablement parce que celui-ci avait admis, sous certaines conditions, la possibilité du droit de révolte; mais il n'a pas caché sa haine pour le philosophe anglican et pour le philosophe juif, pour Hobbes et pour Spinoza, dont les idées politiques aboutissaient à l'absolutisme du prince. « Ces deux hommes, dit-il avec un souverain mépris, sont l'objet de l'exécration des théologiens. »

En 1678, un an après la mort de Spinoza, paraissait la traduction française de son *Tractatus theologico-politicus*, dans des conditions assez mystérieuses : pas de nom d'auteur ni de traducteur; et, comme pour tromper le lecteur et piquer sa curiosité, la même traduction publiée, sans aucun changement, mais sous trois titres différents et bizarres, dans trois villes, à Leyde, Amsterdam, Cologne. C'est dans cet ouvrage, et en particulier au chapitre XVI, Des fondements de la république, qu'on peut lire les théories qui causaient l'indignation de Jurieu.

Le souverain — et par ce mot, Spinoza entend le chef de l'État, quel qu'il soit, roi, nobles ou peuple — a le droit absolu à l'obéissance. En lui transmettant toute la puissance qu'ils avaient de se défendre, les sujets lui ont transmis tout leur droit. Ils n'ont pu s'en réserver aucun; sinon, ils se seraient arrangés pour le défendre; et le faisant, ils auraient divisé l'État et, par conséquent, l'auraient mis en péril, ce qui est en contradiction avec la raison même de la constitution de l'État. Donc, ils se sont « soumis sans réserve à l'arbitre du souverain. » La conséquence est poussée par Spinoza jusqu'à ses dernières limites. Les sujets étant « liés tant par la nécessité que par la raison,... il faut obéir aux volontés du souverain, quelque absurdité qu'il commande; » c'est la raison même qui les y oblige, car de deux maux, il faut éviter le plus dangereux. Fort heureusement, cette dure extrémité n'est pas fréquente. L'on voit rarement, en effet, que les ordres des souverains soient « fort absurdes; » il est de leur intérêt bien entendu de prendre garde à ne pas irriter les esprits et de ménager le bien public par des voies raisonnables, « la domination tyrannique, au témoignage de Sénèque, ne pouvant pas longtemps subsister. » La garantie de Sénèque pourra paraître illusoire; s'il suffit à la tyrannie de trouver « des voies raisonnables, » le despotisme, sous quelque forme qu'il se présente, trouvera aisément, quand il le jugera nécessaire, des raisons pour se justifier à ses propres yeux.

Spinoza ne cache pas ses préférences pour la démocratie, qui approche le plus de la liberté naturelle à tous les hommes; mais ses principes ont une valeur absolue, ils s'appliquent à tous les états politiques et ils aboutissent toujours à cette conclusion identique : il appartient aux souverains seuls d'ordonner, comme c'est le devoir des sujets d'exécuter les commandements, « sans que ceux-ci puissent reconnaître d'autre droit que ce qui leur est déclaré tel par les puissances souveraines. » Il le dit encore de la manière la plus nette. « De quelque façon que l'on soit gouverné, soit par l'autorité d'un seul, de quelques-uns, ou de la plupart des membres d'une communauté, cela se fait de droit, et personne n'y peut contredire; et quiconque a cédé, volontairement ou par contrainte, le droit de se défendre, a renoncé en même temps à son droit naturel... »

Est-il nécessaire de faire remarquer que Spinoza fait suivre ces affirmations générales d'un chapitre — le XVII° — où il établit « que nul ne peut faire un transport absolu de tous ses droits au souverain,... que tout sujet demeure dans son droit à l'égard de beaucoup de choses et desquelles, par conséquent, il est maître absolu? » Faut-il dire que la fin de l'État, tel qu'il le conçoit, n'est pas de réduire ses membres à l'esclavage, mais au contraire de leur assurer la jouissance de la liberté, le pouvoir absolu du souverain ayant pour raison et pour but de garantir cette liberté? Doit-on ajouter que le citoyen des Provinces-Unies qui a fait l'éloge de « cette chère liberté » à laquelle la ville d'Amsterdam doit sa splendeur et son opulence, objet d'admiration pour toutes les nations, voit dans l'état démocratique le meilleur des gouvernements? Ces réserves seraient nécessaires, s'il s'agissait d'exposer dans leur ensemble les idées politiques de l'auteur du *Tractatus*; bornons-nous ici à remarquer que le penseur qui avait établi comme une sorte de dogme la souveraineté absolue de l'État, fournissait des arguments grâce auxquels on pouvait légitimer l'absolutisme d'un Louis XIV. Les gallicans auraient volontiers fait leur profit de son aphorisme, que c'est par les rois que Dieu règne sur les hommes. Ils avaient tiré un merveilleux parti de la parole sacrée : *Per me reges regnant*; ils auraient de même volontiers commenté la formule inverse, dans laquelle on pourrait résumer cette partie du spinozisme : *Per reges Deus regnat.* Rois régnants au nom de Dieu, Dieu régnant par le pouvoir des rois : les deux formules pouvaient, au besoin, résumer les thèses essentielles du gallicanisme monarchique.

S'il est nécessaire, en parlant de Spinoza, de faire des réserves, soit à propos des corrections qui s'ajoutent à sa thèse, soit à propos de l'influence assez restreinte que les écrits de ce penseur solitaire ont pu avoir sur l'opinion de son temps, il n'y a, d'autre part, qu'à exposer, sans commentaires, les grandes idées politiques de Hobbes : elles parlent très clairement par elles-mêmes, et, dès leur apparition, elles furent très goûtées, notamment en France. C'est ce dernier point, beaucoup moins connu que sa théorie du despotisme et intéressant directement notre sujet, que nous voulons surtout mettre en lumière.

« Il est l'un de ces trois qui composent dans l'estime que j'en fais le triumvirat des philosophes de ce siècle. Oui, Hobbes, Gassendi et Descartes sont trois personnes que nous pouvons opposer à tous ceux dont l'Italie et la Grèce se glorifient. » Ainsi s'exprimait, en 1649, Samuel Sorbière, qui publiait la première traduction française du *De Cive* de Hobbes. Pour mieux recommander au public un auteur dont le nom n'était pas encore sorti d'un petit cénacle d'intimes et dont c'était comme le premier écrit, le traducteur invoquait le témoignage de deux penseurs amis du philosophe anglais. « C'est un ouvrage hors du commun, lui écrivait Gassendi (28 avril 1646), et digne d'être lu de tous ceux qui ont le goût relevé au-dessus du vulgaire. Je vous avoue que je ne connais personne qui pénètre plus profondément que ce rare auteur dans les matières qu'il traite,... ni qui manie plus adroitement des questions épineuses.... » Le P. Mersenne ne parlait pas avec moins d'admiration (lettre du 25 avril 1646) de « ce rare ouvrage *Du citoyen* de l'incomparable monsieur Hobbes... Ce livre vaut un trésor et il serait à désirer que les caractères dont on l'imprimera fussent d'argent. » La traduction de Sorbière trouva des lecteurs ; car elle fut rééditée en 1651, avec l'addition curieuse sur le titre de l'adjectif « bon » précédant le mot « citoyen, » et il en parut encore, en 1652 et en 1653, sous un titre un peu différent, une sorte de contrefaçon, où le texte français de 1649 était notablement abrégé.

Quand Sorbière publia pour la première fois sa traduction, les circonstances ne paraissaient pas favorables à un livre qui établissait *more geometrico*, avec une force d'argumentation jusqu'alors inconnue dans l'étude des questions politiques, la nécessité du despotisme sans limites et de l'obéissance sans conditions ; cependant, malgré la Fronde, Hobbes avait été lu et compris. Après l'échec de cette tentative de révolution et la misère générale qu'elle avait amenée, il semblait que les idées du publiciste anglais répondissent à merveille à l'état général des esprits ; elles donnaient satisfaction à ce besoin d'un pouvoir fort, qui était à cette époque le vœu unanime du pays. Si le filleul de Mazarin songeait un jour à établir sa souveraineté en dogme, il devait commencer par prendre connaissance des écrits du théoricien du despotisme. En 1660, un nouveau traducteur, François Bonneau, seigneur du Verdus, qui appartenait à une famille de magistrats du parlement de Bordeaux, dédiait à Louis XIV *les Éléments de la politique de Monsieur Hobbes.*

Le privilège accordé au traducteur le louait d'avoir montré « combien il importe à nos sujets de vivre en paix selon nos lois ; » l'imprimeur vantait aussi cette traduction, qui montrait si bien « l'obéissance sans réserve » que le sujet doit au roi ; mais personne ne parlait mieux de l'excellence des idées de l'auteur du *De Cive* et du *Leviathan,* et en particulier de leur utilité pratique au point de vue du règne futur de Louis XIV, que le traducteur lui-

même, « ami intime » de Hobbes, dans son épître au
roi.

Jamais, pendant tout votre règne, disait-il à Louis XIV,
vos sujets ne vous offriront « rien de plus grand et de plus
beau que ce livre, rien de plus utile et je dirai nécessaire,
rien de si digne d'un grand roi... Euclide et M. Hobbes
ont vu les choses à fond, ils les ont connues par leurs
principes et éléments... Et comme on ne saurait rien
démontrer que par les *Éléments d'Euclide* aux sciences
mathématiques..., aussi on ne peut démontrer que sur les
Éléments de Monsieur Hobbes les vérités qui rendent sage,
je veux dire les devoirs et offices des hommes dans la vie
civile, et leur obligation de vivre en paix entre eux selon
les lois et d'obéir en toutes choses à leur roi. Plût à Dieu,
Sire, qu'on eût enseigné dès longtemps à vos sujets ces
deux livres d'*Éléments*; et quand cela n'a pas été, Dieu
veuille que ce soit bientôt; c'est le vrai moyen qu'ils raisonnent juste et qu'ils sachent leur devoir, et ainsi c'est le
vrai moyen qu'ils soient gens de bien et fidèles... » Développant cette idée, que l'intérêt du roi est de faire enseigner
à ses peuples la vraie et bonne politique, le traducteur en
arrive à demander la création d'un enseignement officiel
en France des théories de Hobbes. « J'oserais assurer,
Sire, que s'il plaît à Votre Majesté que quelques professeurs fidèles en lisent dans vos États cette traduction
ou autre meilleure, on n'y verra de tout son règne ni sédi-
tion ni révolte. » Louis XIV, sollicité, à la veille de son
règne personnel, de faire de la philosophie politique de
Hobbes le programme d'un enseignement obligatoire pour
les jeunes Français, qui leur apprendra à bien raisonner
et qui le garantira lui-même contre le retour des mauvais
jours de son enfance : l'idée est curieuse, par l'association
qu'elle établit entre ces deux noms sans relations l'un avec
l'autre, le nom du théoricien du despotisme et le nom du
prince qui devait en être l'incarnation ; mais elle se comprend fort bien. Car, si jamais le despotisme songe à justifier ses actes, il ne pourra mieux le faire qu'avec les argu-

ments du penseur qui a voulu fonder la tyrannie sur les principes de la raison et de l'intérêt bien entendu.

Malgré la supplique de Du Verdus, Hobbes ne reçut pas droit de cité dans les universités françaises; mais son influence ne se fit pas moins sentir parmi nos publicistes. Vingt-cinq ans environ plus tard, elle inspirait encore deux traités de droit politique, aussi curieux que peu connus, dus à des écrivains français.

Jurieu, dans la xvii⁰ et dans la xviii⁰ *Lettre pastorale* (1ᵉʳ et 15 mai 1689), disait de l'auteur du *Traité du pouvoir absolu des souverains*, qu'il était de « ceux qui outrent tout et qui ne comprennent rien; il ne leur coûte pas plus de fouler aux pieds tout le bon sens que d'en fouler aux pieds une partie. » L'auteur que Jurieu malmène ainsi, sans le nommer d'ailleurs, car il n'avait pas signé son livre, était un ministre calviniste de Saintes, Élie Merlat, réfugié à Lausanne, et pourvu d'une chaire de théologie dans cette ville. Son livre n'était autre que le code de l'absolutisme, sous la forme la plus achevée que l'on puisse imaginer. Pour établir cette thèse, qui peut paraître singulière sous la plume d'un réfugié écrivant en 1685, l'auteur invoquait, entre autres raisons, les arguments mêmes de Hobbes; il faisait bien quelques réserves, d'ordre théologique, pour ne pas donner lieu de penser que les sentiments « excessifs » de Hobbes fussent à son goût; mais il renvoyait aux *Principes de la politique* de l'écrivain anglais, comme à la source de quelques-unes de ses idées personnelles.

L'autre écrivain français qui s'inspire de Hobbes et qui le fait avec la docilité d'un disciple, est l'auteur anonyme des *Essais de morale et de politique*; son ouvrage, croyons-nous, n'a pas été encore signalé à propos de la diffusion des idées du philosophe anglais. Ce traité fut imprimé avec privilège du roi et avec approbation d'un docteur de Sorbonne; l'auteur n'avait donc aucune raison de taire son nom, cependant il préféra le cacher; et, malgré toutes nos recherches, il nous a été impossible de le découvrir.

Voici de quelle manière cet inconnu parle de lui-même et de son livre : « L'auteur de ces *Essais*... n'est aux gages de personne; l'on ne voit point ici d'épître dédicatoire qui lui brigue la faveur de quelque personne puissante; son nom n'y paraît point; il ne s'est pas même mis en peine de le faire savoir, de quelque manière que ce fût... Il est vrai qu'il relève beaucoup l'autorité des souverains et qu'il pousse leurs droits un peu loin; mais, en cela, il écrit comme il pense, ce sont ses véritables sentiments qu'il débite... L'on ne fait pas difficulté d'avouer que l'on ait suivi dans ces *Essais* les principes d'Hobbes, auteur anglais, dans son livre *De Cive*;... tous les habiles gens sont persuadés qu'il était difficile d'écrire plus solidement que fait ce savant homme sur les choses qui sont du ressort de la raison et du bon sens; l'on n'en voudrait pas dire autant de ce qu'il a écrit sur les sujets qui regardent la religion... »

En 1715, quelques semaines avant la mort de Louis XIV, un avocat au parlement, Desbans, publiait les *Principes naturels du droit et de la politique.* Dans son épître au chancelier Voisin, il disait qu'il avait voulu traiter les mêmes matières que Grotius, Hobbes et Pufendorf, mais avec plus de précision et de méthode. Cet auteur ambitieux n'était au fond qu'un plagiaire impudent, qui reproduisait, à peu près textuellement, dans la moitié au moins de ses *Principes*, les *Essais de morale et de politique* de notre auteur anonyme.

Ainsi le système de Hobbes fut présenté quatre fois aux lecteurs français pendant le long règne de Louis XIV, sous la forme de traductions ou de résumés : en pleine Fronde, à la veille du règne personnel, au moment de son plein épanouissement et à la veille de la mort du grand roi. On ne peut nier que ses idées aient été goûtées en France et qu'elles y aient exercé une sorte de séduction sur l'opinion publique.

Le système politique de Hobbes se présente dans ses écrits avec une telle netteté qu'il n'y a pas à se méprendre sur la pensée de l'auteur, qui n'a d'ailleurs jamais songé à dissimuler son opinion; mais cette netteté prend encore, s'il est possible, un caractère plus précis et plus frappant dans les *Essais* de son disciple inconnu. Celui-ci, au lieu de délayer la pensée du maître dans des développements politiques ou philosophiques, de la commenter par des textes ou par des exemples, la résume, au contraire, en quelques formules concises et saisissantes, dont l'enchaînement rigoureux ne laisse pas place à l'objection; le lecteur est pris dans un engrenage de propositions, c'est en vain qu'il voudrait résister, il faut que son esprit y passe tout entier. Si Hobbes avait encore vécu lors de la publication des *Essais*, il aurait été heureux de voir sa pensée si bien comprise et si fidèlement résumée. Rappelons rapidement, avec les *Essais* sous les yeux, les idées maîtresses de cette philosophie politique; on verra ainsi comment elles pouvaient s'accorder avec les théories de Louis XIV.

Dans l'état de nature tous les hommes sont égaux, c'est-à-dire indépendants les uns des autres; car d'où viendrait à l'un d'eux le pouvoir de commander? Donc, ils ont tous nécessairement droit à tout. Mais l'état de guerre est la conséquence forcée de cette égalité des droits. Or, c'est un état violent, dont la raison commande de sortir, et il n'y a pour les hommes d'autre issue que la constitution d'une société civile. Voilà la première étape parcourue; les hommes sont nécessairement amenés à former un État. Démocratie, aristocratie, monarchie : peu importe, puisque chacune de ces formes aura un chef, et que ce souverain magistrat, qu'il soit une assemblée populaire, une oligarchie, un monarque, aura partout et toujours le même pouvoir et les mêmes droits.

Pour former la société, on est obligé d'admettre que les futurs citoyens renoncent à tout droit; sinon, l'état de guerre renaîtrait nécessairement de lui-même. Toute l'autorité qui était dans le peuple est donc dévolue au souverain, et par cela même ce peuple cesse d'être, il n'est plus une personne civile, il ne forme plus de corps, ce n'est plus qu'une multitude. C'est là un principe essentiel du système, que le peuple cesse d'être et que, par suite, il n'a et ne peut avoir aucune action, aussitôt que le souverain est élu. Cela admis, les *Essais* déroulent tout un enchaînement de conséquences.

Toute l'autorité qui était dans le peuple est passée au souverain. « On peut même et on doit dire que ce souverain est le peuple, est la personne civile et la cité. » C'est sous une autre forme le mot historique : l'État, c'est moi. Tous les droits dont le peuple s'est dépouillé, le prince les possède, à commencer par le droit de faire impunément tout ce qu'il lui plaît. Car, pour punir le prince, il faudrait pouvoir le juger; or, de ce droit, les sujets se sont dessaisis comme de tous les autres; ils ne peuvent pas plus le juger que le punir. Salluste a dit vrai : *Impune quidvis facere, id est regem esse.* Dieu seul peut juger et condamner les princes. Aussi Charles Ier ne fit-il que demander à la « cour de scélérats » qui prétendait lui faire son procès, quelle autorité elle pouvait bien avoir de le juger.

Le droit illimité pour le prince de tout faire a pour corrélatif, de la part des sujets, le devoir de l'obéissance aveugle; elle est « l'âme ou l'essence des sociétés » et leur raison d'être, car chacun s'est défait de sa volonté, l'a mise entre les mains du souverain, s'est obligé à ne vouloir que ce qu'il voudra; conséquemment, « la volonté du prince contient celle de tous les sujets; ils doivent donc vouloir tout ce qu'il veut. » On rapprochera de cela le mot de Bossuet sur le prince : « Tout l'État est en lui; la volonté de tout le peuple est renfermée dans la sienne. » Mais, dira-t-on, le prince, par ignorance, par malice ou par passion, peut ordonner des choses inutiles, dures, fâcheuses. Comment pouvez-vous le savoir, puisqu'il faudrait que vous puissiez juger le prince? Or, vous avez renoncé à votre propre jugement, et le prince ne peut pas avoir de juge. Puis, ce que vous jugerez mal par rapport à vous, peut être un bien pour la république; le prince seul peut le savoir, car seul le prince a « des vues générales. » Enfin, les textes sacrés de l'Ancien et du Nouveau Testament font de l'obéissance un devoir religieux; désobéir au prince est un péché.

Le prince peut-il être lié à l'égard des sujets par une convention expresse ou tacite? Remarquons la réponse, où la théorie est poussée à ses dernières limites avec une impitoyable rigueur. Le prince s'est-il engagé devant une personne : celle-ci le dégagera quand le prince le voudra, puisque le sujet ne peut pas avoir d'autre volonté que celle du prince; le prince peut donc se dégager chaque fois qu'il lui plaira. Le prince s'est-il engagé devant le corps politique, avant d'être élu : une fois le prince élu, le corps politique n'existe plus, et quand la personne à qui on s'est obligé n'est plus, l'obligation n'existe plus. Par conséquent, sitôt que le prince est élu, il n'est plus obligé de tenir les promesses faites au peuple qui l'a élu. Il est vrai qu'à défaut du devoir de justice, rappelant le prince au respect de la parole donnée, il y a toujours le devoir « de charité et de bienséance » et la responsabilité du prince devant Dieu.

Si les sujets ne peuvent pas obliger le prince à tenir sa parole, à plus forte raison ne peuvent-ils pas le déposer, en dépit de la règle : *ejus est destituere, cujus est instituere.* La raison est toujours la même : le peuple qui a élu un prince a cessé d'être comme peuple, il n'a plus ni action ni pouvoir, il ne peut ni juger, ni déposer le prince. La conclusion est que le prince « ne peut être déposé que par lui-même. »

Le prince, qui représente le peuple, qui a en lui seul toute l'autorité, qui est la seule personne civile, réunit en lui tous les droits. Seul, il est propriétaire de tous les biens de ses sujets et il en a la libre disposition. Seul, il a le pouvoir de faire les lois, de les abroger, d'en dispenser qui bon lui semble, de s'en dispenser lui-même, etc. N'a-t-il donc pas de devoirs? Son devoir est d'assurer aux sujets cette paix et ce repos pour lesquels ils ont renoncé à l'état de nature et pour lesquels ils l'ont élu. Mais ce devoir ne saurait être autre, suivant le mot déjà dit, qu'un devoir de charité et de bienséance, qu'une obligation du prince envers sa conscience, qu'une affaire entre Dieu et lui.

Le point de départ dans la théorie gallicane et le point de départ dans la théorie de Hobbes sont radicalement opposés; mais le point d'arrivée est le même de part et d'autre. Pour les gallicans, tout pouvoir venant de Dieu, le pouvoir temporel en dérive sans intermédiaire, et le prince ne saurait être responsable devant personne autre que celui dont il est le vicaire immédiat, c'est-à-dire devant personne autre que Dieu même. La souveraineté populaire n'existe à aucun titre; le prince directement lieutenant de Dieu, le prince directement responsable devant Dieu : la thèse se réduit à ces deux propositions essentielles. Pour Hobbes, il n'y a point de droit divin à l'origine des sociétés; il y a le principe de la conservation sociale. En appliquant ce principe dans le choix d'un prince, le peuple met fin lui-même à sa propre existence, en tant que corps politique; le prince reste seul à la place de ce peuple qu'il représente, mais qui n'est plus, et il ne doit compte de ses actions qu'à Dieu. Si donc la souveraineté populaire intervient dans l'État de Hobbes, c'est comme un fantôme fugitif, qui ne révèle son existence que par l'acte même qui le précipite dans le néant.

Lieutenant de Dieu ou lieutenant du peuple, le souverain des gallicans ou le souverain de Hobbes ne connaît d'autre supérieur que Dieu. « Ce n'est que lui seul qui ait droit de demander raison aux souverains de leur conduite, de sorte que, quelques excès qu'ils puissent commettre, quand ils vivraient plus en bêtes qu'en hommes, il faudrait que leurs sujets les souffrissent patiemment, si, après de très humbles remontrances, les souverains refusaient de reconnaître les lois de la nature. » Ainsi s'exprimait l'Avertissement d'un traité sur le *Gouvernement civil*, paru en 1691, mais qui, pour bien des raisons, devait rester à peu près inconnu en France, jusqu'au jour où Voltaire révéla au continent son auteur, « le sage » Locke. Les gallicans et

les disciples de Hobbes auraient pu souscrire d'un commun
accord à ce jugement ; les théories du droit divin des rois
et les théories du *De Cive*, les unes ignorant la souveraineté
populaire, les autres en parlant pour la détruire aussitôt,
aboutissaient au même résultat, le despotisme illimité du
souverain.

CHAPITRE VI

LES DIVERSES FORMES DE GOUVERNEMENT

Choix du meilleur gouvernement. — Comparaison traditionnelle des
trois formes de gouvernement. — Jugements sur la démocratie.
— La monarchie aristodémocratique. — Excellence de la monarchie
et surtout de la monarchie héréditaire. — Unanimité des témoignages contemporains. — Avantages de l'unité. — Excellence du
monarque. — Les deux anges gardiens des rois. — La religion
de la seconde majesté.

Les Francs, voulant donner à leur État la forme de
gouvernement la meilleure, eurent entre eux de
nombreuses contestations. L'un d'eux, nommé Charamond,
prit la parole en faveur de la monarchie; son discours
occupe seize pages in-quarto. Le discours de son contra-
dicteur en occupe quinze ; c'était Quadrek, l'un des principaux seigneurs d'entre les Français, champion de
l'aristocratie. Charamond lui répliqua, détruisit ses arguments, et entraîna ainsi ses auditeurs à choisir Pharamond
pour leur roi. Ces curieux exercices de rhétorique se
trouvent dans un livre sérieux, dédié à Monseigneur de
Mesmes, comte d'Avaux, le diplomate qui devait être le
glorieux négociateur des traités de Westphalie.

C'était alors un lieu commun, chez tous les auteurs de
traités politiques, d'établir une comparaison entre les
trois formes principales de gouvernement : démocratie,
aristocratie, monarchie, et de conclure, pour ainsi dire,
toujours, et toujours sans restriction, en faveur de la

dernière. Le disciple de Hobbes, qui a composé les *Essais de morale et de politique*, est à peu près le seul à qui la question soit restée indifférente ; sans doute, parce que la théorie du souverain, telle qu'il la comprend, peut convenir à tout état politique. « Je ne m'amuserai pas... à rechercher si la démocratie est préférable à l'aristocratie ; je dirai seulement avec le sieur de Pibrac :

> Aime l'État tel que tu le vois être ;
> S'il est royal, aime la royauté ;
> S'il est de peu ou de communauté,
> Aime-le aussi, quand Dieu t'y a fait naître. ».

L'auteur d'un traité politique dédié à Louis XIV, qui prétendait exposer la doctrine avec laquelle Aristote a formé Alexandre, se demandait quel était le gouvernement parfait ; il concluait qu'il est manifeste que la monarchie est la plus naturelle et la plus ancienne de toutes les manières de gouvernement. C'est aussi ce que le P. Senault, de l'Oratoire, avait déjà dit au roi, dans des termes identiques, en lui rapportant l'avis des plus savants politiques.

Pour la démocratie, ce n'était guère moins à ses yeux que l'anarchie organisée. « L'expérience nous apprend que la démocratie n'est qu'une pure confusion, que le peuple est une bête qui a plus de têtes que l'hydre des poètes, que comme le nombre des fols est plus grand que celui des sages, les mauvais conseils sont presque toujours préférés aux bons dans cette sorte de gouvernement. » Un pamphlet royaliste, publié en pleine Fronde, déclarait la démocratie « abominable à Dieu et aux hommes bien raisonnables.... Le conseil du peuple se précipite partout, ainsi qu'un torrent débordé par quelque espèce de déluge. Démosthène disait que le peuple était une bête bien cruelle et bien dangereuse, quand il se laissait surprendre à ses passions déréglées. » Dix ans avant la Fronde, le célèbre auteur des *Considérations politiques sur les coups d'État* avait fait de la populace une peinture effrayante. C'est « une bête à plusieurs têtes, vagabonde, errante, folle, étourdie, sans conduite, sans esprit ni jugement.... Mais moi, je passe plus outre, et je dis qu'elle est inférieure aux bêtes, pire que les bêtes et plus sotte cent fois que les bêtes mêmes... » En dehors de quelques auteurs de mazarinades, le système démocratique n'avait trouvé que bien peu de défenseurs, et le résultat pitoyable de la Fronde n'était pas pour en augmenter le nombre.

Sous le règne de Louis XIII, un écrivain politique de la religion réformée, Mayerne-Turquet, avait esquissé, dans un ouvrage confus, mais où les idées ne manquent pas, le plan d'un État tempéré : les trois formes de gouvernement devaient s'y faire mutuellement équilibre, et les états généraux devaient y être « comme le cerveau de la république. » Malgré le privilège qu'il avait obtenu pour son traité, le livre avait été aussitôt interdit, car son système de la monarchie aristodémocratique n'avait guère de monarchique que le nom.

Démocratie et aristocratie n'étaient que des formes imparfaites : seule, la monarchie répondait aux vrais besoins des sociétés politiques. Le débat avait été vidé depuis longtemps, lors de la controverse entre sept nobles persans, qui s'étaient à peu près tous ralliés au système du gouvernement monarchique; l'auteur qui rappelait ce récit d'Hérodote ajoutait que des deux formes de la monarchie, l'héréditaire et l'élective, la première avait l'avantage d'être plus durable et moins agitée. Scudéry, faisant un parallèle entre ces deux modes de royauté, montrait la supériorité de la royauté héréditaire, où le prince ne doit rien à ses sujets; il ne tient le sceptre que de la main de Dieu seul; les sujets naissent dans la servitude et lui avec la souveraine puissance. Nicole louait, pour une autre raison, l'excellence de la monarchie successive : l'ordre de succession, une fois établi par le choix du peuple devient immuable; car le peuple s'étant dépouillé de ses droits, il n'est plus en son pouvoir de le changer.

Une preuve certaine de l'excellence de la monarchie

c'est que le fils de Dieu a voulu naître sous le règne de César; venu au monde pour accomplir en toutes choses le bon plaisir de Dieu son père, il n'aurait pas autorisé, par sa soumission, une puissance qu'il n'aurait pas approuvée. Le jeune roi a pu lire ce singulier raisonnement : il se trouve dans un livre écrit à son usage. Il a pu lire aussi, dans *la Politique du prince*, et il a dû entendre l'auteur de ce traité lui répéter, dans ses entretiens, que tous les philosophes avaient reconnu le commandement royal ou monarchique pour le plus ancien de tous, comme il est apparemment le plus digne, « eu égard à ce que Dieu s'en sert dans la conduite du monde, qui paraît toute royale. »

La thèse de l'excellence de la monarchie se retrouve alors sous toutes les plumes : sous la plume d'un obscur contemporain de Louis XIII, qui se qualifiait son orateur pour les discours d'État et qui fut l'un des Quarante; sous la plume de l'auteur du *Vrai Courtisan*; sous la plume de Saumaise, dans son *Apologie royale pour Charles I*[er], *roi d'Angleterre*; sous la plume du P. Caussin; sous la plume de Haye de Chastelet; sous la plume de Domat, qui établit que des diverses formes de gouvernement, la monarchique est la plus universelle, la plus ancienne, la plus naturelle, la plus utile, et que la monarchie héréditaire de mâle en mâle est le régime par excellence; sous la plume de Bossuet. Le livre deuxième de la *Politique tirée de l'Écriture sainte* a pour titre : « De l'autorité; que la royale et l'héréditaire est la plus propre au gouvernement. » Le précepteur du fils de Louis XIV y démontre, avec cette autorité que les textes sacrés et les exemples historiques donnent à sa parole, que la monarchie est la forme de gouvernement la plus commune, la plus ancienne et la plus naturelle; qu'elle est la meilleure, et que parmi les monarchies, la plus parfaite est l'héréditaire, surtout quand elle va de mâle en mâle et d'aîné en aîné, comme la royauté attachée par succession à la maison de David et de Salomon. Trois principaux avantages font valoir la monarchie héréditaire : elle se perpétue d'elle-même, elle intéresse personnellement le prince à la conservation de l'État, elle assure la dignité des maisons royales et fait tourner en amour et en respect la jalousie naturelle pour ceux qu'on voit au-dessus de soi.

La beauté par excellence de la monarchie consiste dans son unité même, seule capable d'établir l'union parmi les hommes. Écoutons Bossuet, citant les livres bibliques des *Rois* et d'*Esdras* : « Au commencement de Saül et de la puissance légitime, « tout Israël sortit comme un seul « homme. Ils étaient quarante mille hommes, et toute « cette multitude était comme un seul. » Voilà quelle est l'unité d'un peuple, lorsque chacun, renonçant à sa volonté, la transporte et la réunit à celle du prince et du magistrat. » D'autres invoquaient, dans le même sens, « cet ancien oracle » du poète grec :

> Οὐκ ἀγαθὸν πολυκοιρανίη · εἷς κοίρανος ἔστω,
> εἷς βασιλεύς.

L'État de la France, qui donne cette citation, ajoute : « Et certainement, c'est l'ordre établi par la nature, car, comme il n'y a qu'un Dieu au monde et qu'un soleil en l'univers, de même ne doit-il y avoir qu'un roi dans un empire. » Pour Scudéry, la royauté est indivisible « comme le point mathématique, et tout corps qui a plus d'une tête ne doit passer que pour un monstre.... Qui dit monarchie, dit une chose qui ne se sépare point. » L'auteur trop peu connu des *Éléments de la politique* établit l'excellence de l'unité de la monarchie par des arguments d'un ordre plus élevé. « Si cette maxime, tirée des principes de la nature, que plus une chose est une et simple en soi, plus elle a de perfection, est une vérité infaillible, il est constant que tout État monarchique qui, dans l'unité de son prince, représente une première unité, doit être le plus parfait et le plus conforme à nature que tout autre forme de gouvernement. » Il remercie Dieu de l'avoir fait naître dans une monarchie; car cette sorte de police est la seule « qui représente, sous l'unité d'un roi, l'unité de Dieu, et, sous la relation de toutes les parties de son État à lui seul, le rapport qu'ont toutes les parties de l'univers à un seul principe. »

Si la monarchie est la forme idéale du gouvernement humain, le monarque est l'être par excellence de la création, en qui Dieu a déposé des facultés privilégiées et des grâces spéciales. A côté de la religion de la royauté, le XVII° siècle a connu la religion du roi; il a placé le prince au-dessus de la condition humaine. Voici des paroles prononcées à Notre-Dame, en 1657, en présence de l'assemblée générale du clergé de France, du parlement et des autres compagnies souveraines, par un évêque chargé de faire, au nom du roi de France, l'oraison funèbre de Jean IV de Portugal :

« L'homme est une chose très bonne par sa nature, mais le roi est une chose divine. Sa condition est plus excellente que celle des autres, et encore qu'il leur soit semblable par un être également infirme et mortel, Dieu, qui est un admirable ouvrier, l'a particulièrement créé à son image, et il est l'ouvrage accompli de ses mains. »

Devant Louis XIV enfant, tenant son premier lit de justice, le 18 mai 1643, l'avocat général Omer Talon n'avait pas fait entendre un autre langage. « Ces princes souverains, qui sont établis sur la terre pour le gouvernement des peuples, reçoivent tout à coup de la main de Dieu les lumières et les connaissances nécessaires pour la conduite de leurs États, lesquelles s'éteignent par le décès de celui auquel elles sont communiquées... Nous serions malheureux..., si nous n'étions assurés que l'ange protecteur du royaume obtiendra de la bonté divine une nouvelle influence, une vertu particulière, une assistance favorable, pour fortifier avec l'âge le cœur de Votre Majesté... » Louis avait pu lire, dans le roman qui fut composé pour amuser son enfance, que les rois et les princes de la terre étaient favorisés du ciel, par-dessus le commun des hommes, de plusieurs dons et de grâces illustres.

Ces grâces d'état, octroyées directement à chaque roi par la faveur spéciale de Dieu, font penser aux deux esprits que le Dieu des platoniciens, selon Balzac, donnait aux rois pour bien gouverner, ou encore aux deux anges gardiens des rois dont un conseiller de la cour d'Espagne parlait un jour au jeune Philippe V. Tous les plus grands ministres, et même l'archevêque de Tolède devant qui il parlait, bien qu'archevêque, primat du royaume et cardinal, n'avaient qu'un seul ange gardien pour conduire leur personne; mais tous les rois en avaient deux, dont l'un présidait au gouvernement de leur État, et celui-là était beaucoup plus habile que l'autre. Aussi croyait-il, « comme article de foi, » qu'un roi d'une médiocre capacité, par les lumières que cet habile ange lui fournissait continuellement, était plus capable de bien gouverner son État que le meilleur et le plus grand ministre. C'était la même idolâtrie monarchique en France, sous Louis XIII. « Véritablement, il n'y a sous le ciel aucun homme d'esprit sain, qui puisse nier que les princes n'aient plus de perfections que ceux qui leur sont subordonnés.... Quel besoin est-il d'apporter tant d'arguments pour la preuve d'une vérité si évidente? »

Avec de pareilles intempérances de pensée et de langage, on s'explique qu'une mazarinade, sorte de catéchisme politique par demandes et par réponses, ait essayé de remettre les choses au point. « Le Maître. Qu'est-ce que le roi? — Le Disciple. C'est un homme, auquel appartient d'ordonner souverainement de tout ce qui est juste et raisonnable. — M. Pourquoi dites-vous que c'est un homme? — D. Afin qu'on sache que ce n'est pas un dieu, ni demi-dieu, ni d'autre nature que nous, et que sa condition, toute relevée qu'elle est par-dessus celle des hommes, ne le change pas. » Mais des protestations de ce genre comme on en pourrait trouver encore dans d'autres mazarinades, restèrent sans écho au lendemain de la Fronde, et la voix de Bossuet put s'élever, au milieu de l'applaudissement général, pour chanter les grandeurs surhumaines de la royauté et des rois.

Le 2 avril 1662, dans le troisième sermon qu'il prêchait

devant Louis XIV, en la chapelle du Louvre, Bossuet commentait ce verset des *Proverbes* : *Per me reges regnant,* qui inspirait alors tant d'orateurs sacrés, de théologiens et d'écrivains politiques. Non seulement, disait-il, les droits de la royauté sont fixés par les lois de la Sagesse éternelle, mais encore le choix des personnes est un effet de sa providence. « Pour établir cette puissance qui représente la sienne, Dieu met sur le front du souverain et sur leur visage une marque de divinité. C'est pourquoi le patriarche Joseph ne craint point de jurer par la tête et par le salut de Pharaon, comme par une chose sacrée... « Vous « êtes des dieux, dit David, et vous êtes tous enfants du « Très Haut. » Mais, ô dieux de chair et de sang ! ô dieux de terre et de poussière, vous mourrez comme des hommes. N'importe, vous êtes dieux, encore que vous mouriez.... » C'est le même langage, dans les mêmes termes et avec les mêmes textes, qu'il tenait, quelques années plus tard, au fils de Louis XIV. « Je ne sais quoi de divin s'attache au prince.... Je l'ai dit, vous êtes des dieux, c'est-à-dire vous avez dans votre autorité, vous portez sur votre front un caractère divin. »

Que de passages de la *Politique* ont le caractère d'un hymne triomphal de la royauté ! « Le titre de christ est donné aux rois; et on les voit partout appelés les christs ou les oints du Seigneur.... Il faut garder les rois comme des choses sacrées... C'est l'esprit du christianisme de faire respecter les rois avec une espèce de religion que... Tertullien appelle très bien la religion de la seconde majesté. Cette seconde majesté n'est qu'un écoulement de la première, c'est-à-dire de la divine... La majesté est l'image de la grandeur de Dieu dans le prince. » Rappelons encore ce passage où le précepteur du dauphin répétait, avec saint Augustin, qu'il y a une sainteté inhérente au caractère royal, qui ne peut être effacée par aucun crime.

CHAPITRE VII

LE POUVOIR ABSOLU

Le pouvoir du prince est aussi grand que le pouvoir de Dieu. —
Toute autorité est entre les mains du prince. — Définition du
pouvoir royal par Saumaise et par Merlat. — Le monarque représente et renferme tout l'État. — La formule : « Car tel est notre
plaisir. » — Le souverain est le seul législateur. — Conséquences
de ce principe. — Opinion de Le Bret. — « Qui veut le roi, si veut
la loi. » — Le prince est-il soumis à la loi? — La puissance
directive et la puissance coactive de la loi. — Lois que le prince
doit observer.

L E prince est un être dans des conditions toutes spéciales, par sa seule nature de prince, au-dessus de la
nature humaine, immédiatement au-dessous de la nature
divine. Quand on porte la majesté royale « à ce haut point
transcendant et exorbitant, » quelle définition pourra convenir à son pouvoir, si ce n'est celle-là même que l'on
donne du pouvoir de Dieu? « Dieu est le seigneur absolu
de tout l'être créé, et les rois sont les seigneurs absolus de
tout ce qui respire l'air dans toute l'étendue de leur
empire. » C'est, dira-t-on, le langage d'un obscur écrivain
royaliste, répondant aux violences démagogiques de la
Fronde par d'autres exagérations de langage; mais c'est
aussi le langage de tous ceux qui, vers cette époque, se
sont préoccupés, en dehors de toute idée de flatterie, de
définir la royauté. Pour le P. Le Moyne, l'autorité du
prince est « une supériorité inaliénable en tout temps, une

indépendance incommunicable à qui que ce soit; » le prince peut tout, d'une manière absolue, le sujet ne peut rien, d'une manière non moins absolue; car un prince dépendant de son sujet ou un sujet indépendant de son prince, ce sont « deux monstres d'égale difformité dans le monde politique. » Faut-il encore citer Bossuet? Qu'il explique en professeur à son élève la loi royale des Juifs, ou qu'il argumente en polémiste contre Jurieu, sa doctrine est toujours celle de l'autorité absolue. « Qui se fait un prince souverain, lui remet en main tout ensemble et l'autorité souveraine de juger et toutes les forces de l'État... C'est ainsi que pour le bien d'un État, on en réunit en un toute la force... » A Jurieu, qui invoquait les droits de la souveraineté populaire, il répondait que le peuple mettait son salut « à réunir toute sa puissance dans un seul, à qui il transportait tout. » Il alléguait l'exemple des peuples les plus libres, qui, en temps de guerre, accordaient à leurs généraux un pouvoir sans limites, et qui, même en temps de paix, établissaient un magistrat absolu. L'histoire sainte et l'histoire profane le conduisaient aux mêmes affirmations; la monarchie n'est pas autre chose qu'une dictature permanente, avec les caractères de souveraineté et de plénitude dans l'exercice du pouvoir qu'implique l'idée de dictature.

Tous ceux qui admettaient le principe du droit divin des rois aboutissaient aux mêmes conséquences pratiques et traçaient de la monarchie le même idéal; catholiques et protestants, du moment où ils avaient de commun les doctrines gallicanes, comprenaient de la même manière les droits de la royauté. On a entendu le langage d'un père jésuite et d'un grand évêque. Voici celui d'un calviniste : « Qui dit un roi, écrit l'abréviateur anonyme de l'*Apologie* de Saumaise, dit une personne qui a, la seule, la souveraine puissance dans un État et qui n'est sujette à aucune autre puissance que celle de Dieu, dont il dépend uniquement, et à qui seul, par conséquent, il est obligé de rendre compte de ses actions; une personne, dis-je, qui n'est point liée par les lois civiles, qui peut impunément faire ce qui lui plaît sans craindre la justice des hommes... Ce sont là les droits de la royauté, reconnus par tous les peuples qui ont reçu le gouvernement monarchique et observés religieusement comme une loi inviolable. » La conclusion est expressive. L'auteur y invoque et l'autorité divine de l'Écriture sainte, et la pratique des fidèles de l'ancienne Alliance, des premiers chrétiens et de Jésus-Christ, et le droit des gens, et le consentement de tous les siècles et de tous les peuples, et le témoignage des théologiens, des philosophes, des poètes, des orateurs, des jurisconsultes sacrés ou profanes, anciens ou modernes, — il veut bien ajouter toutefois : « excepté un petit nombre des derniers, » — et la tradition universelle, constante et invariable de l'Église catholique, et les sentiments des conciles, et les définitions des universités, et les principes du bon sens, et l'expérience de tous les temps, pour conclure, sur tous ces fondements, que la personne des rois est sacrée, leur autorité inviolable, leur souveraineté absolue.

L'auteur du *Traité du pouvoir absolu des souverains*, qui était, lui aussi, un calviniste, n'avait d'autre dessein que d'établir avec la Bible, avec la raison et, le cas se présentant, avec les théories de Hobbes, des vérités que, en son âme et conscience, il déclarait indubitables. Or, il définit ainsi le pouvoir absolu du souverain, en imprimant cette définition en italique : « *Cette éminence et cette immense dignité qui les élève à tel point au-dessus de leurs sujets qu'il n'y a nulle proportion des uns aux autres, ni aucune loi commune qui puisse permettre que les peuples aient droit de régler la volonté et les actions de leurs princes...* » Il dit encore que la thèse qu'il se propose d'établir, c'est que les souverains, à qui Dieu a permis de parvenir au pouvoir absolu, « n'ont aucune loi qui les règle à l'égard de leurs sujets. » Qu'un catholique français, d'opinions gallicanes, désireux de se faire bien venir en cour, eût rédigé ce code de l'absolutisme : la chose paraîtrait naturelle et serait mise au rang de ces actes de superstition monarchique que le régime de Louis XIV fit naître parmi ceux qui en recueillaient les avantages; mais le livre, on le sait, est d'un pasteur, banni de France pour la religion, heureux de vivre à Lausanne, sous un gouvernement républicain dont il vantait la douceur, et écrivant en cette année 1685, fatale à ses coreligionnaires. Il faut le croire quand il dit que c'est la « force de la persuasion » qui le fait parler. Son *Traité* est un plaidoyer en faveur de la souveraineté absolue des rois, moins éloquent certes et moins clairement ordonné, mais plus significatif que la *Politique* de Bossuet ou que tout autre ouvrage de circonstance.

Précisons à présent quelques-unes des manifestations de cette puissance absolue. Un caractère qui frappe avant tous les autres, c'est l'absorption de tous les membres de la société politique dans la personne du souverain. « Un monarque ne doit pas être considéré comme un seul homme, mais comme celui qui représente toute la république. » Il la représente toute, en effet, et il la renferme toute en lui, comme l'exprime d'une manière naïve, mais frappante, une gravure symbolique qui sert de frontispice à une édition de la traduction française du *Corps politique* de Hobbes. Un géant est représenté à mi-corps sortant d'une montagne; devant lui, un paysage où l'on aperçoit une ville avec une église. Sur la tête, il porte une couronne royale; à la main droite, une épée; à la main gauche, une balance : c'est l'image d'un roi. Ce roi a le buste et les deux bras remplis d'une infinité de personnages tout petits, gens de toute condition, hommes, femmes, enfants, soldats, gens d'église, qui vivent entassés les uns sur les autres et enfermés à l'intérieur des membres du géant. C'est bien là, et avec beaucoup de justesse, la transcription figurée de l'idée maîtresse de l'auteur du *De Cive*. Lors de l'état de nature, l'autorité souveraine résidait dans l'ensemble de tous les particuliers; mais cet état a cédé nécessairement la place à une forme politique de société civile, où le souverain a réuni en lui tous les droits, tous les pouvoirs, toutes les volontés. Dès lors, tout l'État est en lui, n'est que par lui, ne peut être en dehors de lui; l'État, c'est le géant-roi, dont les membres sont peuplés de milliers et de milliers d'individus.

On aurait pu reproduire cette curieuse gravure à côté de certains passages de la *Politique* de Bossuet, comme à côté de celui-ci : « Le prince, en tant que prince, n'est pas regardé comme un homme particulier : c'est un personnage public; tout l'État est en lui; la volonté de tout le peuple est renfermée dans la sienne. Comme en Dieu est réunie toute perfection et toute vertu, ainsi toute la puissance des particuliers est réunie en la personne du prince. Quelle grandeur qu'un seul homme en contienne tant! » Tout l'État est en lui : ce mot seul dit tout. Ce n'est ni Hobbes ni Bossuet qui auraient été choqués du mot fameux, s'il a été jamais prononcé : L'État, c'est moi. Pour l'un et pour l'autre, il aurait été une formule expressive, résumant, avec autant de vérité que de concision, une partie fondamentale de leurs théories, l'identité de l'État et du souverain.

A combien d'autres aurait pu convenir cette incarnation visible de toutes les parties de l'État dans la personne du prince! Car cela est un dogme que les écrivains politiques de tous les partis, théologiens gallicans ou non, légistes, philosophes, professent avec une égale conviction. Sans rappeler ni Gerson, pour qui le roi n'est pas une personne privée, mais bien un pouvoir public, ni Jacques Almain, disant que le pouvoir dont use le roi est le pouvoir même de la nation, ni les canonistes, aux yeux de qui le prince tient la place du peuple, citons seulement quelques contemporains de Louis XIV.

D'après un traité très favorable au gallicanisme, le prince représente seul tout son peuple, il en a tous les droits réunis dans sa personne, ainsi, par une conséquence inattendue, le droit souverain et exclusif de nommer les évêques, à titre de représentant du peuple, qui jadis élisait ses pasteurs. Que le citoyen homme de bien aime son prince de toute son affection, et qu'en l'aimant il aime

aussi l'État : c'est ce que démontrait, en 1652, un docteur
en théologie au cours d'une oraison funèbre.

> *« Nam res est publica Cæsar*
> *Et de communi pars quoque nostra bono est.*

La république est dans le roi, *in quo et respublica et nos
sumus*, comme parle Pline dans son Panégyrique à Trajan ;
et nous sommes tous en lui et en sa personne royale. Car,
comme la sacrée personne de Jésus-Christ n'est pas seulement lui-même, comme particulier de la nature humaine
et comme fils de la Vierge, c'est avec lui tout le corps des
fidèles..., selon la perpétuelle doctrine du grand saint
Augustin, *caput et corpus unus est Christus* ; ainsi, la personne des rois n'est pas seulement ce qu'ils sont en leur
particulier, c'est en quelque véritable manière tout le
corps civil et politique de leurs sujets.... » C'est cette réu-
nion des sujets dans la personne du prince qui explique,
d'après un écrivain du temps, que les rois de France se
servent, dans la rédaction de leurs actes, de la formule
du pluriel « Nous, » bien plus légitime à ses yeux que le
singulier « Je » et que le « Yo » des rois Catholiques.

Une autre preuve de cette identité de l'État et du roi
est, selon le même auteur, l'emploi de la formule qui terminait en France les ordonnances royales : « Car tel est
notre plaisir. » Elle montre que ce n'est pas seulement la
volonté de la personne du roi, mais encore la volonté de
tout l'État et de tous ses peuples qui sont parfaitement
unis à sa gloire et à ses intérêts. « Ce qui est, à mon avis,
bien digne d'être remarqué, quoique peu de personnes y
aient pris garde jusqu'ici. » Cependant les contemporains
de Louis XIV avaient beaucoup disserté sur le sens de
cette formule ; les uns avaient vu dans le mot « plaisir »
le vestige persistant de la souveraineté nationale, les
autres, la marque incontestable de la toute-puissance de
la volonté royale. Pour ceux-ci, c'est l'équivalent et comme
la traduction du fameux vers :

> *Hoc volo, sic jubeo : sit pro ratione voluntas.*

Si le prince n'a pas le droit de dire : Tel est notre plaisir, et de donner, quand il le veut, « pour raison, volonté, » c'est qu'alors il y a un pouvoir qui s'interpose entre Dieu et lui ; il ne peut plus se dire absolu, il n'est roi qu'en apparence, ce sont d'autres qui règnent en réalité. Le *Sit pro ratione voluntas* fait partie de ce « dictionnaire » de Machiavel où la politique du grand roi va puiser ses maximes, au dire des pamphlétaires allemands. Pour l'un d'eux, le vers de Juvénal est-ce qu'on appelle en France « les raisons ; » pour un autre, qui prétend dresser un recueil de nos maximes politiques sous ce titre, *la Métempsychose de Machiavel en Louis XIV*, les Français doivent se tenir pour satisfaits — c'est le douzième de leurs axiomes — quand le roi leur a dit qu'il le voulait ainsi, « Car ainsi nous plaît-il, Ainsi est notre plaisir. » Gregorio Leti, ce publiciste qui a encensé Louis XIV dans le plus emphatique des panégyriques et qui l'a insulté ensuite, lui et la France, dans de nombreux libelles, plaint l'état d'infortune et le malheur des Français, vivant sous un prince qui règne avec une maxime aussi arbitraire : Tel est notre plaisir.

Une curieuse mazarinade avait déjà relevé cette injure que les autres peuples adressaient à la France « comme la marque de notre esclavage, » quand ils parlaient de cette clause « impérieuse, » placée à la fin des ordonnances. « De penser que ce mot de « car » soit une causative, qui influe un caractère d'autorité aux lettres [royaux] et qui tienne lieu d'une raison inéluctable, il n'y a point d'apparence. » Faisant allusion aux querelles des puristes du temps, le libelliste ajoutait : « Et c'est ce « car » -là qu'on pourrait justement abandonner à la correction des docteurs de l'Académie, non seulement comme inutile, mais comme de pernicieuse conséquence. » Ce passage fait penser à Voiture, qui, dans sa lettre connue à Mlle de Rambouillet, s'indignait de voir « faire le procès à un mot qui a si utilement servi cette monarchie, et qui s'est toujours montré bon Français. »

Un débat plus grave portait sur le sens même de « plaisir. » Les théoriciens de la monarchie absolue en faisaient le synonyme de bon plaisir, de caprice; ce qui revenait à dire que le droit à l'arbitraire était officiellement inscrit en France dans les actes de l'autorité royale. Pour d'autres, ce n'était que la transcription de la formule latine, *tale est placitum nostrum*, c'est-à-dire tel est l'avis de notre conseil; c'est la thèse soutenue par l'éloquent polémiste qui a écrit, sous le titre de *Soupirs de la France esclave*, le chef-d'œuvre de la littérature pamphlétaire à l'époque de Louis XIV et l'un des plus vigoureux réquisitoires contre la monarchie absolue :

« Ces assemblées générales qu'on appelle aujourd'hui les états, s'appelaient au commencement *placitum*.... Et qui doute que de là ne soit venue cette superbe clause des arrêts de nos rois et de leurs ordonnances : Car tel est notre plaisir? Dans les anciens temps, on écrivait les arrêts et les ordonnances en latin, et même tous les actes publics. Ce n'est que du siècle passé que la coutume en est abolie. On écrivait donc en latin : *tale est placitum nostrum*. Ce qui ne signifiait pas comme aujourd'hui : telle est notre volonté, mais : tel est le résultat de notre assemblée, ou : telle est la volonté et le décret de nos assemblées.... C'était donc un terme consacré aux arrêts qui se faisaient dans les états assemblés. Ensuite, les rois l'ont employé généralement dans toutes leurs ordonnances, et l'ont paraphrasé par ces paroles : « Nous vou« lons, entendons, commandons de notre pleine puissance « et autorité absolue, » paroles odieuses et qui sentent la tyrannie. »

Il ne paraît pas douteux que l'étymologie et l'histoire ne donnent raison à cette théorie des *Soupirs de la France esclave*; on remarquera à ce propos, comme un rapprochement intéressant et assez inattendu, que ce sont, à peu près textuellement, les mêmes expressions avec lesquelles Du Cange définit le mot *placitum* et la formule entière dans son *Glossarium*, dont la première édition parut en 1678. Mais ce sens archéologique n'avait déjà plus, au xviie siècle, qu'un intérêt rétrospectif; le sens actuel était, d'une manière incontestable, volonté, non pas volonté capricieuse ou arbitraire, se déterminant au hasard, pour obéir à telle fantaisie, mais volonté réfléchie d'un roi exprimant un ordre souverain. Un conseiller du parlement de Bordeaux, qui dédiait à Louis XIII un volumineux traité pour le mettre en garde contre les flatteurs, reconnaissait dans cette formule l'expression de « la pure et franche volonté » du roi; Fortin de la Hoguette, qui n'était pas davantage un courtisan, disait de ces mots, qu'ils étaient si essentiels à la royauté que l'autorité souveraine ne pouvait s'exprimer que par eux.

Aussi bien, il ne peut y avoir de doute sur le sens de cette expression au xviie siècle, puisque c'est un principe admis de la grande majorité des écrivains politiques, que c'est le souverain, le souverain seul et nul autre, qui fait la loi. La Constituante dira que la loi est l'expression de la volonté générale; à l'époque où nous sommes, la théorie régnante est que la loi est l'expression de la volonté d'un individu.

A Deo rex, a rege lex : la célèbre formule pose deux thèses fondamentales dans le gallicanisme, le droit divin des rois et la souveraineté législative des rois. Le P. Le Moyne, avec ce ton enjoué qu'il emploie parfois dans les questions de la politique comme dans celles de la religion, expose à cet égard un curieux système généalogique, qu'il dit emprunter au philosophe stoïcien Numenius. A en croire « ce galant homme, » le prince vient de Dieu, la loi vient du prince, la justice vient de la loi et la félicité de la justice. « Le droit des gens est une preuve assez visible des trois premiers degrés, et le dernier se vérifie assez par l'expérience. » L'opinion du philosophe stoïcien était celle de tous les défenseurs du régime monarchique. Ils ne reculaient même pas devant le troisième terme de cette généalogie, celui qui, par une singulière aberration d'esprit, faisait découler la justice de la loi et non la loi de la justice. La force de la loi, suivant l'expression de l'un d'eux, « n'est pas formellement dans sa justice, mais dans l'autorité du législateur. » C'est le même publiciste qui, parlant de la *nomothétique* ou de la puissance de donner des lois, déclarait qu'on ne saurait la reconnaître dans les princes sans convenir en même temps que leur pouvoir est illimité; car les lois des princes entraînent l'obéissance, non parce que les ordres qu'elles contiennent paraissent justes, mais parce qu'elles sont les lois des princes.

Que le prince fait la loi, qu'il la fait avec une pleine autorité, qu'il est seul à la faire : rien de plus logique et de plus évident dans le système politique de Hobbes. Une société civile ne peut se passer de lois; c'est même là sa raison d'être essentielle. Le chef de cette société, étant tout ce que cette société était, a tout ce qu'elle avait avant qu'elle se fût constituée politiquement; et par définition, elle-même n'est plus rien et n'a plus rien. Le pouvoir souverain de faire des lois, comme tout autre pouvoir, est donc dévolu en entier au prince seul. Quiconque le partagerait avec lui, d'une manière quelconque, participerait à sa souveraineté; ce qui serait absurde, car il n'y a pas de souveraineté à côté de la souveraineté. Une fois encore, le prince seul a tout ce pouvoir. Suivons les conséquences. La coutume, quelque ancienne qu'elle soit, n'a de valeur légale que si elle est ratifiée par l'autorité du prince; il en est de même des lois d'un prince prédécesseur à l'égard d'un prince successeur. Comme le prince seul fait la loi, il ne s'agit ni de la ratifier ni de l'autoriser d'autre part. Qui pourrait, en effet, la ratifier, si le peuple n'est plus, du moment que le prince est? Ne serait-il pas ridicule de dire que le sujet ne doit obéissance à son prince qu'autant qu'il a accepté son commandement? Pour accepter la loi, ne faudrait-il pas que les sujets eussent le droit de juger la loi et par suite celui qui l'a faite? N'est-ce pas un principe qu'on ne peut nier, que la volonté du prince contient celle de ses sujets, en sorte qu'ils sont censés vouloir tout ce que le prince veut? Donc, la loi est et demeure la loi, avec son caractère rigoureusement obligatoire, par le fait même et unique de sa publication.

Autres conséquences. Le prince qui fait la loi peut la défaire; sinon, sa souveraineté serait limitée; et seul, le prince le peut. La loi cesse par suite d'être loi aussitôt qu'il l'a abrogée. Le prince peut dispenser tels ou tels de l'observation de la loi, car s'il a le droit de l'abrogation totale, *a fortiori* il a celui de l'abrogation particielle ou de la dispense. Enfin, le prince seul a le droit d'interpréter la loi; car interpréter la loi, soit pour la restreindre, soit pour l'étendre, en un mot pour la préciser et l'appliquer à un cas spécial, c'est faire acte de législateur, et personne autre, disons-le encore, ne saurait légiférer que le prince. En résumé, la vraie et seule définition de la loi est celle-ci : c'est la déclaration de la volonté du prince.

Le philosophe qui raisonnait ainsi était un théoricien qui voulait établir *a priori* le meilleur mode de gouvernement, et qui, d'un principe une fois posé, déduisait, avec une impitoyable rigueur et sans se laisser arrêter par rien, les conséquences les plus lointaines comme les plus immédiates. On peut donc dire que sa thèse tout entière, depuis les prémisses jusqu'à la conclusion, n'a que la valeur subjective d'une conception personnelle. Ce qui pourra paraître plus curieux et plus probant, c'est que d'autres écrivains, qui n'étaient ni des utopistes ni des philosophes, mais, si l'on peut dire, des hommes d'affaires, passant leur vie à administrer et à juger, aient eu la même opinion, et qu'ils l'aient exprimée dans des termes presque identiques. C'est le cas de Le Bret, avocat général à la cour des aides, puis conseiller d'État; dans son traité *De la Souveraineté du roi* (1642), il établit, avec autant de rigueur que Hobbes, qu'il n'appartient qu'au roi de faire des lois dans le royaume, de les changer, de les interpréter.

Les arguments de Le Bret sont empruntés à trois sources : le droit populaire, le gallicanisme, la *lex regia*. A l'époque où les peuples jouissaient de la puissance souveraine, c'étaient naturellement eux-mêmes et eux seuls qui disposaient du pouvoir législatif. Puis, Dieu a établi des rois sur les peuples, qui ont été privés, par cela même, de ce droit de souveraineté et qui n'ont plus eu désormais d'autres lois que les commandements de leurs rois. Ici se place, à titre de preuve, le texte d'Ulpien sur la *lex regia*, qui a transféré tout pouvoir au prince. S'il arrive des contestations sur le sens des termes des lois, il appartient aux rois seuls de les expliquer « et de leur donner telle interprétation qu'ils veulent. » Le roi peut-il procéder ainsi de sa seule autorité, sans l'avis de son conseil et de ses cours souveraines? Il n'y a pas à en douter, car le roi est seul souverain dans son royaume, et la souveraineté n'est « non plus divisible que le point en la géométrie. » Il eût été difficile à un membre des cours souveraines de faire complètement table rase du fameux droit d'enregistrement, qui a suscité tant d'orages au temps de Richelieu et de Louis XIV; il le mentionne, en effet, mais avec combien de timidité! Il sera toujours « bienséant » à un grand roi de faire approuver par ses parlements ses lois et ses édits. A cette raison de convenance, l'auteur ajoute l'autorité d'un exemple historique : l'empereur Théodose en usait toujours de la sorte. Il n'en reste pas moins établi comme un axiome, que le droit de faire, de publier, de corriger, d'interpréter la loi, demeure, essentiellement et souverainement, dans la seule autorité du roi. Une mazarinade le dit encore en termes caractéristiques : la puissance de faire des lois est un effet de l'autorité absolue, qui réside dans la seule personne du prince; elle est « incommunicable à qui que ce soit. »

Une sentence de notre ancien droit politique définit ainsi cette autorité souveraine du roi en matière législative : « Qui veut le roi, si veut la loi. » C'est par cet axiome, comme étant la base par excellence du régime monarchique, que s'ouvrent les *Institutes coutumières* de Loysel. On a disserté, au temps même de Louis XIV, sur le sens de cette règle. L'opinion de Claude Joly, petit-fils et éditeur de Loysel, a déjà été rapportée, qui prétend que ces mots veulent simplement dire que le roi doit gouverner suivant la disposition de la loi, que sa volonté et la loi doivent se confondre, et non pas que la loi n'est rien autre chose que sa volonté. C'est aussi l'explication d'un autre commentateur de Loysel, qui disait que la loi était la volonté du roi et non pas que la volonté du roi était une loi. Cependant cette interprétation libérale ne trouva que très peu d'adhérents. Ce n'était pas celle d'un légiste du temps, qui exprimait à nouveau ce principe sous cette forme non équivoque : La volonté du roi vaut loi. Ce n'était pas davantage celle d'Eusèbe de Laurière, dont le commentaire des *Institutes* fut autant estimé que le texte de Loysel, et qui, à ce propos, rappelait le passage des *Institutes* de Justinien : *Quod principi placuit, legis habet vigorem.* Ce n'était pas enfin, comme on l'a vu, l'opinion de Le Bret et des théoriciens de la monarchie absolue.

Si l'interprétation la plus accréditée de la formule de Loysel n'avait pas été que la volonté du roi doit être acceptée comme une loi, on n'aurait point eu à discuter la question de savoir si le prince est soumis à la loi, et l'on n'aurait pas trouvé des arguments pour la résoudre par la négative.

Le système de Spinoza pour la formation d'une société le conduit à cette conséquence très simple, qu'il exprime lui-même ainsi : le souverain est au-dessus des lois. De même, les *Essais de morale et de politique*, écho fidèle des idées de Hobbes, n'ont pas d'hésitation à cet égard. Le prince peut à son gré faire les lois, les abroger, les suspendre pour qui bon lui semble. Or, rien ne l'empêche de s'en dispenser lui-même. Donc, le prince n'est pas sujet aux lois. Autre manière de raisonner. Personne n'est obligé à soi-même; or, la loi n'est pas autre chose que l'obligation imposée par le prince; comment admettre que le prince soit soumis à ses propres lois, c'est-à-dire se commande à soi-même? Cependant le disciple de Hobbes est bien forcé d'avouer que la conduite d'un prince qui

passe par-dessus les lois de son État est « un peu tyrannique, » et que le prince qui ne veut pas faire appréhender
à ses sujets tous les maux de la tyrannie, consent à vivre
selon les lois de son État. Les paroles de Justinien : *Licet
legibus soluti simus, attamen legibus vivimus*, lui paraissent
très dignes d'un véritable monarque; il estime, en fin de
compte, qu'il est très à propos que le prince suive les lois
de son État, parce qu'il y va de sa réputation de bon
prince; mais il ne dépend que de lui-même d'être juge de
l'opportunité à respecter ou non, dans telle circonstance,
les lois qu'il a portées.

Grotius encore ne voyait dans le respect de la loi, de la
part du souverain, qu'un simple devoir de bienséance. Le
magistrat politique est-il libre de ne pas se soumettre aux
lois dans les applications particulières qui peuvent se
présenter? Je réponds avec l'apôtre saint Paul « qu'il le
peut, mais que cela ne convient pas, étant contraire à
l'édification, » ou je réponds avec Paul le jurisconsulte :
« Il lui est à la vérité permis, mais il n'est pas décent. »

Il serait facile de trouver dans les pamphlets de la
Fronde plus d'un passage établissant la thèse contraire,
que les lois sont faites aussi bien pour les princes que
pour leurs sujets et qu'elles s'appliquent aux uns et aux
autres. « Il ne faut pas faire de la loi une toile d'araignée,
au travers de laquelle les gros passent et les petits
demeurent.... Faut nécessairement que le prince y soit
sujet, d'autant que son autorité sourd de là.... » Une
mazarinade qui prend à partie le P. Faure, confesseur de
la reine, affirme que les lois sont aussi bien pour les rois
que pour le peuple, et que, quand une loi est « forcée, »
l'État est réduit à néant. On rappelle aux rois l'exemple de
Dieu, qui, dans la conduite de l'univers, « a commandé
une seule fois, pour obéir toujours. » Le *semel jussit,
semper paret*, est encore cité par le *Manuel du bon citoyen*. Il
est plus intéressant de relever la même citation sous la
plume du cardinal de Retz, ou, accompagnée d'un commentaire, dans les *Fragments sur l'origine et l'usage des*

remontrances du chancelier d'Aguesseau. Toute la substance du gouvernement français, dit le célèbre magistrat, est contenue dans ces deux principes : l'un, que le gouvernement est purement monarchique, le roi ne devant compte de sa conduite qu'à Dieu seul; l'autre, que cette puissance suprême est tempérée uniquement par les lois que nos rois se dictent à eux-mêmes comme à leurs peuples, « en sorte qu'il n'y a pas de monarques qui puissent dire plus véritablement, à l'exemple des empereurs romains : « Quoique « au-dessus des lois, nous vivons cependant sous les « lois.... » C'était ce que Sénèque avait dit avant eux, lorsque, en appliquant la même pensée à Dieu même, dont les rois sont les images, il s'expliquait de cette manière : « Il a écrit, à la vérité, les destinées, mais il les suit; il a « commandé une fois et il obéit toujours. *Scripsit quidem* « *fata, sed sequitur; semel jussit, semper paret.* » Fortin de la Hoguette aurait souscrit à ces paroles, lui qui écrit que la religion chrétienne apprend aux rois qu'ils ne sont simplement que les dépositaires des lois et que, loin d'en être les maîtres, ils leur doivent, au contraire, une soumission complète.

Si Louis XIV avait lu le *Recueil des maximes véritables et importantes* que Claude Joly avait composé pour son éducation, il y aurait trouvé, au chapitre v, de longs développements, historiques et dogmatiques, pour établir que les rois sont sujets aux lois, et que le fameux *legibus soluti*, que quelques empereurs romains avaient voulu établir comme une croyance dans les esprits des peuples, n'était qu'une prétention dont il ne fallait pas faire beaucoup de cas; il y aurait vu aussi ce quatrain de Pibrac, « qui fut un des plus sages magistrats et conseillers d'État qui ait été en France, et des plus affectionnés et jaloux de l'autorité de nos rois :

> Je hais ces mots : De puissance absolue,
> De plein pouvoir, de propre mouvement,
> Aux saints décrets ils ont premièrement,
> Puis à nos lois, la puissance tollue. »

Le jeune roi a peut-être eu entre les mains les exercices de traduction qui avaient été imprimés sous le nom de son père, quand celui-ci était un enfant d'une douzaine d'années; peut-être a-t-il vu dans les versions du jeune Louis XIII cette sentence morale, empruntée aux empereurs Théodose et Valentinien : « C'est une parole digne de la majesté d'un roi, se connaître, étant prince, sujet aux lois. » Plus tard, quand il était au comble de la puissance, a-t-il lu ces paroles qui s'adressaient sans doute à son petit-fils, mais qui n'avaient pu être écrites sans que Fénelon ait pensé au grand-père? « Le roi peut tout sur les peuples, mais les lois peuvent tout sur lui.... Ceux qui ont dans leurs mains des lois pour gouverner les peuples doivent toujours se laisser gouverner eux-mêmes par les lois. C'est la loi et non pas l'homme qui doit régner. » Du moins, Louis XIV entendit, et à plusieurs reprises, les belles paroles que le grand-prêtre Joad adressait au jeune roi Joas.

> De l'absolu pouvoir vous ignorez l'ivresse,
> Et des lâches flatteurs la voix enchanteresse.
> Bientôt ils vous diront que les plus saintes lois,
> Maîtresses du vil peuple, obéissent aux rois;
> Qu'un roi n'a d'autre frein que sa volonté même;
> Qu'il doit immoler tout à sa grandeur suprême...

Il y avait sur ces relations du roi et de la loi une sorte de doctrine officielle, qui remontait à l'enseignement de la scolastique et qui avait conservé tout son crédit au xvii° siècle. Saint Thomas d'Aquin, examinant la question de savoir si tous les hommes sont soumis à la loi et cherchant à concilier les assertions contradictoires du *Digeste* et de l'*Épître aux Romains*, avait distingué dans la loi la puissance « directive, » *vis directiva*, c'est-à-dire l'ordre même donné par la loi, et la puissance « coactive, » *vis coactiva*, c'est-à-dire la sanction attachée à la violation de l'ordre de la loi. Le prince est affranchi de la loi, en ce qui concerne la puissance coactive; car personne ne peut être obligé par soi-même, et la loi, d'autre part, n'a de puissance coactive qu'en vertu du pouvoir du prince. En ce sens, le prince n'est pas soumis à la loi, puisque personne ne peut le condamner s'il agit contre la loi; ou encore, suivant une autre opinion qui ajoute un argument de plus à cette thèse, parce qu'il y a présomption que le prince ne peut pas mal faire. Quant à la puissance directive de la loi, le prince y est soumis, ou plutôt il s'y soumet par sa propre volonté. *Patere legem quam ipse tuleris.* Le Seigneur a condamné « ceux qui disent et ne font pas. » En vertu même de la loi de Dieu, le prince n'est pas soustrait à la puissance directive de la loi; mais il doit s'y soumettre de lui-même, volontairement. Le docteur angélique ajoute que le prince est au-dessus de la loi, en ce sens qu'il peut, si l'intérêt est de le faire, changer la loi, dispenser de son observation, suivant les circonstances. Notons simplement ce dernier point; on aura l'occasion de parler des controverses que ce droit du prince a suscitées, au milieu du règne de Louis XIV, à propos de la légitimité de l'acte de la Révocation.

Cette doctrine se trouve reproduite dans tous les traités de politique ou de morale des théologiens catholiques. C'est celle que Bossuet exposait au fils de Louis XIV, quand il établissait, avec les textes sacrés, qu'il n'y a point de force coactive contre le prince, mais que les rois ne sont pas pour cela affranchis des lois, en ce qui regarde la puissance directive; du moins, c'est un devoir du prince d'être juste et il doit aux peuples l'exemple de garder la justice. Déjà, du haut de la chaire du Louvre, Bossuet avait parlé au roi lui-même, en présence de la cour, de ce devoir d'observer la loi; il lui avait dit avec saint Ambroise : « Le prince doit bien méditer qu'il n'est pas dispensé des lois; mais que, lorsqu'il cesse de leur obéir, il semble en dispenser tout le monde par l'autorité de son exemple. » Devant le père comme devant le fils, l'orateur sacré ou le philosophe chrétien avait fait appel simplement à ce devoir de conscience qu'a le prince de servir d'exemple à autrui; il n'avait pas dit que la loi eût le même caractère obligatoire pour le prince comme pour le sujet.

Les gens de robe, malgré tous les débats que faisaient naître l'enregistrement des lois et les remontrances des parlements, n'avaient pas une opinion bien différente de celle des théologiens. Pendant la Fronde, des esprits audacieux avaient pu soutenir, en plein parlement, que le roi était « au-dessous de la loi; » mais c'étaient des propositions « contraires à l'autorité souveraine. » Même en ces temps agités, les conseillers des parlements auraient répété le langage de leurs prédécesseurs à François Iᵉʳ, en 1527, quand ils lui présentaient des remontrances. « Nous ne voulons pas révoquer en doute ou disputer de votre puissance; ce serait espèce de sacrilège, et savons bien que vous êtes par-dessus les lois, et que les lois et ordonnances ne vous peuvent contraindre, et n'y êtes contraint par puissance coactive; mais entendons dire que vous ne devez ou ne voulez pas devoir tout ce que vous pouvez. » Le Bret, traitant cette question, a reproduit, lui aussi, la théorie de saint Thomas d'Aquin : le prince ne saurait être sujet à la rigueur des lois, parce qu'il ne peut appliquer sur lui-même les peines que les lois ordonnent, mais il lui est « toujours bienséant » de suivre les lois et de les observer. Encore faut-il savoir que ce devoir de convenance ne s'applique pas aux lois particulières, faites pour telles occasions qui peuvent se présenter; ces lois peuvent changer, « les causes d'icelles venant à cesser. » Le devoir du prince s'applique aux lois d'un caractère général.

Que faut-il entendre par cette expression de lois générales? Ce sont les lois de Dieu, les lois de la nature et du droit des gens, les lois fondamentales de la monarchie, celles-là seules et non pas d'autres. Cela est un point capital de la doctrine monarchique, sur lequel les écrivains politiques de tous les partis sont d'accord. Le légiste Charles Loyseau l'a défini avec une précision

toute particulière; voici comme il s'exprime, dans son
Traité des Seigneuries, dont Claude Joly publiait encore
une nouvelle édition en 1666. « La souveraineté consiste en
puissance absolue, c'est-à-dire parfaite et entière de tout
point, que les canonistes appellent plénitude de puissance.... Et comme la couronne ne peut être si son cercle
n'est entier, aussi la souveraineté n'est point si quelque
chose y défaut. Toutefois, comme il n'y a que Dieu qui
soit tout-puissant et que la puissance des hommes ne
peut être absolue tout à fait, il y a trois sortes de lois
qui bornent la puissance du souverain sans intéresser
la souveraineté. A savoir, les lois de Dieu, parce que le
prince n'est pas moins souverain pour être sujet à Dieu;
les règles de justice naturelles et non positives, parce
que c'est le propre de la seigneurie publique d'être
exercée par justice et non pas à discrétion; et finalement,
les lois fondamentales de l'État, parce que le prince doit
user de sa souveraineté selon la propre nature et en la
forme et aux conditions qu'elle est établie. » Omer Talon
rappelait au jeune roi, tenant son premier lit de justice,
que la réputation du prince était engagée à s'abstenir de
« toutes sortes de nouveautés contraires aux lois anciennes
et ordinaires de l'État, qui sont les fondements de la
monarchie. »

Quand on veut savoir ce qu'il faut entendre par ces lois
fondamentales de l'État, que tout le monde rappelle, par.
exemple à l'époque de la Fronde, soit parmi les partisans,
soit parmi les adversaires de la monarchie absolue, il est
impossible d'avoir une réponse précise. On en invoque
l'autorité intangible, à propos de la loi salique, à propos
de l'impuissance du prince à aliéner une parcelle quelconque du territoire, à propos de tels droits de la couronne. En réalité, ces lois fondamentales, toujours rappelées et jamais citées, ne différaient pas beaucoup des
fameux cas royaux, qui appartenaient « à souverain prince
et à nul autre, » suivant la définition célèbre que la royauté
capétienne avait consenti une fois à en donner; les lois

fondamentales étaient celles qui se trouvaient dans les fondements de l'État et non autre part.

Quant aux commandements de Dieu, quant aux lois de la nature et du droit des gens, dont les mazarinades ou les *Lettres pastorales* entendaient faire une barrière aux caprices du pouvoir absolu, quelle valeur leur accorder pour la conduite journalière du souverain? Ce n'étaient que des prescriptions d'un caractère très général, dont l'application pouvait différer suivant les circonstances, et dont l'interprétation dépendait toujours et uniquement de celui qui devait les appliquer.

Au fond, la théorie du césarisme romain était restée la théorie monarchique : le prince peut observer les lois, il peut s'en affranchir. Dans les deux cas, sa conduite ne dépend que de lui seul; mais, comme on le suppose intelligent et juste, on admet qu'il se soumet de lui-même au respect de la loi. On pourrait se servir déjà d'un mot du XVIIIe siècle pour caractériser ce système : le despotisme est ou doit être éclairé, mais il est et il reste le despotisme.

CHAPITRE VIII

LES DROITS DU SOUVERAIN

Le prince, maître absolu des biens et des vies de ses sujets; « par sa clémence, » il leur en « souffre l'usufruit. » — Débats sur cette question pendant la Fronde. — Discussion d'un passage des *Rois*. — Les biens des particuliers dans la théorie de Hobbes. — Le droit de vie et de mort. — La question dans Silhon, Hobbes, Merlat. — Exemples : don Carlos, Concini, Monaldeschi. — Opinion de Leibniz sur l'affaire de Monaldeschi. — La raison d'État. — Naudé, Priézac, Amelot de la Houssaye. — *Salus populi, suprema lex.* — Conséquences de la raison d'État. — Pas de recours possible contre le prince. — Injusticiabilité et anypeythynie. — Le roi responsable devant Dieu seul : *Tibi soli peccavi.*

DE la doctrine sur les rapports du prince et de la loi une conséquence se tire, qui pourra paraître monstrueuse, mais qui s'en déduit rigoureusement : le prince est maître absolu des biens et des vies de ses sujets. Dire que le prince est « maître absolu de tous les biens de ses sujets, sans égards, sans compte ni discussion, c'est le langage de la flatterie, c'est l'opinion d'un favori qui se dédira à l'agonie. » La Bruyère savait cependant que les flatteurs n'étaient pas seuls à répéter cette maxime; de graves écrivains politiques l'établissaient dans des traités qui n'étaient en rien des œuvres de courtisans.

Ce pouvoir absolu du prince sur les choses et sur les personnes est une thèse débattue passionnément pendant la Fronde. Sous le ministère de Richelieu, Le Bret avait qualifié de honteuse et servile flatterie l'opinion que les

sujets ne possédaient leurs biens qu'à titre de précaire et
d'usufruit et que la propriété en appartenait au prince
par droit de souveraineté. Il rappelait l'histoire d'Achab,
roi de Samarie, qui s'était emparé par un crime de la
vigne de Naboth et à qui Dieu avait fait connaître, par la
bouche d'Élie, sa colère et sa malédiction. Sa conclusion
était que le prince a bien la juridiction, *imperium*, sur
tous les biens de ses sujets, mais qu'il n'en a pas la propriété, *dominium*, et qu'il ne peut pas, par suite, en disposer
au gré de sa fantaisie. Le roi n'est-il pas le maître de tous
les biens de ses sujets? demande le *Catéchisme des partisans.*
N'est-il pas vrai qu'en leur prenant tout, il ne fait qu'user
de son droit, que, s'il leur en laisse quelque chose, « c'est
une grâce et une aumône qu'il fait, de laquelle on lui a
obligation et à laquelle il n'était point obligé? » Nullement,
répond l'auteur, qui était un moine feuillant. « Ce sont
des maximes impies, damnables et abominables, » inventées depuis quelques années « par des sangsues popu-
laires. »

D'après la *Lettre d'avis à Messieurs du parlement de Paris,*
qui est peut-être le chef-d'œuvre des mazarinades, ce sont
les premiers ministres, « ces voleurs détestables, » qui ont
voulu faire passer pour légitime aux yeux des Français
une politique de tyran; la France est une monarchie
royale et non une monarchie despotique, comme le gouvernement du Turc ou Grand Seigneur; la différence est
grande entre le devoir naturel des sujets d'employer leurs
vies et leurs biens pour le service du prince et le prétendu
droit du prince de disposer de ces biens et de ces vies.
Tout le monde affirme ce droit; est-ce une raison pour
ceux qui philosophent?

A la cour d'Anne d'Autriche, on exposait ouvertement
la théorie d'après laquelle le roi, souverain propriétaire
et maître absolu des vies et des biens de ses sujets, ne
leur en laissait « l'usufruit » que par un effet de sa clémence. L'auteur du curieux traité d'éducation royale qui
fut dédié à la reine mère et écrit sur son désir exposait

ce singulier raisonnement, à propos de la question des dons et présents qu'on pourrait faire au jeune dauphin. « De vrai, le don ou présent doit être du sien[1]. Or est-il que nos vies et nos biens sont du roi. Donc, nous ne pouvons rien donner à Son Altesse Royale — le jeune Louis — qui ne soit déjà à elle, par l'autorité absolue de Sa Majesté sur tout ce qui est à nous. Que si cet argument paraît trop général et bien rigoureux, puisque la pratique est contraire, réduisons-le à un pied plus avenant, et disons que nos vies et nos biens étant au roi, qui nous en souffre par sa clémence l'usufruit, nous ne devons disposer de partie de cet usufruit, même en faveur de Son Altesse Royale, sans la volonté ou agrément du Roi ou de la Reine. »

Quelques années plus tard, en pleine Fronde, le langage analogue d'un familier d'Anne d'Autriche suscitait une vive polémique : c'était un moine cordelier, le P. Faure, prédicateur et confesseur de la reine, plus tard évêque de Glandèves, puis d'Amiens. Répondant à un père chartreux qui avait énergiquement demandé à la reine de donner la paix à la France, le P. Faure prétendait que ce n'était pas le roi qui répandait le sang innocent du peuple, mais bien les ennemis du roi. « Et quand bien cela se prouverait, n'est-il pas permis au roi de faire ce que bon lui semblera de son peuple?... Pourquoi n'aura-t-il pas le pouvoir de le détruire s'il l'a offensé?... Les lois ne permettent-elles pas aux rois de faire ce que bon leur semble? » Et le cordelier impitoyable continue en citant « les sacrés cahiers; » car, si l'Ancien Testament renferme l'histoire d'Achab et de la vigne de Naboth, il renferme aussi cet autre passage du livre des *Rois* où le prophète Samuel, parlant au nom de Dieu, fait connaître à Israël le droit du roi qui régnera sur lui : Il prendra vos fils et vos filles pour en faire ses soldats et ses servantes; vos champs, vos vignes, vos troupeaux lui appartiendront, et vous serez ses serviteurs.

---

1. Il veut dire : de la personne qui donne.

« Hé bien, mon révérend père, que vous semble-t-il de ces paroles?... Voulez-vous soutenir que nos biens, notre sang et même nos vies ne soient sous l'absolu pouvoir du roi?... Le sang qui s'est jusqu'à présent répandu, c'est justement, et encore celui qui par ci-après se répandra.... »

Ce langage où respirait une tyrannie odieuse et une sorte d'ivresse sanguinaire, au lieu de n'être que l'expres sion de la pensée d'un fanatique, paraissait invoquer l'au torité même de la parole de Dieu. Fallait-il donc admettre que Dieu ait entendu définir, par la bouche de Samuel, le pouvoir légitime du souverain? Cette idée révolta Claude Joly, qui faisait paraître peu après son *Recueil de maximes... pour l'institution du roi.* Il s'indignait de l'audace de la flatterie des gens de cour et de l'extravagance de ces hommes impertinents et téméraires, qui osaient « appuyer leur insigne mensonge de la parole de Dieu. » Le texte hébreu ne veut pas dire « droit, » mais « manière d'être » ou « coutume. » Dieu n'avait pas entendu définir les pré tendus droits du prince; il avait voulu effrayer les Hébreux par la peinture des violences possibles d'un tyran. D'ail leurs, question de sens à part, l'idée d'un Dieu « auteur d'injustice et de cruauté » est insoutenable.

Cependant, cette interprétation, qui invoquait à la fois le sens des mots, la raison humaine et les perfections de Dieu, demeura inconnue aux théoriciens de la monarchie absolue. Le calviniste Saumaise cite, lui aussi, le passage des *Rois*, dans son *Apologie pour Charles Ier*, en déclarant que le texte de Samuel est si formel pour le droit absolu des rois « qu'il n'y a point de subtilité qui le puisse éluder. » Bossuet le reproduit de même à l'usage du dauphin, pour établir que la puissance absolue du prince ne peut être restreinte par aucune autre puissance. Il faut dire que l'apologiste de Charles Ier et le précepteur de Monseigneur ajoutent l'un et l'autre qu'un roi ne saurait faire licitement devant Dieu tout ce que le texte sacré paraît autoriser; mais il a le droit de le faire impuné ment, — et les expressions sont presque identiques chez les deux auteurs, — à l'égard de la justice humaine.

Laissons l'Ancien Testament et ses interprètes, pour demander à un philosophe, qui a voulu construire *a priori* la cité politique, ce qu'il pense du droit du prince sur les biens de ses sujets. Un de nos principes, dit Hobbes, est que les particuliers ont transféré au prince, par une cession entière et irrévocable, tous leurs droits, tout leur pouvoir, en un mot tout ce qui leur appartenait et dont ils pouvaient disposer dans l'état de nature. Il s'ensuit que le souverain — et ceci s'entend du souverain dans toutes les formes politiques possibles — a un droit absolu sur le bien de chaque particulier et qu'à son égard aucun particulier n'a rien de propre. En effet, quand l'état de société a succédé à l'état de nature, dans lequel chacun avait droit à tout, c'est la loi qui a déterminé les biens qui devaient désormais appartenir à chacun, en les distinguant des biens d'autrui. Cette loi, c'est la volonté du prince et du prince seul. Il est donc en droit le maître et le propriétaire de tous les biens de ses sujets; ceux-ci ne possèdent en propre que ce qu'il leur a concédé, et que ce qu'il peut toujours leur reprendre. Le sujet a simplement l'usufruit de ses biens, le prince en a la propriété. La propriété étant le droit d'user de son bien, même d'en abuser, le prince peut lever des impôts, même des impôts excessifs; il ne fait autre chose que « demander ce qui lui appartient. » C'est le sens du mot du Sauveur : Rendez à César ce qui appartient à César; le Sauveur lui-même a confirmé sa doctrine par son exemple quand, à son entrée dans Carpharnaüm, il a dit à Pierre d'acquitter le tribut qui lui était demandé. Hobbes invoquait l'Évangile; Saumaise, Bossuet, le P. Faure invoquaient l'Ancien Testament. Ils différaient peut-être entre eux par la rigueur plus ou moins grande qu'ils mettaient dans l'application du droit du souverain; mais pour chacun d'eux le droit du prince est entier et incontestable. Seul, le prince est souverain propriétaire et maître absolu de tous les biens de ses sujets.

Dans le récit officiel du sacre de Louis XIV, on lit que, le 4 juin 1654, trois jours avant la cérémonie même, les chanoines de Reims allèrent rendre leurs très humbles hommages à Sa Majesté, au palais archiépiscopal, où elle était descendue, et, « par les offres des prières de l'Église et des présents ordinaires de pain et de vin, lui faire hommage de leurs biens et de leur vie. » Ce qui précède montre que le premier terme de cette formule exprimait un des droits de la souveraineté; le second était admis aussi comme l'expression d'un autre droit de la souveraineté. Et, de même que la perception des impôts était l'application du droit de propriété absolue du souverain, de même des assassinats politiques venaient à l'appui de la thèse qui reconnaissait au souverain le droit absolu de vie et de mort sur ses sujets.

Rien d'étonnant à ce qu'une mazarinade ait fait de ce droit de vie et de mort du prince un des articles du catéchisme politique de Mazarin; elle lui fait dire que le roi est maître absolu des vies de ses sujets comme de leurs biens, et que lui-même, qui représente « identiquement » la personne du roi, ne doit rendre compte à qui que ce soit de la mort de ses sujets. Le ministre et le roi peuvent disposer de la vie des sujets, comme bon leur semble pour le bien de l'État. Aussi Mazarin ne repousse pas l'accusation, calomnieuse d'ailleurs, d'avoir fait empoisonner le président Barillon, s'il a jugé cette mort utile à l'avancement de ses desseins. Le P. Senault ne met pas en doute ce droit du souverain; il se borne à le constater, quand il dit que les rois sont les arbitres de la vie et de la mort de leurs sujets, qu'ils tiennent entre les mains la destinée des autres hommes, et dans ce droit absolu l'auteur du *Monarque* voit la preuve qu'ils sont des dieux mortels. Il est plus intéressant de s'occuper de ceux qui ne se contentent pas d'affirmer, mais qui argumentent et prouvent ou essaient de le faire.

Si le souverain a pouvoir sur la vie et sur les biens de ses sujets, c'est que les sujets lui ont transporté ce pouvoir, persuadés qu'il saurait les protéger contre les ennemis du dedans et du dehors, plus efficacement qu'ils ne le pourraient eux-mêmes. C'est la thèse de Silhon, qui est au fond la thèse par laquelle l'existence de la peine de mort se justifie dans les sociétés politiques au nom de l'intérêt général; il en résulte que le prince ne peut user de ce droit, qui lui est conféré, que lorsque l'intérêt général le requiert.

Ce n'est pas ainsi que l'école de Hobbes entend le droit de vie et de mort qu'elle reconnaît au prince. Selon elle, il est absolu, illimité, inconditionnel, comme tout autre droit du prince; sinon, le prince ne serait plus souverain, ce qui serait en contradiction avec la raison même de son existence. « La puissance du prince sur ses sujets est si grande et si absolue qu'il est en état de faire souffrir tout à son peuple; il en peut user pour les maltraiter; en un mot, leur vie est entre ses mains; de sorte que ses sujets seraient misérables et dans l'attente d'une mort continuelle, s'ils n'avaient sujet d'espérer que leur prince usera bien de son pouvoir. » Les sujets conservent cet espoir que le prince ne sera pas nécessairement un tyran coupeur de têtes; mais la logique impitoyable du système veut que leur vie soit entièrement entre ses mains.

La puissance absolue du prince sur la vie de ses sujets est une thèse fondamentale dans le *Traité du pouvoir absolu des souverains.* Cette puissance est en tout semblable au droit des pères sur les enfants, au droit des maîtres sur les esclaves, droit qui allait, ou qui va même encore, jusqu'à la mort. Pour les maîtres, ils avaient autrefois et ils ont toujours, là où existe l'esclavage, puissance de vie et de mort sur leurs esclaves : les textes de l'*Exode* sont formels à cet égard. Pour les pères, ils ont eu cette même puissance sur leurs enfants, ils l'ont même exercée, comme l'Écriture en témoigne par les sacrifices d'Abraham et de Jephté. Le droit du souverain est le même; il va jusqu'à pouvoir faire mourir, non pas, remarquons-le, au nom de l'intérêt général, mais uniquement au nom de sa puis sance illimitée. « Ceux qui attribuent un tel droit aux souverains, ne font pas tant d'outrages aux peuples comme ils en font aux rois mêmes. » C'est la réponse de Jurieu à la théorie qui, fait du roi un maître et des sujets autant d'esclaves; c'est la réponse qui convient à ce tissu d'exagérations et d'extravagances.

Cette théorie odieuse pouvait invoquer l'autorité de quelques exemples, de date assez récente, où un souverain avait commis ou laissé commettre, au nom de son droit de vie et de mort, de véritables assassinats politiques. On ne rappellerait pas ici la mort de l'infant don Carlos, si le P. Le Moyne n'avait admis, dans son *Art de régner*, dédié à Louis XIV, la version d'une tragédie domestique, et s'il n'avait songé à louer la justice du père de la victime; il fut juste, dit-il, « jusques à faire de son fils don Carlos un exemple plus équitable et plus religieux que celui que le grand Constantin fit de son fils Crispus. »

Les châteaux du Louvre et de Fontainebleau avaient été récemment le théâtre de drames terribles, dont la brutale concision avait plus d'éloquence que toutes les théories. Le 24 avril 1617, le maréchal d'Ancre était assassiné sur le pont-levis du Louvre. L'histoire a gardé le mot du marquis de Vitry, capitaine des gardes, qui avait présidé à ce meurtre : C'est par ordre du roi. Une gravure du temps représente le jeune roi assistant d'une fenêtre de la cour du Louvre au crime qui se commet sous ses yeux; elle traduit, par cette inexactitude voulue, le sentiment des contemporains, qui imputaient l'assassinat à Louis XIII.

La *Relation de la mort du maréchal d'Ancre*, qui a presque le caractère d'un document officiel, reconnaît que « cette action n'avait pour tout fondement que la seule et légitime autorité qui réside naturellement en la personne du roi. » Plus tard, Saint-Simon a essayé d'établir que Concini avait été tué malgré les défenses expresses et réitérées de Louis XIII; mais, outre que l'octroi à Vitry du bâton de maréchal, outre que le partage officiel le soir même, au coucher du roi, des dépouilles de la victime fait entre ses assassins, outre que tous les détails de cette affaire contredisent l'affirmation intéressée de l'auteur du *Parallèle*, qui donc alors aurait osé reprocher à Louis le Juste d'avoir frappé un « incomparable coup de justice? » C'est l'expression qui accompagne un portrait du maréchal de Vitry, gravé en 1651, plus de trente ans après la fin tragique du maréchal d'Ancre.

La légende de cette gravure louait encore Louis XIII d'avoir été « divinement inspiré pour le salut de son État et le repos de ses sujets. » On pouvait, en effet, invoquer, jusqu'à un certain point, la fortune insolente et la « tyrannie universellement abhorrée » du favori florentin comme des excuses ou des prétextes à sa mort; il faut penser à cet état des esprits pour s'expliquer les paroles d'un ministre protestant qui, un mois après l'assassinat, louait le roi, au nom des églises réformées du royaume, d'avoir « pris et exécuté » cette « non moins généreuse que sage résolution, » et qui le félicitait d'une action où « il y a eu de l'extraordinaire, mais quelque chose aussi de divin et de miraculeux. »

Mais que dire qui pût couvrir d'un semblant d'excuse la scène épouvantable qui ensanglanta, le 10 novembre 1657, la galerie des Cerfs à Fontainebleau, où « trois hommes furent une demi-heure à poignarder ce pauvre Monaldeschi, tandis qu'il criait et beuglait effroyablement? » La bonne Mme de Motteville dit que la reine Christine « fit massacrer un homme qui lui avait déplu. » Ce fut là, en effet, le crime de la victime, et ce crime suffit pour légitimer le droit de l'assassin. Il n'y a pas à parler ici du calme avec lequel la reine de Suède intima elle-même à son écuyer l'ordre de mourir, du soin qu'elle prit de le faire confesser, du refus qu'elle opposa deux fois et au bourreau et au confesseur de revenir sur son ordre, des moqueries qu'elle adressa au poltron qui avait peur de la mort, du ton tranquille et riant avec lequel elle apprit que le drame était terminé après avoir duré près de trois heures, du billet qu'elle écrivit à Mazarin pour lui dire

que s'il fallait recommencer, elle ne se coucherait pas sans
le faire et qu'elle n'avait aucune raison de s'en repentir :
cela intéresserait l'étude du caractère de cette femme
extraordinaire. Ce qu'il importe de savoir, c'est comment
l'action fut accueillie et interprétée par l'opinion des contemporains.

Mme de Motteville rapporte que la reine mère en fut
scandalisée, que le roi et son frère la blâmèrent, que le
cardinal en fut étonné, que toute la cour eut horreur d'une
si laide vengeance. Le bruit courut à Paris que Christine
ne serait point reçue au Louvre; les coups de poignards de
Fontainebleau devaient la « reculer un peu » de la cour.
Cependant elle obtint d'y venir; elle assista trois mois plus
tard, le 24 février 1658, à un ballet que le roi dansa pour
le carnaval; elle fut logée au Louvre, dans l'appartement
de Mazarin; elle y passa les jours gras, qu'elle employa,
paraît-il, le plus gaiement qu'elle put; puis, ayant touché
une pension du roi, elle s'en retourna à Rome. L'ambassadeur vénitien Francesco Giustinian, faisant part à son
gouvernement du drame de Fontainebleau, dans une
dépêche très sommaire du 13 novembre 1657, rapportait
simplement que « l'action fut communément blâmée pour
sa cruauté et le peu de respect pour le palais du roi, et
appelée proprement gothique. » Le *poco rispetto al palazzo
regio*, c'est là, à proprement parler, toute la querelle qui
divisa les contemporains.

Christine, disait-on, avait écrit elle-même à Louis XIV
que les princes devaient ainsi punir et traiter leurs officiers, lorsqu'ils viennent à tromper leurs maîtres et à
manquer envers eux de respect et de fidélité. C'était au
fond l'opinion des gens de cour, bien que l'action eût été
jugée bien barbare, surtout pour une femme; mais la vraie
faute qu'on reprocha à Christine, c'est que, étrangère,
recevant l'hospitalité dans un château du roi, elle eût osé
faire poignarder son écuyer dans la maison de Sa Majesté
Très Chrétienne. C'est par ce reproche, ou plutôt par ce
doute au sujet de l'opportunité du droit de la reine, que

s'ouvre la *Relation* du P. Le Bel. On s'est demandé, dit le confesseur de Monaldeschi, qui n'a pas « la témérité » de vouloir porter un jugement en pareille matière, on s'est demandé si un souverain, hors de ses États, avait le droit de faire punir ses domestiques, de son autorité ; le silence de Louis XIV en cette circonstance a donné lieu de croire que la royauté était « un caractère indélébile, » accompagnant le souverain en tous lieux ; il a donc toujours et partout un droit absolu sur tous ceux de sa suite, domestiques ou autres, à condition qu'ils ne soient pas les sujets du prince dont il est lui-même l'hôte en ce moment. Pour Christine, elle n'eut pas plus d'hésitation sur la légitimité de l'application de son droit à Fontainebleau que sur la légitimité absolue de son droit même. « De lui couper le cou en Suède ou de le faire tuer dans la galerie de Fontainebleau, pour elle était la même chose, » dit Mlle de Montpensier ; elle ajoute encore que Christine prétendait que ce droit de vie ou de mort s'étend pour les rois à tous les lieux où ils vont, comme à tous ceux qui sont à eux.

Le témoignage d'un assassin justifiant son propre crime pourra toujours paraître suspect. Ce qui a plus de valeur, c'est de savoir ce qu'un philosophe comme Leibniz pensait, vingt ans plus tard, du drame de Fontainebleau ; il eut l'occasion d'en parler, dans un mémoire sur les droits des princes germaniques. La juridiction du prince, dit-il, sur les membres de ses ambassades reste entière, quand ils sont à l'étranger ; à plus forte raison, le droit souverain du prince sur les siens reste entier, *illibata summa jurisdictio in suos*, quand il se trouve lui-même à l'étranger. « Aussi la reine Christine n'a pas abusé de son droit, *Neque proinde regina Christiana jure suo abusa est*, lorsqu'elle fit mettre à mort le marquis de Monaldeschi, qu'elle avait jugé digne de la peine capitale ; il est facile de comprendre que l'affaire était de telle nature qu'elle ne pouvait être confiée sans inconvénients, *commode*, à d'autres juges qu'elle-même. Et il eût été ridicule de lui demander d'abandonner au jugement d'autrui une affaire qu'elle ne pouvait pas négliger sans blesser sa dignité. Si les Français ont semblé prendre mal la chose, ce n'est pas, selon moi, pour une autre raison que les dispositions de la cour défavorables à Christine; il y avait aussi la condition du lieu où le meurtre s'était accompli; certainement, ce lieu méritait quelque respect, *huic enim aliqua certe reverentia debebatur.* C'est là, à mon avis, la seule chose, *idque unum,* que l'on ait pu reprocher à la reine, qui cependant est déchargée peut-être — de ce reproche unique — par la nécessité où elle était de se venger sans retard. » Après cette digression, l'auteur revient à son vrai sujet, les droits des princes germaniques. De l'argumentation de Leibniz il y a deux points à retenir : le droit de Christine n'était pas contestable et elle n'en a pas abusé; mais le lieu méritait de sa part, et encore peut-être, une considération particulière. C'est ce qu'avait déjà écrit au lendemain même du crime, mais sans en faire l'objet d'un raisonnement, l'ambassadeur vénitien.

C'étaient des jeux de princes ou encore un *arcanum principis,* disait Gui Patin du drame de la galerie des Cerfs. Jeux de princes, secret de princes : les deux expressions ne sont pas loin d'être synonymes de la mystérieuse raison d'État, qui a pu être sous tous les régimes l'argument du despotisme et de l'arbitraire, mais dont il semble qu'on ait beaucoup parlé en France surtout au xviie siècle.

Sans rappeler ici les ouvrages étrangers de cette époque, et en particulier les nombreux ouvrages italiens, — l'Italie n'avait pas oublié qu'elle avait été la patrie du *Prince,* — la littérature politique de la France compte alors plus d'un avocat de la raison d'État.

Les célèbres *Considérations politiques sur les coups d'État* de Gabriel Naudé, qui eurent l'honneur de tant d'éditions, depuis leur première publication en 1639, avaient donné des maximes d'État ou de la *ragion di Stato* une définition précise, autant du moins qu'il est possible pour une chose qui ne peut se définir : *excessum juris communis propter bonum commune.* Naudé ajoutait qu'ainsi comprises, ces maximes « ne peuvent être légitimes par le droit des gens, civil ou naturel, mais seulement par la considération du bien et de l'utilité publique, qui passe assez souvent par-dessus celles du particulier. » Ceux qui viendront ensuite ne pourront pas dire mieux, car cette définition dit tout en quelques mots.

L'auteur des *Discours politiques,* l'académicien Daniel de Priézac, invoquait, à propos de la raison d'État, l'autorité d'Aristote. Ce n'est pas la règle de Polyclète, qui demeure toujours droite et inflexible; c'est la règle lesbienne, qui plie facilement et qui s'accommode à toute sorte de sujets et d'ouvrages. Où se trouvent ces raisons cachées et inconnues au vulgaire, ces raisons non écrites, mais indispensables au prince pour conserver et agrandir l'État? Il les porte empreintes et gravées dans son cœur, et il les trouve pour les affaires qui sont au-dessus de la raison commune et ordinaire. Il n'y a pas à douter que le prince regarde et considère les choses « par une raison universelle, que les sujets ne connaissent pas; » car, d'ordinaire, les sujets ne jugent que par les raisons particulières, sans s'élever aux raisons supérieures. Sans doute, la raison d'État ne fait pas que les choses injustes de leur nature cessent d'être injustes; elle fait seulement que les choses qui ne sont pas permises par les lois ordinaires sont permises par un principe plus haut. Priézac aurait pu ajouter que la seule existence de ce principe suffisait pour tout permettre et pour tout excuser.

Traducteur du *Prince,* historien de Tibère, Amelot de la Houssaye ne pouvait manquer de définir et de justifier la raison d'État. A propos de sa traduction de Machiavel, il distinguait deux morales ou plutôt deux politiques, celle du gouvernement des familles, celle du gouvernement des États, car les princes raisonnent et agissent par d'autres principes que les particuliers. Faute de faire cette distinction essentielle, que de gens ont censuré Machiavel! Combien aussi, après avoir condamné ses maximes quand ils étaient simples particuliers, qui, ministres ou princes, les ont pratiquées, parce que alors ils en ont compris la nécessité absolue! Dans la préface du *Tibère*, — ouvrage dédié à Victor-Amédée II de Savoie, — c'est une autre apologie de la raison d'État. Le vulgaire se fait de la raison d'État l'idée de quelque chose entièrement contraire aux lois divines et humaines, à la conscience, à la justice, aux bonnes mœurs. Il faut reconnaître qu'elle déroge au droit commun; mais elle est l'art même qui assure le repos et la facilité des peuples, c'est-à-dire de l'État, dont l'intérêt est presque toujours incompatible avec celui des particuliers. Elle ne s'emploie' d'ailleurs que dans certaines circonstances, ainsi s'il s'agit de sauver l'État, la vie du prince ou son autorité, par quelque fait extraordinaire.

Les princes commandent aux peuples et l'intérêt commande aux princes. Cette maxime, par laquelle s'ouvre un traité du duc de Rohán dédié à Richelieu et maintes fois réimprimé, se retrouve textuellement dans les *Essais de morale et de politique*. Cet intérêt, règle suprême et premier mobile, sinon mobile unique, de toutes les actions du prince, c'est le salut du peuple, qui n'est autre au fond que le salut du prince, car le peuple ou l'État, c'est le prince lui-même. Aussi la raison d'État des publicistes du XVII⁰ siècle a toujours pour devise la maxime antique : *Salus populi suprema lex esto.* Pour Naudé, c'est la loi commune et la règle nécessaire de toutes les actions des princes. Silhon déclare cette loi, supérieure à toutes les autres. Elle contient à elle seule, d'après Hobbes, tous les offices et devoirs des souverains. Spinoza affirme qu'elle est la loi souveraine, qui doit servir de règle à toutes les autres, soit divines ou humaines. Selon Jurieu, c'est la règle absolue, qui ne doit souffrir aucune exception. Pufendorf dit encore que c'est la maxime générale que tous les princes doivent avoir incessamment devant les yeux. Cela est donc un point de doctrine sur lequel les publicistes de tous les partis se trouvaient d'accord. Cette rare unanimité n'avait pas d'autre raison que le vague même de la formule; car, en fait, elle se borne à rappeler cette vérité évidente : la société politique, quelle qu'en soit la forme, n'existe que dans l'intérêt général. Quand il fallait passer de la théorie à la pratique, les divergences apparaissaient. Dans tel cas particulier, où était le salut du peuple? Qui en était le juge? Le prince. Quel était le motif de sa détermination? La raison d'État, c'est-à-dire cette raison que la vraie raison et la pure équité ne connaissaient peut-être pas toujours.

Le bon Godeau avait voulu apprendre à Louis XIV enfant que la raison d'État doit être juste. C'était le sujet de l'un des quatrains de son catéchisme en vers :

> Cette raison d'État, de défiances pleine,
> Qui croit pouvoir tout faire avec impunité,
> Est bien pour les tyrans une loi souveraine,
> Mais elle est pour les rois soumise à l'équité.

Plus tard, quand Louis XIV commençait de régner par lui-même, Silhon s'indignait de cette maxime d'Euripide que Jules César avait toujours à la bouche et avec laquelle il couvrait ses attentats : S'il faut violer la justice, il est très beau de la violer en vue de la tyrannie; en toute autre occasion, il faut rester juste. Mais ni le vertueux conseil de Godeau ni la généreuse indignation de Silhon ne pouvaient prévaloir contre l'opinion dominante, que les règles de droit « ne s'accordaient pas toujours avec les maximes d'État, » que la raison d'État donnait au prince le droit de se placer au-dessus de l'équité comme au-dessus des lois écrites, et qu'elle était, tout autant que les canons, sa raison suprême et dernière, *ultima ratio regum*.

La raison d'État donne au prince le droit de ne pas tenir compte des lois existantes. « Je possède en moi la dispense de toutes les lois et ordonnances du royaume, qui ne sont établies que pour la conduite des juges ordinaires et des esprits communs. » — La raison d'État permet de se passer des précédents, quand l'intérêt du prince réclame une innovation. « Qu'importe d'avoir des exemples si la raison et la nécessité de l'État, qui justifient toutes choses, ont exigé ce conseil[1]? Un bon politique doit-il manquer de faire de grandes choses parce qu'elles sont nouvelles? » — La raison d'État fait varier les ordonnances suivant la qualité des personnes à qui on les applique. Lors des conférences de Saint-Germain, en octobre 1648, entre les princes et les députés du parlement, ceux-ci avaient dû reconnaître que le droit pour tout prisonnier d'être envoyé dans les vingt-quatre heures devant son juge naturel ne s'étendait pas aux gens de la cour, et que pour eux ce délai de vingt-quatre heures pouvait devenir un délai de trois mois, de six mois même; car le roi était souvent obligé de faire procéder à des arrestations sur de simples soupçons, et il fallait parfois de longues semaines avant de pouvoir les vérifier. — La raison d'État fait écrire à Richelieu, lequel s'est chargé de faire plus d'une application de sa théorie : « Au cours des affaires ordinaires, la justice requiert une clarté et évidence de preuve; mais ce n'est pas de même aux affaires d'État où il s'agit de *summa rerum*. Car souvent les conjectures doivent tenir lieu de preuves, vu que les grands desseins et notables entreprises ne se vérifient jamais autrement que par le succès ou événement d'icelles, qui ne reçoit plus de remède. » — La raison d'État autorise le prince à « dépêcher secrètement, sans passer par toutes les formalités d'une justice réglée, » tout coupable qui menace l'État; car, en pareil cas, la forme seule est violée et le prince est maître des formalités de la loi; la nécessité impérieuse du salut du peuple « l'absout de beaucoup de petites circonstances et formalités auxquelles la justice l'oblige, » et certes elle équivaut bien à quelques fautes et injustices; ou bien encore, « la justice, vertu et probité du souverain chemine un peu autrement que celle des particuliers. » — La raison d'État dit au prince de sacri-

_____
1. L'arrestation des princes en 1650.

fier sans remords les individus à la cause de l'intérêt général. C'est la parole du prophète : *Expedit ut unus homo moriatur pro populo, ne tota gens pereat.* Un publiciste, qui s'adresse à Louis XIV, invoque ici l'exemple de Dieu même. « Combien Dieu, qui est le monarque des monarques et qui est toujours juste, a-t-il fait périr d'hommes lors du déluge universel pour la réparation de l'univers? Combien a-t-il fait mourir d'Israélites dans le désert pour le salut de tout le peuple? Tout est plein d'exemples de cette qualité, et les souverains ont droit d'en user avec la même justice, quand il s'agit du bonheur de tous leurs sujets. » — La raison d'État légitime enfin toutes les mesures imposées par la nécessité : ainsi, comme on l'a vu, faire mourir un coupable secrètement et sans forme de procès, « rogner les ailes » à celui qui se rend redoutable dans l'État, « fouiller d'autorité dans la bourse des peuples riches » pendant une grande pauvreté de l'État, révoquer les privilèges des particuliers et des communautés, ou encore, « se saisir d'une place voisine, de crainte qu'un autre l'occupant, il ne nous fasse la guerre et nous ruine. » Philippe de Béthune, qui rapporte ces différents cas à titre d'exemples dans son *Conseiller d'État,* reconnaît que toutes ces choses sont de soi injustes; mais la nécessité publique, la nécessité qui n'a point de loi « contrepèse » cette injustice.

Telle est cette « diabolique raison d'État, enseignée par Machiavel dans son abominable livre du *Prince,* » qui trouvait un si puissant écho au XVIIe siècle dans les ouvrages des publicistes ou dans les actes des hommes politiques. Avec ces mots magiques et effrayants de raison d'État et de salut public, il n'y avait pas un attentat contre les choses, contre les individus, contre une nation tout entière, contre un peuple étranger, qui ne pût trouver son excuse et sa justification. C'était le régime révolutionnaire, prêt à se substituer à tout propos au régime légal. Béthune et Naudé lui-même reconnaissaient bien que le prince ne devait pas décorer ses convoitises personnelles du nom de raison d'État; les moyens extraordinaires et violents ne lui étaient permis ou plutôt conseillés qu'au nom de la raison et de l'utilité générale. Mais, sur cette voie, que la pente était glissante! Qu'il devait être facile et tentant pour un prince si haut placé, au-dessus de ses sujets, au-dessus des lois, lieutenant de Dieu, dépendant de Dieu seul, de prendre pour des nécessités de l'État ses convoitises personnelles! On songe, malgré soi, à cet admirable *Examen de conscience sur les devoirs de la royauté*. « N'avez-vous rien pris à aucun de vos sujets par pure autorité et contre les règles?... N'avez-vous point appelé nécessité de l'État, ce qui ne servait qu'à flatter votre ambition, comme une guerre pour faire des conquêtes et pour acquérir de la gloire? N'avez-vous point appelé besoins de l'État, vos propres prétentions? » Certes, ce n'était pas au duc de Bourgogne que s'adressaient ces reproches; mais on peut dire que Fénelon frappait encore plus haut et plus loin que le grand-père de son élève, bien qu'il soit difficile de ne pas songer à lui à chaque question de l'*Examen de conscience*. Il faisait le procès aux théories elles-même qui pouvaient permettre à la plus scandaleuse et à la plus dangereuse tyrannie, comme de Retz caractérise le gouvernement de son temps, de justifier ses actes au nom de cette sacrosainte raison d'État, qui fut pour la royauté française comme sa loi de lèse-majesté ou sa loi des suspects.

Quel recours pouvait s'exercer contre le souverain qui se servait de la raison d'État pour un acte notoirement contraire à la loi ou même à l'équité naturelle? Aucun recours n'était possible; même, aucun recours ne pouvait se concevoir. La raison en est simple : du moment, en effet, que la puissance royale n'est pas d'institution humaine, les hommes ne sauraient avoir sur elle aucune action d'aucun genre. Un écrit, du temps de la Fronde, pose cette question : Un roi, abusant du pouvoir que Dieu lui a donné, cesse-t-il d'être roi et ses sujets d'être sujets? Non, car les puissances qui ont été établies de Dieu ne sauraient dépendre aucunement de la volonté des hommes.

Consultons encore *l'Image du souverain.* Si les princes « peuvent, par un bon transport que le Souverain éternel leur a fait, disposer absolument de nos biens, de nos enfants et de nous-mêmes, et qu'ils aient le droit de nous traiter selon leur volonté, sans que Dieu veuille écouter nos plaintes, qui sont ceux, après cela, qui peuvent avoir raison de juger de leurs actions et de trouver à redire en leurs procédures? » Omer Talon, chargé de prononcer un discours d'apparat devant le roi, au lit de justice du 7 septembre 1651, où fut proclamée sa majorité, avait paru prendre à partie les adulateurs qui ne manqueraient pas de dire à Sa Majesté : « Il n'appartient à personne d'interroger un prince ni de lui demander de ses actions un compte qu'il ne doit qu'à Dieu seul; » mais il avait ajouté aussitôt : « Nous convenons de toutes ces maximes. »

On a déjà vu comment Hobbes établissait, d'une manière rigoureuse et irréfutable d'après son système, que nul ne saurait juger les rois. Pour Pufendorf, le premier caractère du pouvoir souverain, dans toutes les formes de gouvernement, consiste en ce que celui qui en est revêtu l'exerce comme il le juge à propos, sans être tenu de rendre compte à personne ici-bas de sa conduite, sans que personne, par conséquent, puisse annuler, modifier, censurer même ses ordres et ses actes. C'est aussi l'un des articles du *credo* gallican, que les théologiens catholiques ou protestants professent, les uns et les autres, avec une inébranlable conviction.

Quand le prince a jugé, il n'y a point d'autre jugement : c'est le titre d'une proposition de la *Politique* de Bossuet. « Le prince, y est-il dit, se peut redresser lui-même, quand il connaît qu'il a mal fait; mais contre son autorité, il ne peut y avoir de remède que dans son autorité. » Saumaise démontre, par des arguments analogues à ceux de Hobbes et qu'il se piquait de n'emprunter qu'à la droite raison, que « l'injusticiabilité des rois, s'il est permis de parler ainsi, » est la propriété la plus essentielle et la plus inséparable de la souveraineté; car, si le roi est obligé de

rendre compte de son administration à une autre puissance, c'est que celle-ci lui est supérieure; donc c'est elle,
et non la sienne, qui est la puissance royale, ce qui est un
tissu de contradictions. La vraie souveraineté est celle qui
reçoit des comptes; ce n'est pas celle qui en rend.

Merlat avait inscrit en tête de son *Traité du pouvoir absolu*
ce verset de l'*Ecclésiaste* : « Où est la parole du roi, là est la
domination, et qui lui dira : Que fais-tu? » Il avait déclaré
sans hésitation que toute injustice, toute rigueur, tout
abus de la puissance, même aux dépens des sujets les
plus innocents et les plus fidèles, ne devait être accueilli
que par la résignation et l'obéissance. Il avait établi comme
une thèse fondamentale l'impunité universelle des actions
des souverains parmi les hommes. Aussi devait-il forger
je ne sais quel barbarisme tiré du grec, pour mieux frapper l'imagination de ses lecteurs par un mot pédantesque :
c'est « l'*anypeythynie*, qui est le droit d'agir sans pouvoir
être repris ni contrôlé. » Laissons le théologien calviniste
expliquer sa pensée. « Comme l'infaillibilité de la parole
de Dieu est, dans l'Église et dans la religion, le centre des
lignes de la foi ou la base de la créance : aussi ce qu'on
appelle l'anypeythynie est, dans le monde et dans les États
politiques, l'appui et la fermeté des sociétés civiles...
Comme, dans la religion, la force de la foi procède uniquement de la vérité incontestable de Dieu qui y parle :
aussi, dans les États du monde, la force du gouvernement
procède uniquement de l'autorité inviolable des princes
qui dominent. Car il y a une proportion tout à fait égale
entre la voie persuasive de la religion et l'infaillibilité
d'une part, et entre la voie coactive de la politique et
l'anypeythynie de l'autre. Et comme l'erreur, une fois
soupçonnée dans le fondement de la créance, renverse la
religion : aussi le droit d'examen, une fois concédé aux
peuples sur leurs princes dans la société civile, détruit la
puissance et fait l'anarchie. »

Dieu seul donc reste, devant qui le souverain soit responsable, même si ce souverain est un monstre. « Les

Néron, les Domitien eux-mêmes, qui aimèrent mieux être les fléaux de la terre que les pères de leurs peuples, n'étaient comptables qu'à Dieu seul de l'abus de leur puissance. » Cette phrase d'un archevêque de Paris, écrite moins de trente ans avant la déclaration des droits de l'homme, n'est pas, comme on a pu s'en apercevoir déjà à plusieurs passages, l'exagération passionnée d'un esprit étroit et fanatique; c'est, au point de vue politique, la conclusion logique, rigoureuse, impérieuse, répétée sur tous les tons et de mille manières par les écrivains de confession différente, à laquelle aboutit la doctrine gallicane. Le roi vient de Dieu, à Dieu il rend ses comptes. En dehors de Dieu il ne connaît rien, il n'a rien à connaître, en ce qui concerne la légitimité et la responsabilité de son pouvoir absolu. De la hauteur des cieux, a dit Saint-Simon du jeune duc de Bourgogne, il ne regardait les hommes que comme des atomes avec qui il n'avait aucune ressemblance, quels qu'ils fussent. Tout roi de France aurait pu éprouver la même ivresse d'orgueil. A force d'entendre redire du haut de la chaire, à la tribune des parlements, dans les écrits des publicistes, que Dieu était son origine unique et son unique fin, — il n'était pas question en cela du chrétien, mais du souverain politique, — qu'il n'était sous aucune forme et pour aucune raison justiciable de ses sujets, comment un prince n'en serait-il pas arrivé à se convaincre que son intérêt de despote était en harmonie avec ses obligations de chrétien, et qu'en définitive ce n'était à personne, parmi les êtres créés, mais à Dieu seul, qu'il devait compte de ses actes politiques, au même titre qu'il lui devait compte des actes intimes de sa conscience?

« S'il est permis de juger les rois qui ne doivent être jugés que de Dieu : » telle était la formule dont se servait Péréfixe pour parler devant Louis XIV enfant de la mort de Charles IX. La Mothe le Vayer écrivait à son usage : « Un prince, surtout héréditaire et absolu, ne doit rendre compte de ses actions que devant le trône du Tout-Puissant, parce que le sien n'en reconnaît point de supérieur en terre. *Summa sedes a nemine judicatur.* » Dieu s'est réservé à lui seul la connaissance des actes des rois : c'était l'expression parfaite de la théorie du temps sur la responsabilité royale.

Aussi est-ce exactement le langage qui devait être tenu un jour au fils de Louis XIV. Son gouverneur, le duc de Montausier, avait rédigé pour lui un grand nombre de préceptes et de maximes, restés d'ailleurs à l'état fragmentaire. Parmi ces préceptes, le dauphin avait pu lire que, si le prince manque à l'observation des lois, personne n'est en droit de lui en demander raison, ne dépendant en ce monde que de Dieu seul; ou encore, que les rois ne doivent rendre compte de leurs actions qu'à Dieu seul. C'étaient les mêmes idées sous la plume de son précepteur, mais avec cet enchaînement de textes sacrés et de déductions qui fait de la *Politique tirée de l'Écriture sainte* comme une démonstration ininterrompue.

Le prince, disait Bossuet, ne doit rendre compte à personne de ce qu'il ordonne; il n'y a que Dieu qui puisse juger de ses jugements et de sa personne. L'*Ecclésiaste* l'a dit : « La parole du roi est puissante et personne ne peut lui dire : Pourquoi faites-vous ainsi? » David s'est écrié : « J'ai péché contre vous seul, *Tibi soli peccavi.* O Seigneur, ayez pitié de moi! » Contre vous seul, parce qu'il était roi, et qu'étant indépendant de toute autre puissance que de celle de Dieu, il n'avait que Dieu seul à craindre. C'est l'interprétation de saint Jérôme et de saint Ambroise, et Bossuet la répète après eux. Dans sa polémique avec Jurieu, l'auteur du *Cinquième Avertissement* reprend la même thèse, la développe et la maintient avec énergie contre les objections de son adversaire. Le droit du prince « n'est pas le droit de faire licitement ce qui est mauvais, mais le droit de le faire impunément à l'égard de la justice humaine, à condition d'en répondre à la justice de Dieu, à laquelle il demeure d'autant plus sujet qu'il est plus indépendant de celle des hommes. Voilà ce qui s'appelle

avec raison le droit royal, également reconnu par les por-
testants et par les catholiques; et c'est ainsi du moins
qu'on régnait parmi les Hébreux. » Mais, comme il le dit
ensuite, la monarchie du peuple de Dieu n'a rien eu de
particulier; aussi « la démonstration passe plus loin. »
Elle convient aux plus anciennes monarchies, elle convient certainement à d'autres encore. Aussi bien, il reste
acquis que le roi était réservé au jugement de Dieu seul
dans les empires que Dieu même et que Jésus-Christ
avaient autorisés, c'est-à-dire dans les sociétés politiques
les plus parfaites.

CHAPITRE IX

LES DEVOIRS DU SOUVERAIN

LA *Politique tirée de l'Écriture sainte* reconnaît quatre
caractères ou qualités essentielles à l'autorité royale :
elle est sacrée, paternelle, absolue, soumise à la raison.
Le premier de ces caractères se rapporte à l'origine de
cette autorité : c'est la théorie du droit divin. Le troisième
se rapporte à l'exercice de cette autorité : c'est la théorie
de l'omnipotence du souverain, que l'on vient d'analyser.
Le deuxième et le quatrième se rapportent à ses devoirs.

Qu'un roi ait des devoirs à remplir, c'est, sous une
autre forme, l'expression de cette thèse que Bossuet répète
à plusieurs reprises au dauphin : l'autorité absolue n'est
pas l'autorité arbitraire. Pour rendre ce terme d'autorité
royale « odieux et insupportable, plusieurs, dit-il, affectent
de confondre le gouvernement absolu et le gouvernement
arbitraire; mais il n'y a rien de plus distingué. » Le gouvernement arbitraire ne se trouve point dans les États
parfaitement policés, il ne se trouve point parmi nous.
Sous cette forme de gouvernement, qui peut être licite
comme toutes les autres, mais qui est barbare et odieuse,

les peuples sont nés esclaves, ils n'ont rien à eux, le prince dispose à son gré de leurs biens et de leur vie, il n'y a de loi que sa volonté. Le gouvernement est absolu, en ce sens qu'il n'y a pas de puissance capable de forcer le souverain et qu'ainsi il est indépendant de toute autorité humaine; mais le monarque absolu a ses obligations et il ne peut s'en écarter sans faillir à sa mission.

La thèse de Bossuet est aussi, à peu près dans les mêmes termes, celle d'un théologien calviniste, qui presque toujours est d'un avis directement opposé au sien, de Jurieu lui-même. Jurieu oppose, lui aussi, le pouvoir absolu et le pouvoir sans bornes; mais où le pasteur de Rotterdam et l'évêque de Meaux cessent bien vite d'être d'accord, c'est quand le premier soutient que les devoirs de la royauté absolue proviennent de la cession même de la souveraineté, faite par le peuple en vue de la conservation de la société, tandis que pour le second ils dérivent, avant tout et uniquement, des obligations du roi envers Dieu et envers sa conscience. Dans le sermon *sur les Devoirs des rois*, prêché au Louvre (2 avril 1662), Bossuet disait en présence de Louis XIV : « Comme il est absolument nécessaire à l'homme d'avoir quelque chose qui le retienne, les puissances sous qui tout fléchit doivent elles-mêmes se servir de bornes... Et voici, dans une sentence de saint Grégoire, la vérité la plus nécessaire que puisse jamais entendre un roi chrétien : « Nul ne sait user de la puis- « sance que celui qui la sait contraindre. » Celui-là sait maintenir son autorité comme il faut, qui ne souffre ni aux autres de la diminuer, ni à elle-même de s'étendre trop; qui la soutient au dehors et qui la réprime au dedans; enfin, qui, se résistant à lui-même, fait par un sentiment de justice ce qu'aucun autre ne pourrait entreprendre sans attentat... Mais que cette épreuve est difficile! Que ce combat est dangereux! Qu'il est malaisé à l'homme, pendant que tout le monde lui accorde tout, de se refuser quelque chose! Qu'il est malaisé à l'homme de se retenir quand il n'a d'obstacle que de lui-même! »

Pour se résister à lui-même, que le prince songe sans cesse qu'il est l'image de Dieu et qu'il s'efforce d'imiter les perfections de son divin modèle. « Souvenez-vous, Sire, que vous êtes un des lieutenants de Dieu en terre et que vous devez imiter Celui de qui vous représentez la majesté. » Ce conseil a été adressé à Louis XIV enfant de bien des manières; car c'est en cette imitation de Dieu que consistaient tous ses devoirs. « Il ne saurait y avoir de monarchie plus parfaite, lui disait La Mothe le Vayer, que celle qui aura plus de rapport avec la divine; ni, par conséquent, de roi ou de monarque plus accompli que celui qui réglera le mieux ses actions sur le patron d'en haut... La perfection et le bonheur d'une monarchie dépend d'avoir un chef moulé sur ce divin crayon. » *L'Image d'un bon roi* répétait, sous toutes les formes, à Louis XIV, âgé de quinze ans, que les rois, « ces petits dieux de la terre, » étaient au monde pour être les images vivantes de la divinité, les exemplaires de ses perfections, les portraits de ses grandeurs et les précis de ses merveilles.

Avec moins d'emphase, c'est le langage de Claude Joly : « Dans la vérité, les rois de la terre ne sont les portraits vivants du roi éternel qu'autant qu'ils expriment et représentent sa bonté, sa douceur, sa miséricorde et toutes ses vertus divines. » C'est le langage de Fortin de la Hoguette, pour qui le prince n'est l'image de Dieu que parce qu'il est juste, équitable et prévoyant comme lui. C'est celui de Godeau, qui exprimait le vœu — c'était cependant en 1667 — que l'Église pût voir quelque jour au nombre de ses saints un Louis XIV comme elle comptait un Louis IX; il rappelait au roi Très Chrétien que les princes chrétiens, mieux encore que les autres, étaient les images de Jésus-Christ, le roi des rois, le seigneur des seigneurs, le saint des saints, et qu'ils devaient, par conséquent, lui ressembler en sainteté. Bossuet traçait tous ses devoirs à Louis XIV en deux lignes : « Vous devez considérer, Sire, que le trône que vous remplissez est à Dieu, que vous y

tenez sa place, et que vous y devez régner selon ses lois. »
Que disait encore Domat? « Le premier et le plus essentiel
de tous les devoirs de ceux que Dieu élève au gouvernement souverain est de reconnaître cette vérité, que c'est de
Dieu qu'ils tiennent toute leur puissance, que c'est sa place
qu'ils remplissent, que c'est par lui qu'ils doivent régner. »

Cette imitation de Dieu, que le prince doit se proposer
comme son devoir suprême, consiste à donner à son
autorité souveraine deux caractères essentiels : la soumettre à la raison et la rendre paternelle. Le prince
absolu qui suit la raison et qui est le père de ses sujets :
tel est l'idéal politique du xvii° siècle.

Dieu est tout-puissant; mais, tout-puissant qu'il est, il
n'est pas moins grand pour être dans l'impossibilité de
mal faire. De même, le roi ne perd rien de sa puissance,
parce qu'il la soumet à la raison. « Moins vous avez à
rendre de raison aux autres, plus vous devez avoir de
raison et d'intelligence en vous-mêmes... N'eût-on qu'un
cheval à gouverner et des troupeaux à conduire, on ne le
peut faire sans raison : combien plus en a-t-on besoin
pour mener les hommes, et un troupeau raisonnable? »
Chercher la sagesse, étudier les choses utiles, savoir la
loi, savoir les affaires, connaître les hommes, se connaître
soi-même, parler et se taire à propos, prévoir, instruire
ses ministres, voilà, selon le précepteur du fils de
Louis XIV, les principaux offices d'un roi soumis à la
raison. Le mérite par excellence de ce roi, mérite qui le
distingue du tyran, c'est de respecter les lois. « Le vrai
objet du tyran est *id quod placet*, et celui d'un bon roi *id
quod justum est*, qui n'est autre chose que ce que veulent
les lois. » Le règne du prince, c'est le règne de la justice;
suivant le verset des *Proverbes*, le roi qui est assis sur son
trône pour rendre la justice, dissipe tous les maux par
son seul regard. Cette raison, fondée sur la justice, qui
doit vivre avec le prince dans son intimité, « comme
domestique, » ne diminue pas son autorité; c'est grâce à
elle, au contraire, qu'il est craint et respecté.

Mais la crainte et le respect ne sont pas les seuls liens qui doivent rattacher les sujets à leur prince. Narbal disait au fils d'Ulysse : « L'autorité seule ne fait jamais bien, la soumission des inférieurs ne suffit pas : il faut gagner les cœurs. » Pour se faire aimer, que le prince ait toujours devant les yeux sa fin principale, qui est de procurer, par toutes sortes de moyens, le bonheur de ses sujets. Qu'il se rappelle qu'il n'est pas né pour lui-même, mais pour le public, comme Bossuet devait le dire au dauphin, et comme le P. Senault l'écrivait, en 1661, en commentant ce mot de Sénèque : *Ex quo se Cæsar orbi terrarum dedicavit sibi eripuit*, ou cet autre : *Non rempublicam tuam esse, sed te reipublicæ*. Remarquons encore ces paroles expressives de Nicole : « Un prince n'est pas à lui, il est à l'État. Dieu le donne aux peuples en le faisant prince ; il leur est redevable de tout son temps... Il ne se fait pas seulement tort à lui-même en abusant de son temps ; mais il fait tort à l'État à qui il le doit. »

Il faut donc, aussitôt que le prince commence de régner, qu'il commence de « mourir à lui-même pour vivre tout à fait et à ses peuples et à son État. » Claude Joly rappelait au jeune roi un quatrain de Pibrac qui contenait, en peu de mots, les devoirs de la royauté :

> De jour, de nuit, faire la sentinelle,
> Pour le salut d'autrui toujours veiller,
> Pour le public sans nul gré travailler :
> C'est en un mot ce qu'empire j'appelle.

Bref, tous les devoirs du prince à l'égard de ses sujets découlent de cette idée, qu'il est fait pour son peuple et non son peuple pour lui, suivant la parole que le duc de Bourgogne avait souvent sur les lèvres et qui était probablement un souvenir de l'influence du *Télémaque*.

> Le bien de mes sujets est mon unique fin.

Ainsi parle le Soleil, symbole du grand roi, commentant la première devise de *l'Art de régner* : *Ut præsit et prosit*.

« Que le prince entende qu'il est pour le peuple et non pas les peuples pour lui... La fin du gouvernement et du prince qui gouverne est la félicité des peuples qui sont gouvernés... De tous les membres dont se forme le corps politique, il n'y en a point qui soit moins à lui et moins pour lui que le prince... Comme le tyran ne croit être que pour lui, le vrai prince aussi ne croit être que pour son peuple... » Le prince est le ministre de Dieu pour le bien, *Dei minister in bonum* : c'est le mot de saint Paul. Aussi le gouvernement est doux de sa nature, et la bonté est la qualité vraiment royale.

Les sujets sont comme les brebis d'un même troupeau dont le prince est le berger, ou comme les enfants d'une même famille à qui le prince sert de père. Un roi sage et chrétien, disait Péréfixe à son élève en lui dessinant le portrait du bon Henri, est le pasteur de ses peuples, suivant le titre qu'Homère donne souvent à Agamemnon ; il ne doit pas seulement « savoir chasser les loups, j'entends faire la guerre, mais plus encore savoir conduire son troupeau, le préserver de toute maladie, l'engraisser et le faire multiplier. » Le P. Le Moyne a traité à plusieurs reprises, dans son *Art de régner*, cette comparaison du roi et du berger, avec ces grâces affectées qui lui sont propres. « Si le prince est le pasteur des peuples, qu'il considère quelle doit être sa fonction dans la bergerie. Est-ce de passer toute la journée à jouer du flageolet ou de la musette ?, à faire l'amour à Amarille ou à Philis ? à lutter ou à courir avec les bergers du voisinage ?... Quel pasteur ferait sa gloire de la maigreur, de la sécheresse, de la gale de son troupeau ?... La différence est la même entre le bon prince et le mauvais qu'entre le pasteur et le boucher. » Certes, on ne trouve, ni chez Péréfixe ni chez le P. Le Moyne, cette peinture délicieuse où le pinceau de La Bruyère a représenté un troupeau répandu sur une colline, vers le déclin d'un beau jour, broutant en paix le thym et le serpolet, sous l'œil d'un berger soigneux, vigilant, debout auprès de ses brebis, prêt à faire face à tous les dangers ;

mais c'est déjà l'expression de cette idée si simple et si vraie : le troupeau est-il fait pour le berger, ou le berger pour le troupeau?

Nommer un roi père du peuple, disait encore l'auteur des *Caractères*, est moins faire son éloge que l'appeler par son nom, ou faire sa définition. Bossuet, qui a démontré longuement dans sa *Politique* que l'autorité royale est paternelle, en avait déjà donné, dans l'un de ses sermons, une définition admirable : « Je soutiens que la royauté, à la bien entendre, qu'est-ce, fidèles, et que dirons-nous? C'est une puissance universelle de faire du bien aux peuples soumis : tellement que le nom de roi, c'est un nom de père commun et de bienfaiteur général; et c'est là ce rayon de divinité qui éclate. dans les souverains. » En rédigeant pour Louis XIV, sur son propre désir, une sorte de plan de conduite, il lui écrivait : « Les bons rois sont les vrais pères des peuples; ils les aiment naturellement : leur gloire et leur intérêt le plus essentiel est de les conserver et de leur bien faire. » On connaît le mot prêté à Villeroy, disant à Louis XV enfant : « Ces peuples, Sire, sont à vous. » La même parole avait déjà été adressée textuellement au jeune Louis XIV, du haut de la chaire chrétienne; mais ils sont à vous, ajoutait le prédicateur, comme les enfants sont à leur père, pour que le père répande sur eux ses trésors de tendresse et de miséricorde. Péréfixe avait tenu à son élève le même langage : le devoir d'un roi pour son peuple, c'est le devoir d'un père pour ses enfants.

Voilà ces devoirs de pasteur et de père, devoirs rigoureux et stricts, dont le prince n'a pas à rendre compte aux hommes, mais dont il aura à rendre compte à Dieu, à Dieu dont les châtiments sont terribles pour les rois. « La miséricorde est pour les petits, a dit la Sagesse; mais les puissants seront puissamment tourmentés; les plus forts auront à porter un tourment plus fort. » Les livres saints sont pleins des exemples de la colère de Dieu à l'égard des rois qui oublient leurs devoirs; dès cette vie, il les frappe d'une manière redoutable. « Mais tout ce que Dieu exerce de rigueur et de vengeance sur la terre n'est qu'une ombre à comparaison du siècle futur... Les rois sont, avec raison, menacés d'une justice plus rigoureuse et de supplices plus exquis. Et celui-là est bien endormi, qui ne se réveille pas à ce tonnerre. »

A cette théorie politique qui professait que le prince était le lieutenant de Dieu sur la terre, que sa souveraineté était absolue, qu'il était le législateur suprême, qu'il avait tous les droits sur ses sujets, qu'il était le maître des biens et de la vie, qu'il était armé de la raison d'État, que, irresponsable ici-bas, il était justiciable de Dieu seul, qu'il était le pasteur et le père de ses peuples ; à cette théorie que manquait-il pour prendre, en quelque sorte, le caractère d'un dogme indiscutable? Parties de diverses origines, circulant depuis de longues années un peu partout, ces idées avaient pour champions les théologiens catholiques, les pasteurs calvinistes, les conseillers des parlements, les philosophes; d'une marche lente, mais invincible, elles avaient pénétré à peu près tous les esprits ; elles avaient conquis cette force, toujours puissante à toutes les époques et sous tous les régimes, qui est l'opinion publique. Mais pour que leur triomphe fût complet, il leur restait à pouvoir se réclamer du nom et de l'autorité d'un souverain. N'était-ce pas chose étrange que cette thèse, foncièrement monarchique, n'eût été jusqu'alors défendue que par des particuliers et n'eût pas encore été revendiquée par un prince? Sans doute, Jacques I⁰ʳ d'Angleterre avait déjà essayé d'écrire l'évangile de ce système politique; mais « la royauté bégayante, baveuse, pleurnicheuse » de ce Stuart anglais, « parlant alternativement le langage d'un bouffon et le langage d'un pédagogue, » était faite non pour la glorification, mais pour l'avilissement de la théorie de la souveraineté monarchique. Le prince capable d'assurer le triomphe incontesté de la doctrine du droit divin des rois, avec toutes les conséquences qu'elle comportait, devait avoir je ne sais quoi de complètement et de souverainement royal; sa personne, sa vie, son règne, ses pensées, son caractère, tout en lui devait être comme l'application continue et la traduction vivante de ce que les théoriciens avaient écrit et de ce que l'opinion publique réclamait d'une manière inconsciente.

A partir de l'année 1661, il ne fut plus nécessaire de chercher davantage ce symbole visible; le prince existait, préparé par son éducation, formé par son propre génie, soutenu par toutes les circonstances, comme salué à l'avance d'un applaudissement universel; il semblait fait pour la doctrine, comme la doctrine semblait faite pour lui. Dès lors, la théorie monarchique se fit homme, si l'on peut dire; elle se fixa en France, où elle devait rayonner pendant quelque temps d'un éclat sans pareil. Ce n'était plus une idée pure, une abstraction éclose dans le cerveau d'un utopiste; l'idée était devenue une réalité précise, vivante, agissante; elle s'était incarnée en la personne de Louis XIV. Aussi la postérité n'a-t-elle pas cessé d'associer dans son souvenir les idées de la souveraineté monarchique et le prince qui les a consacrées, au cours d'un règne d'un demi-siècle, par ses actes et par ses écrits; elle n'a jamais pu songer au droit divin des rois sans évoquer aussitôt devant elle l'image même du grand roi.

TABLE DES MATIÈRES

LIVRE I
L'ÉDUCATION DE LOUIS XIV

CHAPITRE I
Le choix d'un gouverneur et d'un précepteur.

CHAPITRE II
Ouvrages écrits en vue de l'éducation de Louis XIV.

CHAPITRE III

Les études de Louis XIV.

CHAPITRE IV

L'entourage du jeune roi.

CHAPITRE V

Rapports de Louis XIV et de Mazarin.

CHAPITRE VI

Les leçons de l'histoire.

CHAPITRE VII

Le caractère du jeune roi.

CHAPITRE VIII

L'opinion publique après la Fronde.

LIVRE II

LA THÉORIE DU POUVOIR ROYAL
CHEZ LES CONTEMPORAINS DE LOUIS XIV

CHAPITRE I

Le droit divin du pouvoir.

CHAPITRE II

L'établissement du pouvoir.

CHAPITRE III

Origines historiques de la théorie du droit divin des rois.

CHAPITRE IV

La théorie du droit divin des rois en France
sous le règne de Louis XIV.

CHAPITRE VIII

Les droits du souverain.

CHAPITRE IX

Les devoirs du souverain.

465-15. — Coulommiers. Imp. Paul BRODARD. — 8-23.